Rezepte von

Thidavadee Camsong
Elisabeth Döpp
Volker Eggers
Reinhardt Hess
Hubert Hienle
Christina Kempe
Martina Kittler
Bikash und Marcela Kumar
Peter Lüffe
Roland Marske
Margit Proebst
Jörn Rebbe
Cornelia Schinharl
Marlisa Szwillus
Kim Lan Thai
Christian Willrich

MARGIT PROEBST (HRSG.)

Unser Wokbuch Nr. 1

FOTOS: STUDIO L'EVEQUE TANJA & HARRY BISCHOF

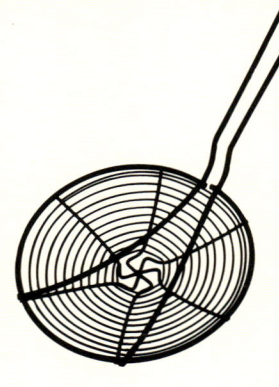

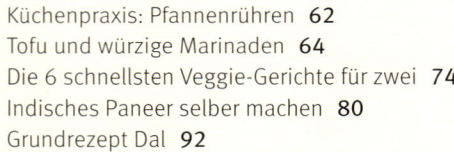

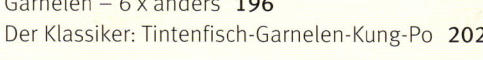

Schnell Pfannenrühren und langsam Schmoren, knusprig Frittieren und sanft im Wasserdampf garen – im Wok ist einfach alles möglich!

Mit asiatischen Saucen und Gewürzen zaubern Sie im Wok immer wieder neue, hinreißende Gerichte, die Ihre Familie und Freunde begeistern werden.

Ein **Wok,** *asiatische Zutaten, Gewürze …*

Service

Was, wie, wofür? Auf den nächsten Seiten lesen Sie alles Wissenswerte rund um die wichtigsten Zutaten und Gewürze. Dann schnell in den nächsten Asienladen, und schon können Sie loswokken.

Ein Gerät, das wirklich alles kann: Braten, Schmoren, Dämpfen ... Kein Wunder, dass der Wok von seinen Fans gerne auch Wunderpfanne genannt wird!

Wokken leicht gemacht

Einer für alles

Lust auf knackig gebratenes Gemüse? Dann schnippeln Sie Ihre Lieblingssorten klein, und ab damit in den Wok. Ihre Gäste wünschen ein scharfes Thai-Curry? Im Wok gelingt es perfekt! Zum Aperitif wären ein paar Knusperhäppchen fein? Dann machen Sie schon mal das Frittieröl heiß – im Wok. Leichte kalorienarme Küche ist angesagt? Garen Sie die Zutaten einfach im Wok über Wasserdampf. So aromatisch zart und fein haben Sie Fisch und Gemüse selten gegessen! Sie sehen, der Wok ist ein Multitalent, das Sie unbedingt nutzen sollten!

Pfannenrühren – frisch und knackig

Pfannenrühren nennt man die Garmethode, bei der klein geschnittene Zutaten in Minutenschnelle bei starker Hitze unter ständigem Rühren gebraten werden. Dabei schließen sich die Poren sofort, alles bleibt saftig und wird vitaminschonend (weil so flugs) knackig gegart. Erhitzen Sie den Wok dazu immer ohne Fett. Er ist heiß genug, wenn ein Wassertropfen sofort zischend verdampft. Geben Sie dann ein wenig Öl oder Schmalz hinein, das im vorgeheizten Wok im Nu heiß ist. Nun kommt die Zutat, die am längsten braucht, zuerst ins heiße Fett. Alles Übrige folgt in der Reihenfolge der Garzeit – das am schnellsten

Erst rösten und dann mahlen – so entfaltet sich Indiens Gewürzzauber am allerbesten.

Garende zuletzt. Damit dabei nichts anbrennt, müssen Sie ständig alles in Bewegung halten. Ist eine Zutat knapp gar, schieben Sie sie an den Wokrand und widmen sich der nächsten. Die Seitenwände des Woks sind nämlich weniger heiß als der Boden – perfekt zum sanften Nachgaren und Warmhalten. Apropos »warm halten«: Pfannenrühren im Wok ist nichts für Riesenportionen! Geben Sie zu viel auf einmal hinein, sinkt die Temperatur ab, und der Effekt ist dahin: Gemüse und Fleisch braten nicht mehr im Blitztempo, sondern dünsten gemächlich im eigenen Saft.

Currys – mal thailändisch, mal indisch

Currys gelingen fabelhaft im Wok! Zum Anbraten der Thai-Currypaste verwenden Sie die Kokossahne, also die dicke Creme, die in einer Kokosmilchdose aufrahmt. Daher die Dose vor dem Öffnen nicht schütteln! Fürs Curry ist mittlere Hitze angesagt, damit nichts verbrennt und sich die Aromen optimal entfalten. Sind Fleisch und Gemüse einmal angebraten, füllen Sie mit der Kokosmilch auf und lassen alles sanft schmoren. Wie das genau funktioniert, lesen Sie auf S. 158 und 159. Für ein indisches Curry rösten Sie zuerst die Gewürze im Wok an, bis ein herrlicher Duft Ihre Küche erfüllt. Sie werden dann herausgenommen, gemahlen und später wieder hinzugefügt. Mit Zwiebeln, Knoblauch und Ingwer braten Sie anschließend Fleisch und Gemüse an, geben dann die verschiedenen Gewürze dazu, löschen mit Brühe und Sahne oder Joghurt ab und lassen das Ganze sanft bei mittlerer Hitze schmoren. Das Fleisch wird dabei so weich, dass es auf der Zunge zergeht, und die Saucenzutaten verbinden sich zu einer unvergleichlich aromatischen Mischung.

Frittieren im Wok

Kross Frittiertes schmeckt superlecker – wenn es bei der richtigen Temperatur ausgebacken ist. Dann nämlich bekommt es zwar eine Knusperkruste, nimmt aber kaum Fett auf und ist damit gut verdaulich. Der Wok eignet sich wegen seiner Form ausgezeichnet zum Frittieren, weil bei relativ geringer Menge Öl (ca. 750 ml) eine große Oberfläche entsteht, auf der das Frittiergut schwimmend ausgebacken werden kann. Wann das Fett heiß genug ist? Halten Sie einen Holzkochlöffelstiel hinein. Wenn daran sofort viele Bläschen aufsteigen, können Sie loslegen. Geben Sie dann einige Stücke hinein, und frittieren Sie diese bei mittlerer Hitze. Überfüllen Sie den Wok nie, denn sonst sinkt die Temperatur, das Frittiergut saugt sich voll Öl, und die Kruste wird nicht knusprig.

Die Lösung für Küchen(geräte)puristen: Essstäbchen über Kreuz in den Wok gelegt, einen Teller darauf, und schon können Sie losdämpfen!

Sanft gedämpft

Eine schonende und noch dazu fettfreie Garmethode ist das Garen über Wasserdampf. Besonders Fisch wird dabei unübertroffen zart und schmackhaft. Gießen Sie ca. 5 cm hoch Wasser in den Wok, und kochen Sie es auf. Der Fisch kommt in den Dämpfeinsatz und dieser in den Wok. Jetzt den Wokdeckel auflegen, die Hitze reduzieren, und schon beginnt der heiße Wasserdampf im Wok zu zirkulieren. Ihr Wok hat keinen Dämpfeinsatz? Macht nichts! Kaufen Sie sich im Asienladen Dämpfkörbe aus Bambus. Kostet wenig und funktioniert genauso! Nicht optimal, aber zur Not auch möglich: Legen Sie Essstäbchen über Kreuz in den Wok, und stellen einen Teller darauf.

Wok und Zubehör

Ob einfacher Gusseisen-Wok oder Luxusmodell mit Dämpfeinsatz und allem Komfort – welchen Wok Sie kaufen, hängt von Ihren Bedürfnissen und Ihrem Geldbeutel ab. Achten Sie nur darauf, dass er für Ihren Herd geeignet ist. Die asiatischen Originale mit abgerundetem Boden funktionieren nur auf Gasherden mit Aufsatzring. Bei Elektroherden muss der Wokboden plan aufliegen. Besitzer von Induktionsherden wissen ohnehin, dass dafür spezielle Töpfe und Pfannen nötig sind, das Gleiche gilt auch für den Wok. Ein Wok mit Deckel und Dämpfeinsatz ist für den kleinen Haushalt ideal, denn er ersetzt spielend Pfanne, Schmortopf, Dämpftopf und Fritteuse.

1 Der Klassiker Er besteht aus massivem Gusseisen und ist äußerst strapazierfähig. Er leitet und speichert die Hitze optimal. Moderne Modelle wie dieses hier sind durch eine Spezialbeschichtung kratzfest und leicht zu säubern. Einfachere Gusseisen-Woks sollten Sie nach dem Reinigen regelmäßig einölen, damit sie nicht rosten.

2 Edelstahl-Wok Scharf Anbraten bei hohen Temperaturen, Schmoren bei mittlerer Hitze, Dämpfen oder Frittieren – in diesem Wok ist alles möglich. Er speichert allerdings die Hitze nicht ganz so lange. Dafür darf das gute Stück aber in den Backofen und auch in die Spülmaschine.

3 Silargan-Wok In diesem Wok aus mehrschichtiger Hightech-Stahlkeramik gelingt alles spielend: Schnelles Pfannenrühren bei hohen Temperaturen, Warmhalten am Wokrand, Schmoren. Die spezielle Silargan-Oberfläche ist superhart, schneidfest, geschmacksneutral und nickelfrei. Auch Empfindliches wie Fisch oder zartes Gemüse brät in diesem Wok perfekt, ohne anzusetzen.

4 Dämpfeinsatz und Deckel Zarter Fisch, feines Gemüse, lecker gefüllte Teigtäschchen – die asiatische Küche wartet mit wunderbaren gedämpften Gerichten auf, die in einem Wok mit Dämpfeinsatz vorzüglich gelingen. Unter dem hohen, kuppelförmigen Deckel bildet sich reichlich Dampf, der beständig um das Dämpfgut zirkuliert. Vitamin- und aromaschonender können Lebensmittel kaum zubereitet werden. Wer keinen Dämpfeinsatz besitzt, bekommt für wenig Geld Bambusdämpfkörbe im Asienladen, die man in den Wok stellen kann. Achten Sie nur darauf, dass das Dämpfgut nicht mit dem siedenden Wasser in Kontakt kommt.

Darauf kommt's an *Die Wokpfanne für Einsteiger* Wer nur gelegentlich pfannengerührtes Gemüse oder ein Curry für zwei zubereiten möchte, kommt fürs erste mit einer Wokpfanne aus. Sie besitzt einen handlichen Stielgriff und hohe Wände, sodass Sie prima darin Rührbraten können, ohne dass etwas danebengeht. Außerdem ist sie kleiner als ein normaler Wok und damit leichter im Geschirrschrank zu verstauen.

1

2

3

Küchenutensilien – das brauchen Sie zum Wokken

1 _Messer oder Beil?_ Ob Sie sich ein asiatisches Beil zulegen oder die Zutaten zum Wokken mit einem scharfen Messer vorbereiten, ist nicht wirklich wichtig. Was auch immer Sie benutzen, es muss scharf sein! Neben einem größeren Messer mit einer Klingenlänge von 20 cm für Fleisch brauchen Sie ein mittelgroßes für Gemüse und ein kleines spitzes mit einer 10–12 cm langen Klinge für Feinarbeiten. Ein Wetzstahl oder Messerschärfer hält die guten Stücke scharf. Ebenfalls nützlich: ein Sparschäler.

2 _Mörser_ Wer gerne authentisch asiatisch kocht, kommt daran nicht vorbei: Kaufen Sie sich einen großen Steinmörser mit passendem Stößel. Darin lassen sich fachgerecht Samen und Körner zerstoßen, Würzzutaten und sogar Nüsse zerkleinern und auch Thai-Currypaste zubereiten. Für diese werden alle Zutaten im Mörser nach und nach zu einer feinen Paste zerstampft, wobei sich die Aromen optimal verbinden. Frisch fürs Curry zubereitet schmeckt eine solche Currypaste einfach nochmal so gut!

3 _Pfannenwender_ Zum Pfannenrühren unerlässlich – und oft beim Wok bereits als Zubehör dabei – ist ein schaufelförmiger Pfannenwender bzw. eine Wokschaufel. In China und Indonesien gebräuchlich sind auch Wokstäbchen zum Umrühren. Deren Gebrauch erfordert allerdings viel Übung und Geschick. Größere Fleisch- oder Fischstücke lassen sich übrigens mit einer Zange gut wenden und herausheben.

4 _Schaumlöffel_ Um Frittiertes aus dem heißen Fett zu heben, nehmen Sie einen Schaumlöffel aus geflochtenem Draht. Den gibt es für wenig Geld im Asienladen. Es gibt außerdem verschiedene Ausführungen von robusteren Schaumlöffeln aus dickem Edelstahldraht, die damit sehr langlebig sind. Wer keinen solchen gitterartigen Löffel hat, behilft sich mit einem Pfannenwender.

Nützliche Küchenhelfer – das kann man haben

5 *Juliennehobel* Zum Pfannenrühren muss das Gemüse fein geschnitten sein. Wer regelmäßig wokkt, profitiert von diesem Hobel, mit dem Sie im Handumdrehen auch größere Mengen Gemüse in gleichmäßige, streichholzförmige Stifte schneiden.

6 *Gewürzmühle* Für viele indische Gerichte werden ganze Gewürzkörner und Samen, getrocknete Blätter und Zimtstangen frisch geröstet und fein gemahlen. Ideal dazu geeignet ist eine elektrische Kaffeemühle (die dann allerdings immer nur zum Gewürzmahlen dienen kann). Wer keine Kaffeemühle hat, nimmt den Mörser oder Blitzhacker. So fein wie in der elektrischen Mühle wird's darin allerdings nicht.

Darauf kommt's an *Reis auf den Punkt gegart* Wie Sie den obligatorischen Beilagenreis zubereiten, lesen Sie auf Seite 213. Noch einfacher geht es mit einem *Reiskocher*: Den Reis einfach mit der exakt abgemessenen Menge Wasser hineingeben, den Kocher anschalten, fertig! Im Reiskocher können Sie den fertig gegarten Reis zudem über Stunden warm halten – toll für große Feste und für Familien, in denen nicht alle zur selben Zeit essen können.

Aus Vorratsschrank und Tiefkühlfach

1 *Kokosmilch* Ungesüßte Kokosmilch ist die Basis unzähliger Wokgerichte. Dosen enthalten 400 ml, Tetrapaks gibt es u. a. mit 200 ml Inhalt. Für Currys wird die Kokossahne – der sämige und fettreiche Anteil der Kokosmilch, der sich in der ungeschüttelten Dose oben sammelt – vielfach anstatt Öl zum Anbraten benutzt. Das geht mit der cremigen Kokosmilch aus dem Tetrapak nicht. Wo aber kleinere Mengen für Suppen oder Saucen gebraucht werden, ist Kokosmilch aus dem Tetrapak die bessere Wahl.

2 *Nudeln und Reis* Glasnudeln, Reisnudeln und chinesische Mie-Nudeln sind nahezu unbegrenzt haltbar. Ein paar Ihrer Lieblingssorten im Vorrat zu haben, erspart deshalb oft den Extra-Gang zum Asienladen. Das Gleiche gilt für thailändischen Duftreis und indischen Basmatireis.

3 *Hülsenfrüchte* Wer gerne Linsen isst, sollte eine kleine Auswahl an getrockneten grünen, gelben und roten Linsen im Vorrat haben. Sie halten trocken und dunkel gelagert gut 1 Jahr. Das Gleiche gilt für getrocknete Kichererbsen. Da allerdings können Sie für viele Gerichte auch die vorgegarten aus der Dose verwenden.

4 *Bambussprossen & Co.* Viele spezielle Asia-Zutaten – dazu gehören neben Bambussprossen z. B. auch Strohpilze und Wasserkastanien – gibt es bei uns nicht frisch, aber im Asienladen in Gläsern oder Dosen zu kaufen.

5 *Nüsse und Samen* Sesamsamen, Erdnüsse und Cashewkerne sorgen in vielen Asia-Gerichten für feines Aroma und knackigen Biss. Sie enthalten wertvolle Öle, sind damit sehr gesund, werden aber schnell ranzig. Achten Sie aufs Haltbarkeitsdatum, und lagern Sie Nüsse und Samen immer kühl und dunkel in sauberen Schraubgläsern.

6 *Palmzucker* Er wird aus dem Saft von Kokospalmen gewonnen. Palmzucker hat ein angenehmes Karamellaroma. Es gibt ihn zu Plätzchen gepresst und streufähig zerkleinert. Sie können Palmzucker durch braunen Zucker ersetzen.

7 *TK-Asia-Fertigteige* Frühlingsrollen- und Wantan-Teig müssen Sie nicht selber machen, die gibt es fix und fertig im Asienladen in der Tiefkühltruhe. Ungeöffnet sind sie lange haltbar, deshalb schadet ein kleiner Vorrat im Tiefkühlfach nicht.

8 *Selber einfrieren* Sie wokken nur hin und wieder? Kaffirlimettenblätter, Zitronengras, Thai-Chilis – viele frische Asia-Zutaten gibt es nur in Abpackungen, die Sie mit einem Mal nicht aufbrauchen. Die Reste können Sie aber gut einfrieren: Wickeln Sie sie in Frischhaltefolie, sie halten so ca. 6 Monate. Auch Currypaste lässt sich übrigens prima einfrieren: am besten esslöffelweise abpacken und gut beschriften!

 Einkaufs-Tipp *Sie bekommen alle für die Rezepte dieses Buches nötigen Zutaten im Asienladen, einiges auch im gut sortierten Supermarkt. Der nächste Asienladen ist weit? Dann schauen Sie doch mal ins Internet: Unter **www.sathi.de** und **www.asia-online-shop.de** können Sie vieles bestellen.*

Gewürze und Gewürzmischungen

1 *Salz und Pfeffer* Salz wird in der Asia-Küche zwar häufig durch Fischsauce oder Sojasauce (siehe S. 17) ersetzt, ganz ohne kommen Sie aber trotzdem nicht aus. Beim Pfeffer ist in der thailändischen Küche weißer Pfeffer gebräuchlicher als schwarzer. Für manche chinesische Gerichte kommt der hocharomatische Szechuanpfeffer zum Einsatz. Er ist nicht mit dem eigentlichen Pfeffer verwandt und hat eine ganz eigene Schärfe: mit einer prickelnden Zitrusnote.

2 *Kreuzkümmel, Koriander und Kurkuma* Kreuzkümmel und Koriander sind würzige Samen, die in unzähligen indischen und indonesischen Gerichten zum Einsatz kommen. Ihr volles Aroma entfalten sie in etwas Öl oder Ghee angeröstet. Es gibt beide Gewürze auch gemahlen zu kaufen. Ausschließlich gemahlen – weil aus einer Wurzel gewonnen, die es bei uns frisch nicht gibt – bekommen Sie Kurkuma, die den Speisen eine leuchtend gelbe Farbe und ein herbwürziges Aroma verleiht.

3 *Chilipulver* Nehmen Sie am besten thailändisches Chilipulver (Hot Ground Chili). Es wird aus großen roten Chilischoten hergestellt, die erst geröstet und dann grob zerrieben werden. Dieses Chilipulver hat eine angenehm weiche Schärfe. Sie bekommen es im Beutel im Asienladen.

4 *Currypulver* Die Gewürzmischung können Sie auch leicht selber herstellen: Für ca. 100 g mittelscharfes **Currypulver**, wie es in Südindien gebräuchlich ist, 3 TL Koriandersamen, 4 getrocknete Chilischoten, 1 TL schwarze Senfsamen, 2 TL Kreuzkümmelsamen, 1 TL schwarze Pfefferkörner, 1 TL Bockshornkleesamen und 20 getrocknete Curryblätter in der Kaffee-/Gewürzmühle (oder im Blitzhacker) fein mahlen und 2 TL gemahlene Kurkuma untermischen. Der in Sri Lanka gebräuchliche Curry enthält außerdem Fenchelsamen, Zimt, Gewürznelken und Kardamom.

5 *Fünf-Gewürze-Pulver* Wie der Name schon sagt, handelt es sich dabei um eine gemahlene Mischung aus fünf Gewürzen, die in der chinesischen Küche sehr beliebt ist. Sie besteht aus Zimtrinde, Koriandersamen, Gewürznelken, Fenchelsamen und weißem oder Szechuanpfeffer. Fünf-Gewürze-Pulver verleiht vor allem Fleischgerichten eine fein-würzige Note, die an Weihnachtsgebäck erinnert.

Darauf kommt's an *Gewürze kaufen und lagern* *Kaufen Sie von exotischen Würzzutaten, die Sie nur sehr selten brauchen werden, die* **kleinstmögliche Menge.** *Gewürze, besonders gemahlene, werden zwar nicht ungenießbar, sie verlieren aber innerhalb eines Jahres an Aroma. Füllen Sie sie daher sofort nach dem Öffnen in* **gut schließende Schraubgläser** *– am besten mit darauf notiertem Verfallsdatum –, und lagern Sie sie* **kühl und dunkel** *(ideal sind auch dunkle Gläser). So praktisch ein Gewürzregal in Herdnähe erscheint, die Wärme und das Licht sind Gift fürs Aroma! Sehen Sie Ihr Gewürzfach regelmäßig durch und sortieren die Gewürze aus, deren* **Haltbarkeitsdatum** *abgelaufen ist.*

1

2

3

4

5

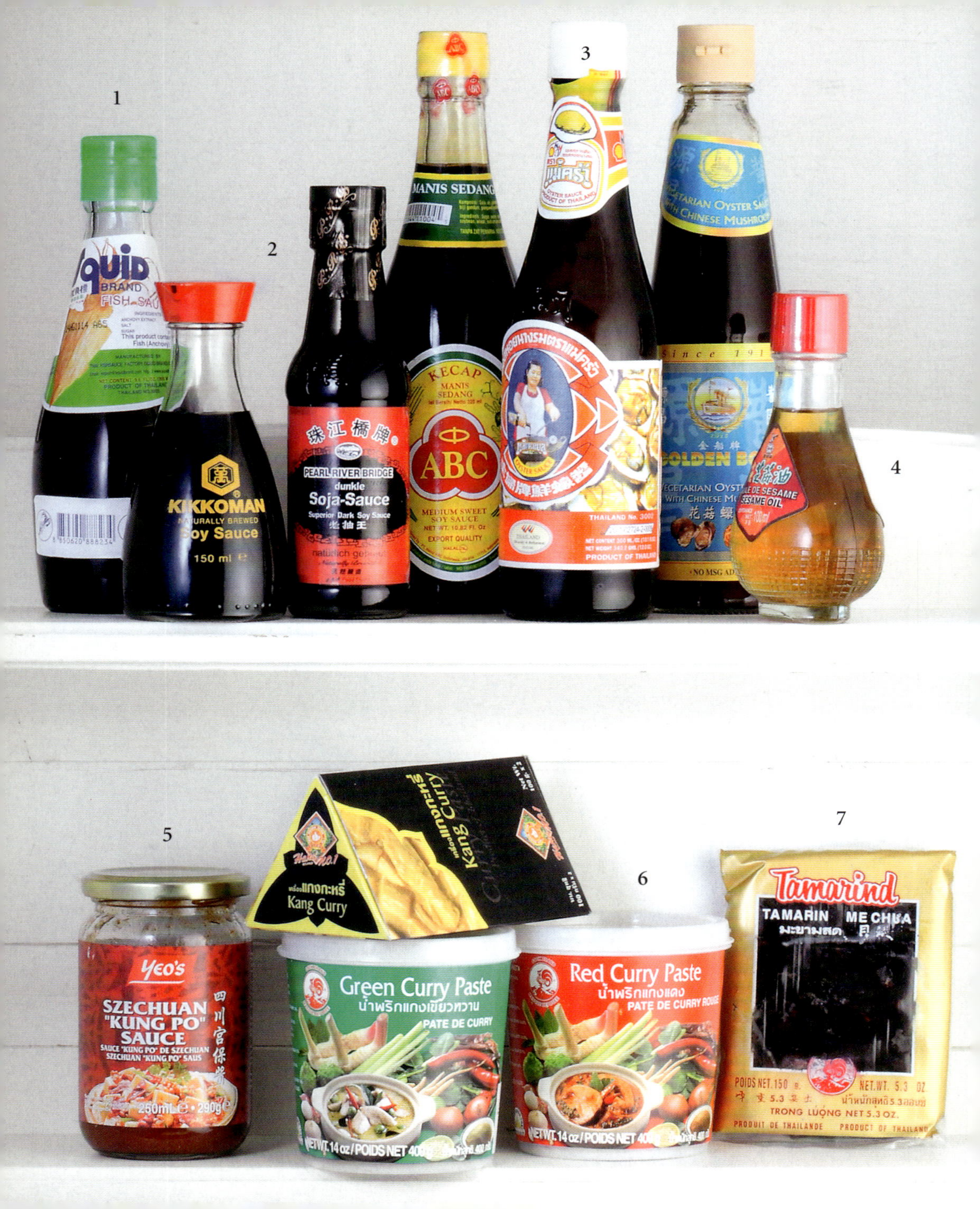

1
2
3
4
5
6
7
Squid BRAND
FISH SAUCE
KIKKOMAN
NATURALLY BREWED
Soy Sauce
150 ml
珠江橋牌
PEARL RIVER BRIDGE
dunkle
Soja-Sauce
Superior Dark Soy Sauce
MANIS SEDANG
KECAP
MANIS
SEDANG
ABC
MEDIUM SWEET
SOY SAUCE
EXPORT QUALITY
OYSTER SAUCE
PRODUCT OF THAILAND
VEGETARIAN OYSTER SAUCE
WITH CHINESE MUSHROOM
Since 191
GOLDEN BO
NO MSG AD
SESAME OIL
YEO'S
SZECHUAN
"KUNG PO"
SAUCE
四川宮保酱
250ml · 290g
Kang Curry
Green Curry Paste
PATE DE CURRY
NET WT. 14 oz / POIDS NET 400g
Red Curry Paste
PATE DE CURRY ROUGE
NET WT. 14 oz / POIDS NET 400g
Tamarind
TAMARIN ME CHUA
POIDS NET 150 g
NET.WT. 5.3 OZ
TRONG LUỢNG NET 5.3 OZ.
PRODUIT DE THAILANDE
PRODUCT OF THAILAND

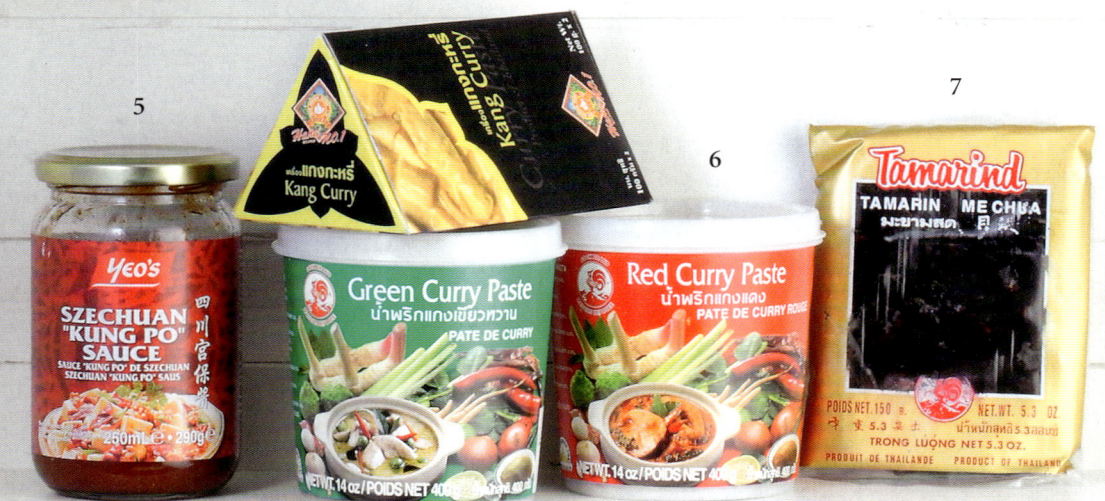

Würzsaucen und -pasten

1 *Fischsauce* Sie ersetzt in der Thai-Küche weitgehend das Salz. Fischsauce wird aus vergorenen Fischen und Garnelen hergestellt – und so riecht sie auch! Aber keine Sorge, verkocht verleiht sie Fleisch- und Fischgerichten eine sehr angenehme salzaromatische Würze. Einmal angebrochen hält sich die Würzsauce kühl gelagert etwa 6 Monate.

2 *Sojasaucen* Japanische, chinesische oder indonesische Sojasaucen unterscheiden sich teils gravierend im Geschmack, dennoch brauchen Sie nicht alle zu Hause zu haben. Wichtig ist eine gute helle Sojasauce, sie ersetzt wie Fischsauce oft das Salz. Dunkle Sojasaucen sind süß und oft dickflüssig, sie schmecken wunderbar zu gebratenem Gemüse oder als Dip zu frittierten Snacks. Schauen Sie auf die Zutatenliste, und entscheiden Sie sich im Zweifel für ein Produkt mit möglichst wenigen synthetischen Inhaltsstoffen wie Geschmacksverstärkern, Säuerungsmitteln, Zuckercouleur.

3 *Austernsauce* Dies ist eine thailändische Würzsauce mit süßsalzigem Aroma, die aus Austern hergestellt wird. Für Vegetarier gibt es eine Variante aus Pilzen. Sie bekommen beide in Asienläden. Ist die Flasche einmal geöffnet, hält sich Austernsauce kühl gelagert ca. 6 Monate.

4 *Sesamöl* Wenn in diesem Buch Sesamöl angegeben ist, so ist das dunkle Würzöl gemeint, das aus gerösteten Sesamsamen hergestellt wird. Es hat ein intensives feinnussiges Aroma und wird nicht zum Braten verwendet, sondern dient zum Marinieren und Abschmecken. Es gibt auch helles Sesamöl (aus ungerösteten Samen). Es ist relativ geschmacksneutral und ziemlich hoch erhitzbar, eignet sich also zum Braten im Wok.

5 *Schwarze Bohnenpaste* Die auch als Kung-Po-Sauce bezeichnete Würzpaste wird aus vergorenen Sojabohnen hergestellt und mit Chilis, Sesamöl, Knoblauch etc. gewürzt. Sie bekommen sie im Glas im Asienladen. Nach dem Öffnen hält sie sich im Kühlschrank 2–3 Monate.

6 *Thai-Currypasten* Es gibt sie in verschiedenen Farben (gelb, grün, rot und braun) und unterschiedlichen Schärfegraden: von mild-würzig bei der gelben bis feurig-scharf bei der grünen Paste. Sie werden auf der Basis von Chilischoten und verschiedenen Kräutern und Gewürzen hergestellt (siehe S. 106/107). Am besten sind die frischen Currypasten aus der Kühltheke im Asienladen, ebenfalls empfehlenswert sind die haltbaren Pasten im Portionsbeutelchen.

7 *Tamarinde* Die langen, schotenförmigen braunschaligen Früchte des Tamarindenbaumes sind bei uns frisch schwer zu bekommen. Kaufen Sie daher am besten die zum Block gepresste Tamarinde, weichen Sie ein Stück davon in Wasser ein, und verwenden Sie den abpassierten aromatischen Saft. Er verleiht den Gerichten ein säuerlichfruchtiges Aroma. Fertige Tamarindenpaste aus dem Glas kann da vom Aroma her nicht mithalten!

Frische Zutaten und Asia-Kräuter

1 _Ingwer_ Die aromatisch-scharfe Wurzel verleiht vielen Wokgerichten die Basiswürze. Nehmen Sie immer die frische Wurzel, denn getrockneter Ingwer ist lange nicht so aromatisch. Wie man superfrischen Ingwer erkennt? Die beigefarbene Schale muss straff sein und einen seidigen Glanz haben, und der Anschnitt bzw. eine Bruchstelle muss gelb und saftig aussehen. Was Sie nicht gleich verbrauchen, wickeln Sie in Frischhaltefolie. So hält der Ingwer im Gemüsefach des Kühlschranks ca. 10 Tage.

2 _Zitronengras_ Es verleiht vielen asiatischen Gerichten ein herbes, zitrusfrisches Aroma. Verwendet wird in der Hauptsache das weiche untere Drittel des Stängels, das zum Vorschein kommt, wenn Sie die äußeren harten Hüllblätter entfernen. Aber auch die Außenhüllen haben noch Aroma: Für Suppen und Saucen den »Abfall« mit dem Mörserstößel weich klopfen, mitkochen und vor dem Servieren wieder entfernen.

3 _Kaffirlimettenblätter_ Sie geben Suppen und Currys eine sanfte zitronige Frische. Im Ganzen mitgekocht isst man sie nicht mit. In haarfeine Streifen geschnitten dagegen sind sie ausgesprochen lecker – z. B. in Salaten und Snacks. Sie können die Blätter gut auf Vorrat einfrieren.

5

4 Chilis Die Faustregel besagt: Je kleiner, desto schärfer! Und: Der Großteil der Schärfe steckt in den Kernen sowie in den weißen Innenhäutchen. Wer es nicht allzu scharf liebt, entfernt diese also. Schneiden Sie Chilis beim Vorbereiten der Wokzutaten immer zuletzt, und waschen Sie dann sofort die Hände. Sonst gibt's Tränen, Hautbrennen und eine laufende Nase, wenn Sie versehentlich Augen, Nase oder Lippen berühren.

5 Koriandergrün & Co. Koriandergrün duftet etwas nach Anis und schmeckt leicht pfeffrig, ist allerdings nicht jedermanns Sache. Da es ohnehin meist erst kurz vor dem Servieren untergerührt oder auf die Gerichte gestreut wird, können Sie das frische Grün eventuell auch separat in einem Schälchen servieren, wo es ihre Gäste dann ganz nach Belieben zugeben können. Koriandergrün bekommen Sie häufig auch im gut sortierten Supermarkt, für Schnittknoblauch und Thai-Basilikum dagegen müssen Sie in den Asienladen.

Darauf kommt's an *Für originale Asia-Würze* *Klar: Für authentisches Aroma sollten Sie so nah wie möglich am Rezept bleiben. Allerdings sind hierzulande nicht immer alle Würzzutaten so leicht zu bekommen. Erst recht nicht, wenn man gerade einmal spontan asiatisch wokken möchte. Doch so* ***manche Zutat lässt sich ersetzen:*** *Abgeriebene Limettenschale z. B. gibt Speisen ein ähnliches Aroma wie Kaffirlimettenblätter, Zitronengras und Ingwer gibt es auch getrocknet oder püriert bzw. eingelegt im Gläschen. Bevorzugen Sie in jedem Fall eingelegte Ware vor getrockneter; sie kommt vom Aroma noch am nächsten an das frische Produkt heran.*

Ob einfache Wok-Gerichte für den Alltag oder Feines für Gäste – in den folgenden acht Kapiteln finden Sie eine breite Auswahl an Rezepten von asiatischen Snacks, Suppen und Salaten über Fleisch, Fisch und Meeresfrüchte bis hin zu exotischen Desserts.

Rezepte

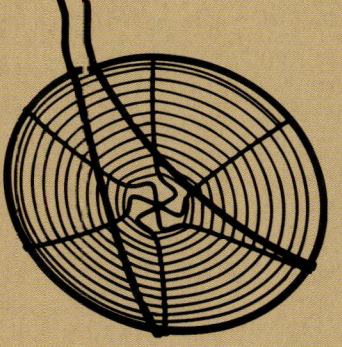

Spezielle Themen werden auf farbigen Magazin-
seiten ausführlich veranschaulicht. Dort finden
Sie z. B. Grundrezepte für Klassiker wie Thai-
Curry und Gebratene Nudeln oder auch Ideen
für schnelle Hackfleisch- oder Garnelengerichte.

Ob ein Rezept ganz leicht gelingt oder etwas
mehr Geschick erfordert, erkennen Sie an
der Anzahl der Sternchen von * bis * * *.
Doch keine Sorge, auch bei den Drei-Sterne-
Rezepten ist alles Schritt für Schritt genau
erklärt und damit absolut gelingsicher.

Snacks, *Suppen* und *Salate*

In diesem Kapitel finden Sie knusprig Frittiertes, heiße Asia-Süppchen und tolle Salate mit Gemüse, Pilzen, Meeresfrüchten und Fleisch – von mild-würzig bis superscharf ist alles dabei!

Warenkunde & Küchenpraxis: Frittierte Snacks

Frittieren im Wok

Der Wok hat die ideale Form zum Frittieren: Mit nur relativ wenig Frittieröl erhält man eine große Fläche heißen Fetts, in dem das Frittiergut gegart werden kann. Es genügen ca. 750 ml Frittieröl. Erhitzen Sie das Öl im Wok. Um zu prüfen, ob es schon heiß genug ist, stecken Sie ein Holzstäbchen oder einen Holzkochlöffelstiel hinein. Wenn sofort viele Bläschen daran aufsteigen, können Sie loslegen. Geben Sie die Stücke portionsweise hinein, und frittieren Sie sie, bis sie goldbraun sind. Anschließend die Stücke mit einem Schaumlöffel herausheben und zum Abtropfen auf mehrere Lagen Küchenpapier legen.

Das richtige Öl

Frittieröl muss hoch erhitzbar sein und darf dabei nicht verbrennen. Wählen Sie deshalb neutrale raffinierte Pflanzenöle ohne Eigengeschmack. Rapsöl, Erdnussöl und Sojaöl sind eine gute Wahl. Kalt gepresste Öle sind ungeeignet, weil ihre wertvollen Inhaltsstoffe bei hohen Temperaturen verloren gehen. Für die Asia-Küche ebenfalls ungeeignet ist Olivenöl, weil dieses einen zu starken Eigengeschmack hat.

Darauf kommt's an *Portionsweise frittieren* Warten Sie ab, bis das Öl wirklich heiß genug ist. Legen Sie dann – je nach Größe – jeweils 5–8 Stücke kurz nacheinander ins heiße Öl. Es muss dabei sprudelnd aufschäumen.

Ist das nicht der Fall, ist das Öl doch noch nicht heiß genug und die Stücke saugen zu viel Öl auf. Das schmeckt nicht und ist auch nicht gesund! Geben Sie die fertig frittierten Snacks zum Abfetten auf Küchenpapier – das macht sie bekömmlicher.

Fein & würzig

In zarten Teig getaucht und im heißen Öl frittiert, so schmecken Garnelen, Gemüse & Co. einfach umwerfend. In Japan verwendet man für den Ausbackteig feines Tempuramehl, das aus Reis hergestellt wird. In der indischen Küche ist Kichererbsenmehl sehr beliebt. Es verleiht den Speisen ein zart nussiges Aroma und ist überdies fettabweisend. Das Resultat: Das Frittiergut nimmt kaum Fett auf.

Reispapier

Die hauchzarten Blätter werden aus einem Teig aus Reismehl, Salz und Wasser hergestellt, dieser Teig wird dann getrocknet. Sie bekommen die getrockneten Reispapierblätter abgepackt im Asienladen. Tauchen Sie sie vor Gebrauch einzeln je 10 Sek. in warmes Wasser.

Feine Knusperhüllen aus Weizenteig

Die Frühlingsrollen- und Wantan-Teigblätter für die Rezepte in diesem Buch müssen Sie ebenfalls nicht selber machen, die finden Sie im Asienladen fertig in verschiedenen Größen in der Tiefkühltruhe.

Da die zarten Blätter sehr schnell austrocknen und sich dann nicht mehr gut formen lassen, immer nur so viele aus der Packung nehmen, wie Sie gleich verbrauchen. Und: Die Wantan-Blätter am besten zusätzlich zwischendurch mit einem feuchten Küchentuch abdecken.

Grundrezept: Asia-Fond

1 küchenfertiges Suppenhuhn gründlich innen und außen kalt abwaschen, dann in einem Topf mit Wasser bedecken. Mit 4 zerdrückten Knoblauchzehen, 1 Stück frischem Ingwer in Scheiben, 1 TL weißen Pfefferkörnern, 4–5 kleinen roten Chilischoten, 2 Lorbeerblättern und einem Bund klein geschnittenem Suppengrün aufkochen und 2 Std. bei schwacher Hitze köcheln lassen. Die Brühe druch ein Sieb abgießen und mit heller Sojasauce und Limettensaft würzen.

Fertigbrühe aufgepeppt

Für 4 Personen 2 Stängel Zitronengras flach klopfen und verknoten. 3–4 kleine rote Chilischoten ebenfalls flach klopfen. 1 Stück frischen Ingwer (ca. 3 cm) und 2 Knoblauchzehen schälen und fein hacken. Alles mit 6 Kaffirlimettenblättern in 1 l Hühner- oder Gemüsebrühe (Instant) geben und 10 Min. bei mittlerer Hitze kochen lassen. Zitronengras, die Limettenblätter und Chilischoten wieder entfernen. Die Brühe mit 1 TL Zucker, 3–4 EL heller Sojasauce und 2–3 EL Limettensaft würzig abschmecken.

Gut zu wissen *Brühe auf Eis gelegt* Achten Sie bei Fertigbrühen unbedingt aufs Kleingedruckte: Oft ist der Anteil an wertgebenden Zutaten wie Gemüse oder Fleisch gering, und sie enthalten reichlich künstliche Aromen und Geschmacksverstärker. Also vielleicht doch mal am nächsten freien Tag eine gute Asia-Brühe selber kochen? Dann wissen Sie genau, was drin ist! Kochen Sie gleich eine große Menge, und frieren Sie portionsweise ein, was Sie nicht sofort benötigen.

Milde Asia-Pilzbrühe

Getrocknete Shiitake-Pilze haben ein wunderbar intensives Aroma, das man in der Thaiküche gerne für Suppen nutzt. Für 1 l Brühe 1 Handvoll Pilze (in Scheiben) mit 1 l Wasser aufkochen und 20 Min. zugedeckt bei schwacher Hitze köcheln lassen. Wenn Sie zusätzlich Stiele von frischen Shiitake-Pilzen haben, umso besser. Nur hinein damit! Sie sind zwar aromatisch, aber zum Verzehr zu hart und landen sonst im Abfall. Die Brühe abseihen und mit 4 EL heller Sojasauce, 2–3 EL Limettensaft und 1 Prise Zucker würzen. Wer es gerne würzig und scharf mag, kocht zusätzlich noch ein paar Scheiben frischen Ingwer und 2–3 flach geklopfte grüne Thai-Chilischoten mit.

Shrimps-Brühe

Getrocknete Shrimps sind lange haltbar und in Asien billig. Deshalb wird daraus gerne die Basis für Fischsuppen hergestellt: 1 Handvoll getrocknete Shrimps mit 1 l Wasser in einem Topf aufkochen und 20 Min. zugedeckt bei mittlerer Hitze kochen lassen. Die Brühe abseihen und die ausgelaugten Shrimps wegwerfen. Die Brühe mit 2 gehackten Knoblauchzehen, 3–4 EL Fischsauce, 1–2 EL Limettensaft und etwas weißem Pfeffer würzen.

Asia-Suppenpasten

Thailändische Tomyam-Paste (aus Galgant, Chilis, Korianderwurzeln etc.) und japanische Misopaste (aus fermentierten Sojabohnen) tun im Alltag gute Dienste für ein schnelles Süppchen. Achten Sie auf die Inhaltsstoffe: Viele Pasten enthalten Glutamat, das nicht jeder verträgt!

Tempura

Für 6 Personen

Für den Dip:

8 EL Sojasauce

4 EL Zitronensaft

6 EL Mirin (ersatzweise Sherry medium)

Für die Tempura:

12 küchenfertig geschälte Riesengarnelen (ca. 300 g)

1 gekochte Pellkartoffel

10–12 kleine Egerlinge

1 gelber Zucchino

250 g Brokkoli · 1 Ei

150 g Tempuramehl (siehe S. 25)

750 ml neutrales Pflanzenöl zum Frittieren

Außerdem:

4–5 Eiswürfel

Pro Portion: ca. 355 kcal/1480 kJ
16 g EW · 15 g F · 37 g KH

1 Für den Dip Sojasauce, Zitronensaft und Mirin verrühren und in sechs Dip-Schälchen verteilen.

2 Die Garnelen am Rücken einritzen und den Darmfaden entfernen (siehe S. 199). Die Garnelen kalt abwaschen und mit Küchenpapier trocken tupfen.

3 Die Kartoffel pellen und in dicke Scheiben schneiden. Die Pilze putzen (nicht waschen!) und die Köpfe nach Belieben mit Kerbmustern verzieren. Den Zucchino waschen und in Scheiben schneiden. Den Brokkoli in Röschen teilen (den Stiel anderweitig verwenden), waschen und gut abtropfen lassen.

4 Das Öl im Wok zum Frittieren erhitzen. Den Backofen auf 70° vorheizen und eine Servierplatte bereit stellen.

5 Für den Teig 200 ml Wasser und 4–5 Eiswürfel in eine Rührschüssel geben. Wenn die Eiswürfel gerade geschmolzen sind, das Ei hinzufügen und unterschlagen. Das Mehl darüberstreuen und mit Stäbchen oder einer Gabel untermischen. Nicht zu lange rühren, kleine Klümpchen schaden nicht!

6 Sobald das Öl heiß ist, die Kartoffel- und Gemüsestücke portionsweise nacheinander in den Teig tauchen, kurz abtropfen lassen und ins heiße Öl gleiten lassen. In 3–4 Min. goldbraun frittieren.

7 Die kross frittierten Stücke am besten mit einem Schaumlöffel herausholen und auf Küchenpapier abfetten. Auf die Platte geben und im Backofen warm halten. Zum Schluss die Riesengarnelen in den Teig tauchen und frittieren. Alles zusammen heiß mit dem Dip servieren.

VARIANTEN *Tempura lässt sich fast beliebig mit vielerlei Gemüsesorten abwandeln:*

Ebenfalls sehr fein schmecken Kürbis- oder Süßkartoffelscheiben (schälen und in ca. 3 mm dünne Scheiben schneiden). Oder probieren Sie mal Gemüsebündel: Von geputzten Thai-Spargel-Stangen, Kenia-Böhnchen, Möhrenstiften oder in ca. 5 cm lange Streifen geschnittenen Frühlingszwiebeln jeweils 4–5 fassen, zusammen in den Teig tauchen und ins Öl geben. Vorsicht, dass Sie sich dabei nicht die Finger verbrennen!

Darauf kommt's an *Bereiten Sie den **Tempurateig** erst **unmittelbar vor dem Ausbacken** zu. Wenn er zu lange steht, wird er zäh! Und dann wird die Teigschicht um Kartoffel- und Gemüsestücke zu dick, saugt sich beim Ausbacken mit Fett voll und wird nicht richtig knusprig.*

Gemüse-Pakoras mit Minzdip

Für 6 Personen
Für den Dip:
1 Bund frische Minze · 1/2 TL Kreuzkümmel
200 g Vollmilchjoghurt
Salz · Cayennepfeffer

Für die Pakoras:
1 kleine Aubergine · 250 g Blumenkohlröschen
1 Gemüsezwiebel · 250 g Kichererbsenmehl
je 1 TL gemahlener Kreuzkümmel und Koriander, edelsüßes Paprikapulver und Ajwain
1 1/2 TL Salz
750 ml neutrales Pflanzenöl zum Frittieren

Pro Portion: ca. 280 kcal/1160 kJ
11 g EW · 15 g F · 24 g KH

1 Für den Dip die Minze waschen und trocken
schütteln, die Blätter abzupfen und sehr fein
hacken. Mit dem Kreuzkümmel unter den
Joghurt rühren und mit Salz und Cayennepfeffer würzig abschmecken.

2 Die Aubergine waschen und in 1/2 cm dicke
Scheiben schneiden. Die Blumenkohlröschen
waschen und gut abtropfen lassen. Die Zwiebel
schälen, in 1/2 cm dicke Scheiben schneiden und
in Ringe auseinanderlösen.

3 Das Kichererbsenmehl in eine Schüssel geben.
Die Gewürze und 1 1/2 TL Salz untermischen.
Langsam 300 ml lauwarmes Wasser zugießen
und mit dem Schneebesen unterschlagen, bis
ein glatter, dickflüssiger Teig entsteht.

4 Den Backofen auf 70° vorheizen. Das Öl
im Wok zum Frittieren erhitzen. Sobald es heiß
genug ist, die Gemüsetücke nacheinander in den
Teig tauchen, kurz abtropfen lassen und ins heiße
Öl gleiten lassen. Portionsweise in 3–4 Min.
goldbraun ausbacken, mit dem Schaumlöffel
herausheben und abtropfen lassen. Auf einer
Platte im Backofen warm halten, bis alles ausgebacken ist, und als warme Vorspeise mit dem
Minzdip servieren.

Was ist denn … *Ajwain?* *Ajwain ist
ein Gewürz, das vom Duft her an Thymian
erinnert. Es wirkt verdauungsfördernd
und wird deshalb in Indien gerne schwer verdau-
lichen Gerichten wie Frittiertem beigemischt. Sie
bekommen es im Asienladen. In einem Schraubglas trocken und dunkel gelagert hält es ca. 1 Jahr.*

Indonesische Maiskroketten

Für 16 Stück
1 Dose Maiskörner (285 g Abtropfgewicht)
1 mittelgroße Zwiebel · 100 g Erdnüsse
1 Ei · 100 g Mehl
1 TL gemahlener Koriander
1/2 TL Sambal oelek · Salz
750 ml neutrales Pflanzenöl zum Frittieren

Pro Stück: ca. 150 kcal/620 kJ
4 g EW · 7 g F · 17 g KH

1 Den Mais in ein Sieb geben und gut abtrop-
fen lassen. Die Zwiebel schälen und fein würfeln.
Die Erdnüsse im Mörser zerstoßen (oder im
Blitzhacker mittelfein zerkleinern).

2 Mais, Zwiebeln und Erdnüsse in eine Schüssel geben. Ei, Mehl, Koriander, Sambal oelek
und 1 kräftige Prise Salz hinzufügen und alles
zu einer gut formbaren Masse verkneten. Falls
die Masse zu fest ist, esslöffelweise lauwarmes
Wasser unterkneten.

3 Das Öl im Wok zum Frittieren erhitzen.
Von der Masse jeweils 1 EL abnehmen und daraus längliche Kroketten formen. Sobald das
Öl heiß genug ist, die Maiskroketten portionsweise hineingeben und in 3–4 Min. knusprig
ausbacken. Vorsicht beim Einlegen ins heiße Öl,
das kann spritzen!

4 Mit einem Schaumlöffel die Maiskroketten
herausheben und auf Küchenpapier abtropfen
lassen. Die Maiskroketten werden heiß oder kalt
als Snack oder als Beilage zur Reistafel serviert.

40 Min. · mit zarter Knusperhülle

Gemüsespieße im Sesamteig

Für 8 Spieße
2 EL Butter · 2 Eier
125 g Mehl
100 ml Milch
1/TL Korianderkörner
2 EL Sesamsamen
2 EL helle Sojasauce
300 g Brokkoli
2 kleine Zucchini
2 Möhren
8 kleine Champignons
Pfeffer
750 ml neutrales Pflanzenöl zum Frittieren

Außerdem:
8 Holzspieße (ca. 12 cm)

Pro Stück: ca. 210 kcal/870 kJ
6 g EW · 14 g F · 15 g KH

1 Für den Teig die Butter zerlassen. Die Eier trennen, die Eiweiße kalt stellen. Mehl, Milch, Eigelbe, flüssige Butter und 100 ml Wasser zu einem glatten Teig verrühren. Die Koriander-körner im Mörser zerstoßen und mit den Sesam-samen unter den Teig rühren. Mit der Sojasauce würzen und zugedeckt quellen lassen.

2 Inzwischen das Gemüse bis auf die Cham-pignons waschen und putzen. Den Brokkoli in kleine Röschen teilen (den Stiel anderweitig verwenden). Die Zucchini in Scheiben schnei-den, die Möhren schälen und ebenfalls in Schei-ben schneiden. Die Pilze trocken abreiben. Das Gemüse bunt gemischt auf die Spieße stecken und kräftig pfeffern.

3 Das Öl im Wok zum Frittieren erhitzen. Die Eiweiße steif schlagen und unter den Teig heben. Sobald das Öl heiß genug ist, die Spieße in den Sesamteig tauchen, und – je 4 Stück – in den Wok geben. In ca. 6 Min. rundherum gold-braun frittieren. Herausheben, auf Küchenpapier abtropfen lassen und heiß servieren.

25 Min. · sehr dekorativ

Gefüllte Zucchiniblüten

Für 12 Stück
2 EL Pistazienkerne · 1 Zweig Basilikum
1 Bio-Zitrone · 200 g Doppelrahmfrischkäse
1 EL Aceto balsamico · Salz
Pfeffer · 12 Zucchiniblüten
750 ml neutrales Pflanzenöl zum Frittieren

Pro Stück: ca. 95 kcal/400 kJ
1 g EW · 10 g F · 1 g KH

1 Die Pistazien grob hacken. Das Basilikum waschen und trocken schütteln, die Blätter fein schneiden. Die Zitrone heiß abwaschen und ab-trocknen, erst die Schale fein abreiben, dann den Saft auspressen. Den Frischkäse mit 2 EL Zitro-nensaft, der Zitronenschale, dem Balsamessig und nach Bedarf 1–2 EL Wasser cremig rühren. Pistazien und Basilikum untermischen und mit Salz und Pfeffer würzen.

2 Die Zucchiniblüten behutsam öffnen und die Blütenstempel herausbrechen. Die Blüten mit der Käsecreme füllen und durch Zusammen-drehen der Blütenspitze verschließen.

3 Das Öl im Wok zum Frittieren erhitzen. Die Zucchiniblüten portionsweise hineingeben und 1–2 Min. frittieren. Mit einem Schaumlöffel herausheben und auf Küchenpapier abtropfen lassen. Mit dem übrigen Zitronensaft beträufeln. Sie schmecken wunderbar als Snack oder – je 3 mit einem kleinen gemischten Salat – als raffi-nierte vegetarische Vorspeise.

Wie fülle ich denn … *Zucchiniblüten?*
Profis verwenden dazu einen Spritzbeutel. Es geht aber auch ganz leicht mit einem Teelöffel: Einfach mit der einen Hand die Blüte aufhalten, den Teelöffel samt der Käse-creme hineinschieben, die Blüte leicht zusammen-drücken und den leeren Löffel wieder herauszie-hen. Die Spitze zusammendrehen, fertig!

Frühlingsröllchen

Für 20 Stück
20 kleine TK-Frühlingsrollen-Teigblätter
(12 x 12 cm) · 50 g Glasnudeln
4 Korianderwurzeln · 4 Knoblauchzehen
2 TL weiße Pfefferkörner · je 100 g Weißkohl
und Möhre (geputzt gewogen)
50 g frische Sojabohnensprossen · 2 EL Öl
2 EL helle Sojasauce · 1 EL Zucker · 1 Eigelb
750 ml neutrales Pflanzenöl zum Frittieren

Pro Stück: ca. 60 kcal/250 kJ
1 g EW · 3 g F · 7 g KH

1 Frühlingsrollen-Teigblätter in der Packung
auftauen lassen. Für die Füllung die Glasnudeln
in einer Schüssel überbrühen und 3–4 Min. ziehen lassen. Durch ein Sieb abgießen, abtropfen
lassen und mit einer Küchenschere in 3 cm kurze
Stücke schneiden (**Bild 1**).

2 Die Korianderwurzeln waschen, den Knoblauch schälen. Beides zerkleinern und mit den
Pfefferkörnern im Mörser fein zerstoßen. Den
Weißkohl putzen und in feine Streifen schneiden. Die Möhre schälen und grob raspeln. Die
Sojabohnensprossen in ein Sieb geben, kalt abbrausen und abtropfen lassen.

3 Wok erhitzen und Öl hineingeben. Die Mischung aus dem Mörser darin 1 Min. bei starker
Hitze anbraten. Weißkohl und Möhren zugeben
und 1 Min. pfannenrühren. Die Sprossen untermischen und 1 Min. mitbraten. Mit Sojasauce
und Zucker würzen. Von der Kochstelle nehmen,
Nudeln dazugeben und abkühlen lassen.

4 Das Eigelb bereitstellen. Die Frühlingsrollen-
Teigblätter jeweils mit der Spitze nach vorne
auf die Arbeitsfläche legen. 1 gehäuften EL Füllung mittig daraufgeben (**Bild 2**). Die vordere
Teigecke darüberschlagen und einmal fest auf-
wickeln. Die seitlichen Ecken nach innen falten
(**Bild 3**) und weiter aufrollen. Die noch offene
Teigecke mit den Fingern mit etwas Eigelb be-
feuchten und festkleben.

5 Den Wok reinigen und das Frittieröl darin
erhitzen. Die Frühlingsröllchen darin portionsweise in jeweils 4–5 Min. goldbraun frittieren.
Mit einem Schaumlöffel herausheben und auf
Küchenpapier abtropfen lassen. Lauwarm mit
Sweet-Chili-Dip (Rezept S. 42 oder fertig gekauft) servieren.

Praxis-Tipp *Frühlingsröllchen sind etwas*
aufwendig in der Vorbereitung. Sie lassen
sich aber prima **einfrieren.** *Einfach an einem*
ruhigen Tag in größerer Menge vorbereiten.
Zum Frittieren kurz antauen lassen und por-
tionsweise ins heiße Öl geben.

1. So geht's ganz einfach: Die
etwas abgekühlten Glasnudeln
in die Hand nehmen und mit
der Küchenschere schneiden.

2. Die Füllung in die Teigmitte
geben und etwas längs verteilen, damit daraus längliche
Röllchen werden.

3. Vordere Ecke über die
Füllung legen, etwas auf-
wickeln. Ecken einklappen
und aufrollen.

Reispapierröllchen

Für 16 Stück

4 getrocknete Tongku-Pilze · 50 g Glasnudeln
je 200 g Möhren und Weißkohl · 3 Frühlingszwiebeln · 1 Stück frischer Ingwer (ca. 2 cm)
2 EL Öl · 2 EL helle Sojasauce
32 Blatt Reispapier (16 cm Ø)
750 ml neutrales Pflanzenöl zum Frittieren

Pro Stück: ca. 80 kcal/340 kJ
1 g EW · 4 g F · 9 g KH

1 Die Pilze überbrühen und 30 Min einweichen.
Die Glasnudeln separat überbrühen, 3–4 Min.
ziehen lassen, dann in ein Sieb abgießen und abtropfen lassen.

2 Die Möhren schälen und in feine Stifte
schneiden. Den Weißkohl waschen und in feine
Streifen hobeln oder schneiden. Die Frühlingszwiebeln putzen, waschen und in feine Ringe
schneiden. Den Ingwer schälen und fein würfeln.
Die Pilze abgießen, die Stiele entfernen, die Hüte
in Streifen schneiden. Die Glasnudeln mit der
Küchenschere klein schneiden (siehe S. 33).

3 Den Wok erhitzen und 2 EL Öl hineingeben.
Erst Möhren und Weißkohl darin 2 Min. pfannenrühren, dann die Pilze und den Ingwer hinzufügen und 3 Min. unter Rühren mitbraten.
Sojasauce, Glasnudeln und Frühlingszwiebeln
unterrühren und 2 Min. weiterbraten. Von der
Kochstelle nehmen und etwas abkühlen lassen.

4 Die Reispapierblätter jeweils einzeln 10 Sek.
in warmes Wasser tauchen. Jeweils 2 Blätter
aufeinanderlegen und je knapp 2 EL Füllung
daraufgeben. Den Teig an einer Seite darüberlegen, die Seiten einschlagen und fest aufrollen.

5 Den Wok säubern und das Öl zum Frittieren
erhitzen. Die Röllchen darin portionsweise in
4–5 Min. goldbraun ausbacken, dabei einmal
wenden. Heiß mit Pflaumensauce (Rezept S. 43)
oder dunkler Sojasauce (aus der Flasche) zum
Dippen servieren.

Reisröllchen mit Tomaten und Käse

Für 12 Stück

2 Tomaten
1 Stück Salatgurke (ca. 50 g)
3 Zweige Dill
100 g gekochter Reis vom Vortag (siehe S. 213)
1 Ei · 50 g Cheddar-Käse, frisch gerieben
Salz · Pfeffer
2 Eiweiße
24 Blatt Reispapier (16 cm Ø)
750 ml neutrales Pflanzenöl zum Frittieren

Pro Stück: ca. 90 kcal/390 kJ
3 g EW · 4 g F · 10 g KH

1 Die Tomaten überbrühen, häuten, entkernen
und klein würfeln. Die Gurke waschen, entkernen und mit der Schale ebenfalls klein würfeln.
Den Dill waschen und trocken schütteln, die
Spitzen abzupfen und grob hacken.

2 Den Reis in einer Schüssel mit den vorbereiteten Zutaten, dem Ei und dem Käse vermischen
und mit Salz und Pfeffer würzig abschmecken.

3 Die Eiweiße in einem Schälchen mit einer
Gabel verschlagen. Die Reispapierblätter jeweils
einzeln 10 Sek. in warmes Wasser tauchen, jeweils 2 Blätter aufeinanderlegen. Die Ränder mit
Eiweiß einpinseln. Jeweils knapp 2 EL Füllung
daraufgeben, den Teig an einer Seite darüberlegen, die Seiten einschlagen und fest aufrollen.

4 Das Öl im Wok erhitzen und die Röllchen
darin portionsweise in 3–4 Min. goldbraun
frittieren. Mit einem Schaumlöffel herausheben
und auf Küchenpapier abtropfen lassen. Heiß
als Snack oder – je 3 Röllchen – mit Blattspinat
oder einem kleinen Gemüsesalat als leichtes
vegetarisches Hauptgericht servieren.

45 Min. · scharfer Thai-Klassiker

Fischplätzchen

Für 20 Stück
100 g grüne Kenia-Böhnchen · 8 kleine
Kaffirlimettenblätter · 1 gestrichener TL Salz
400 g frisches Lachsfilet (oder anderer
fettreicher Fisch wie z. B. Makrele)
1 EL rote Currypaste (aus dem Asienladen)
750 ml neutrales Pflanzenöl zum Frittieren

Pro Stück: ca. 55 kcal/230 kJ
4 g EW · 4 g F · 0 g KH

1 Die Bohnen waschen, abtrocknen und in
feine Scheiben schneiden. Die Limettenblätter
waschen und die Mittelrippen entfernen. Die
Blatthälften aufrollen und in haarfeine Streifen
schneiden. 4 EL kaltes Wasser in eine Tasse geben
und das Salz darin auflösen.

2 Das Lachsfilet kalt abwaschen und trocken
tupfen. Mit einem scharfen Messer erst in dünne
Scheiben, dann in feine Streifen und schließlich
in kleine Stückchen schneiden. Diese auf der
Arbeitsfläche sehr fein hacken. Das Tatar in eine
Schüssel geben und nach und nach mit dem
Salzwasser und der Currypaste verrühren. Bohnen und Limettenblattstreifen dazugeben und
sorgfältig untermischen.

3 Öl im Wok zum Frittieren erhitzen. Aus der
Masse mit angefeuchteten Händen 20 Bällchen
formen und zu 1/2 cm dicken Plätzchen flach
drücken. Die Fischplätzchen im heißen Öl portionsweise, also jeweils 6–7 Stück, in 3–5 Min.
goldbraun frittieren. Mit einem Schaumlöffel
herausheben und auf Küchenpapier abtropfen
lassen. Heiß oder lauwarm mit Sweet-Chili-Dip
(Rezept S. 42 oder fertig gekauft) servieren.

VARIANTE MIT SÜSSKARTOFFELN

Statt der Bohnen und der Limettenblattstreifen
100 g Süßkartoffelraspel, 1 fein geschnittene
Frühlingszwiebel und 2 Zweige fein gehacktes
Koriandergrün *unter den Fisch mischen.*

30 Min. · knusprig umhüllt

Garnelenbällchen

Für 16 Stück
1 Knoblauchzehe · 1 Schalotte
1 Stück frischer Ingwer (ca. 1 cm)
2 Zweige Koriandergrün · 100 g Glasnudeln
250 g geschälte rohe Garnelen
1 Eiweiß · Salz · 1/4 TL Sambal oelek
750 ml neutrales Pflanzenöl zum Frittieren

Pro Stück: ca. 45 kcal/190 kJ
3 g EW · 2 g F · 3 g KH

1 Knoblauch, Schalotte und Ingwer schälen und
fein würfeln. Das Koriandergrün waschen und
trocken schütteln, Blätter und zarte Stängel fein
schneiden. Die (trockenen) Glasnudeln mit einer
Schere in ca. 3 cm lange Stücke schneiden und
auf einen Teller geben.

2 Die Garnelen am Rücken einritzen und den
Darmfaden entfernen (siehe S. 199). Garnelen
kalt abwaschen, trocken tupfen und grob hacken.
Mit dem Eiweiß in den Mixer geben und fein
pürieren. Knoblauch, Schalotte, Ingwer und
Koriander untermischen und mit Salz und Sambal oelek würzig abschmecken.

3 Das Öl im Wok zum Frittieren erhitzen.
Aus der Masse walnussgroße Kugeln formen.
Die Garnelenbällchen in den Glasnudeln wälzen
und gut andrücken. Sobald das Öl heiß genug
ist, die Garnelenbällchen portionsweise hinein-
geben und in 3–4 Min. knusprig ausbacken.
Mit einem Schaumlöffel herausheben und auf
Küchenpapier abtropfen lassen. Heiß mit Sweet-
Chili-Dip oder Mango-Chutney (Rezepte S. 42
bzw. 43 oder fertig gekauft) servieren.

VARIANTE AM SPIESS

Macht was her: Statt der Glasnudeln **6 Stängel**
Zitronengras *auf ca. 12 cm kürzen und längs
halbieren. Die Garnelenmasse in 12 Teile teilen,
jeweils am unteren Ende in Form einer Wurst um
den Zitronengrasstängel formen und frittieren.*

★ ★
★

Samosas

1 Die Kartoffeln waschen und mit Salzwasser bedeckt in einem Topf in ca. 25 Min. weich kochen. Die Erbsen auf einen Teller geben und antauen lassen.

2 In der Zwischenzeit für den Teig das Mehl mit 1/2 TL Salz in eine Schüssel geben. Das Öl und 125 ml Wasser dazugeben, alles zu einem festen Teig verkneten (**Bild 1**). Zugedeckt 30 Min. ruhen lassen.

3 Den Ingwer schälen und fein reiben. Das Koriandergrün waschen und trocken schütteln, Blätter und zarte Stängel fein schneiden. Die Kartoffeln abgießen, kalt abschrecken, pellen und mit einer Gabel fein zerdrücken.

4 Den Wok erhitzen, das Öl hineingeben. Den Kreuzkümmel darin 1 Min. anrösten, bis er duftet. Den Ingwer dazugeben und unter ständigem Rühren anbraten. Kartoffeln, Erbsen und Chilipulver unterrühren, salzen und ca. 5 Min. unter Rühren braten (**Bild 2**). Koriandergrün und Garam masala untermischen, abkühlen lassen.

5 Den Teig in 10 gleiche Portionen teilen und diese zu Kugeln formen. Auf einem geölten Holzbrett zu Kreisen von ca. 16 cm Ø ausrollen (**Bild 3**). Die Teigkreise mit einem scharfen Messer halbieren, sodass 20 Halbkreise entstehen. Jeweils 1 gehäuften EL Füllung auf eine Seite geben (**Bild 4**), die andere Teigseite darüberklappen und die Ränder mit angefeuchteten Fingern gut zusammendrücken (**Bild 5**).

6 Den Wok säubern und das Öl darin zum Frittieren erhitzen. Die Samosas darin portionsweise in 3–4 Min. goldbraun frittieren. Mit einem Schaumlöffel herausheben und auf Küchenpapier abtropfen lassen. Dazu schmeckt Mango-Chutney (Rezept S. 43 oder fertig gekauft) bzw. Minzdip (Rezept S. 30).

Für 20 Stück
Für die Füllung:
600 g mehligkochende Kartoffeln
150 g TK-Erbsen
1 Stück frischer Ingwer (ca. 3 cm)
1 Bund Koriandergrün
2 EL Öl · 1 TL Kreuzkümmelsamen
1/2 TL Chilipulver
1/2 TL Salz · 1/2 TL Garam masala

Für den Teig:
250 g Mehl · Salz · 5 EL Öl
etwas Öl für die Arbeitsfläche/das Holzbrett
750 ml neutrales Pflanzenöl zum Frittieren

Pro Stück: ca. 125 kcal/530 kJ
2 g EW · 7 g F · 14 g KH

Goldbraun, knusprig und herrlich duftend – so kommen sie aus dem heißen Fett und laden zum Snacken auf indische Weise ein. Mit 1–2 Dips dazu ein feiner exotischer Imbiss!

Tausch-Tipps *Keine Lust, den Teig selbst zu machen? Dann nehmen Sie fertigen* **TK-Blätterteig** *– nicht ganz stilecht, aber ebenfalls lecker: Die Teigplatten auf der Arbeitsfläche auftauen lassen, je 2 aufeinanderlegen und dünn ausrollen. Kreise ausstechen und wie beschrieben füllen. Damit die Ränder gut halten, sie mit einer Gabel fest zusammendrücken. Sie können die Samosas auch mit anderen Gemüsesorten füllen: Für eine* **Blumenkohl-Füllung** *400 g Kartoffeln wie beschrieben vorbereiten. 300 g geputzte, klein geschnittene Blumenkohlröschen in der Gewürz-Ingwer-Mischung anbraten, 4 EL Wasser hinzufügen und alles zugedeckt bei schwacher Hitze 10 Min. dünsten. Kartoffeln und Erbsen dazugeben und weiterbraten wie beschrieben. Für eine würzige Variante mit* **Hackfleisch** *legen Sie 2 EL getrocknete Rosinen in 2 EL Zitronensaft ein. 400 g Kartoffeln wie beschrieben vorbereiten. 300 g Schweinehackfleisch und 100 g Möhrenraspel in der Kreuzkümmel-Ingwer-Mischung anbraten, Rosinen, 1/2 TL Zimt und Kartoffeln unterrühren. Abkühlen lassen und die Samosas damit füllen.*

Gut zu wissen ...

- Teig und Füllung der Samosas werden in manchen Gegenden Indiens auch mit Ghee, einer Art Butterschmalz, zubereitet. Sie bekommen dadurch ein feinbuttriges Aroma. Wie Sie Ghee selber herstellen können, lesen Sie auf S. 67.

- Drücken Sie die Teigränder und den Teig über der Füllung gut zusammen, sodass keine Luftblasen bleiben. Die Samosas blähen sich sonst beim Frittieren auf und können platzen.

1 Std. · klein aber fein

Goldsäckchen

Für 20 Stück
20 TK-Frühlingsrollen-Teigblätter (12 x 12 cm)
1 Zweig Koriandergrün mit Wurzel
1 Knoblauchzehe · 1/2 TL weiße Pfefferkörner
1 Schalotte · 4–5 Wasserkastanien
(aus der Dose) · 150 g Schweinehackfleisch
1 TL Zucker · 1 EL helle Sojasauce
2–3 Frühlingszwiebeln
2–3 EL Mehl für die Arbeitsfläche
750 ml neutrales Pflanzenöl zum Frittieren

Pro Stück: ca. 40 kcal/180 kJ
2 g EW · 1 g F · 5 g KH

1   Den Frühlingsrollenteig in der Packung auftauen lassen. Den Koriander waschen, die Wurzel
abschneiden und fein hacken. Den Knoblauch
schälen und etwas zerkleinern. Beides mit den
Pfefferkörnern im Mörser fein zerstoßen.

2   Die Schalotte schälen und fein würfeln. Die
Wasserkastanien kalt abspülen, abtropfen lassen
und fein hacken. Korianderblätter und -stängel
fein hacken. Beides mit dem Schweinehackfleisch
und der Würzmischung aus dem Mörser in eine
Schüssel geben. Zucker und Sojasauce dazugeben
und alles gut verkneten.

3   Die Frühlingszwiebeln waschen, putzen und
daraus 20 ca. 15 cm lange Streifen schneiden.
Diese 10 Sek. in kochendem Wasser blanchieren,
auf Küchenpapier abtropfen lassen.

4   Die Teigblätter vorsichtig ablösen und auf die
bemehlte Arbeitsfläche legen. Jeweils 1 TL Füllung in die Mitte setzen und den Teig mit beiden
Händen darüber zudrücken, sodass kleine Säckchen entstehen. Jedes Säckchen mit einem Frühlingszwiebelstreifen zusammenbinden.

5   Das Öl zum Frittieren im Wok erhitzen.
Die Goldsäckchen darin portionsweise in jeweils
4–5 Min. goldbraun frittieren. Herausheben und
auf Küchenpapier abtropfen lassen. Warm mit
Pflaumensauce (Rezept S. 43) servieren.

VEGETARISCHE VARIANTE

*Ersetzen Sie das Schweinehackfleisch durch klein
gewürfelten* **Tofu.** *Keine Wasserkastanien bekommen? Macht nichts! Lassen Sie sie weg oder
ersetzen Sie sie durch* **3 EL Maiskörner** *(aus der
Dose; gut abgetropft und fein gehackt).*

40 Min. · knusprig frittiert

Hähnchen-Wantans

Für 20 Stück
20 TK-Wantan-Teigblätter (10 x 10 cm)
300 g Hähnchenbrustfilet · 1 Knoblauchzehe
1 Zweig Koriandergrün mit Wurzel
2 EL helle Sojasauce · 1 TL Zucker
1 EL Sesamöl · 1 Frühlingszwiebel
750 ml neutrales Pflanzenöl zum Frittieren

Pro Stück: ca. 50 kcal/210 kJ
4 g EW · 2 g F · 5 g KH

1   Den Wantan-Teig in der Packung auftauen
lassen. Das Hähnchenfleisch waschen, trocken
tupfen und fein würfeln. Den Knoblauch schälen
und würfeln. Den Koriander waschen, die Wurzel hacken, das Koriandergrün beiseite legen.
Hähnchenfleisch, Knoblauch und Koriander-
wurzel mit Sojasauce, Zucker und Sesamöl im
Blitzhacker fein zerkleinern.

2   Die Frühlingszwiebel waschen, putzen, längs
halbieren und bis zum hellgrünen Teil sehr fein
schneiden. Koriandergrün samt Stängeln fein
schneiden. Beides in die Fleischmasse mischen.

3   Jeweils einige Wantan-Blätter auslegen
(die übrigen mit einem feuchten Tuch abdecken,
damit sie nicht austrocknen). Die Ränder dünn
mit Wasser einpinseln. Jeweils 1 gehäuften TL
Hähnchenmasse in die Mitte setzen und die Teigränder mit beiden Händen darüber fest zusammendrücken, sodass kleine Säckchen entstehen.

4   Das Öl im Wok zum Frittieren erhitzen. Die
Wantans darin portionsweise in ca. 2 Min. goldgelb frittieren. Mit einem Schaumlöffel herausheben und auf Küchenpapier abtropfen lassen.

1 Std. · würzig

Gefüllte Brote

Für 16 Stück
150 g TK-Erbsen · 200 g Mehl · Salz
2 EL Ghee (oder Butterschmalz) · 1 dünne
Stange Lauch · 1–2 große rote Chilischoten
je 1/2 TL gemahlener Koriander, Kreuzkümmel
und edelsüßes Paprikapulver
750 ml neutrales Pflanzenöl zum Frittieren

Pro Stück: ca. 80 kcal/340 kJ
2 g EW · 4 g F · 10 g KH

1 Die Erbsen zum Auftauen auf einen Teller geben. Das Mehl in eine Schüssel geben. 1 kräftige Prise Salz, 1 EL Ghee in Flöckchen und 100 ml kaltes Wasser hinzufügen. Alles gut verkneten und den Teig 30 Min. zugedeckt ruhen lassen.

2 Inzwischen den Lauch putzen, längs aufschneiden, gründlich waschen und fein schneiden. Die Chilischoten waschen, längs aufschneiden, entkernen und fein würfeln. Die Erbsen mit einem schweren Messer grob hacken.

3 Den Wok erhitzen und das übrige Ghee darin schmelzen. Den Lauch und die Chilis darin 1 Min. unter Rühren anbraten. Die Erbsen dazugeben und 2–3 Min. mitbraten. Mit Koriander, Kreuzkümmel, Paprikapulver und 1 Prise Salz würzen. Von der Kochstelle nehmen und abkühlen lassen.

4 Den Teig auf der Arbeitsfläche noch einmal durchkneten. In 16 Stücke teilen und diese zu Kugeln formen. Die Teigkugeln zuKreisen von ca. 10 cm Ø ausrollen. Jeweils 1 EL Füllung in die Mitte setzen. Die Teigkreise über der Füllung zusammenklappen. Mit dem Nudelholz noch einmal sanft darüberrollen, damit keine Luftblasen zwischen Teig und Füllung bleiben.

5 Den Wok säubern und das Öl zum Frittieren darin erhitzen. Die gefüllten Brote darin portionsweise in 4–5 Min. goldbraun frittieren. Herausheben und auf Küchenpapier abtropfen lassen. Am besten warm servieren.

50 Min. · indisch inspiriert

Spinatplätzchen

Für 16 Stück
2 große mehligkochende Kartoffeln (ca. 400 g)
250 g Spinat · Salz
1 große grüne Chilischote
3 EL Kichererbsenmehl
1 TL Ajwain (siehe S. 30)
750 ml neutrales Pflanzenöl zum Frittieren

Pro Stück: ca. 55 kcal/220 kJ
1 g EW · 3 g F · 5 g KH

1 Die Kartoffeln waschen, in einem Topf mit Salzwasser bedecken und in ca. 25 Min. weich kochen. Inzwischen den Spinat waschen, verlesen und die groben Stiele entfernen. Tropfnass mit 1 Prise Salz in den Wok geben und zugedeckt in ca. 4 Min. zusammenfallen lassen. Durch ein Sieb abgießen und abkühlen lassen.

2 Die Chilischote waschen, längs halbieren, entkernen und fein hacken. Den Spinat ausdrücken und grob schneiden.

3 Die Kartoffeln abgießen, kalt abschrecken, pellen und in einer Schüssel fein zerdrücken. gehackte Chili, Spinat, Kichererbsenmehl, Ajwain und ca. 3/4 TL Salz unterkneten. Aus der Masse 16 Kugeln formen und diese zu Plätzchen flach drücken.

4 Den Wok säubern und das Öl zum Frittieren darin erhitzen. Die Plätzchen darin portionsweise in 4–5 Min. frittieren. Herausheben und heiß oder lauwarm servieren.

Praxis-Tipp *Das **Kichererbsenmehl** verleiht den Plätzchen ein feinnussiges Aroma. Es sorgt außerdem dafür, dass die Plätzchen beim Backen kaum Fett aufnehmen. Abtropfen auf Küchenpapier ist daher nicht nötig.*

Knuspergarnelen

Für 20 Stück
10 große TK-Frühlingsrollen-Teigblätter
(21,5 x 21,5 cm) · 2 EL geröstete gesalzene Erdnüsse · 1 Knoblauchzehe · 2 Zweige Koriandergrün mit Wurzel · 120 g Hähnchenbrustfilet
1 EL Öl · 1 EL Zucker · Salz · 20 ungeschälte
rohe Riesengarnelen (ohne Kopf, ca. 600 g)
1 Ei · 750 ml neutrales Pflanzenöl zum Frittieren

Pro Stück: ca. 95 kcal/400 kJ
8 g EW · 5 g F · 5 g KH

1 Den Frühlingsrollenteig in der Packung auftauen lassen. Die Erdnüsse im Mörser fein zerstoßen und herausnehmen. Den Knoblauch
schälen und würfeln. Den Koriander waschen.
Wurzel und Stängel etwas zerkleinern, Blätter
anderweitig verwenden. Knoblauch, Korianderwurzeln und -stängel im Mörser fein zerstoßen.

2 Das Hähnchenfleisch waschen und trocken
tupfen, mit einem scharfen Messer sehr fein
hacken. Den Wok erhitzen, das Öl hineingeben.
Den Mörserinhalt darin kurz anbraten. Das
Hähnchenfleisch dazugeben und unter Rühren
3 Min. mitbraten. Den Zucker dazugeben und
weiterbraten, bis er karamellisiert. Leicht salzen
und die zerstoßenen Erdnüsse unterrühren.
Von der Kochstelle nehmen und abkühlen lassen.

3 Die Hähnchen-Erdnuss-Mischung wieder in
den Mörser geben und stampfen, bis eine feste
Paste entsteht.

4 Garnelen so schälen, dass der Schwanzfächer
am Fleisch verbleibt. Am Rücken wie unten gezeigt einschneiden, den schwarzen Darmfaden
entfernen (**Bild 1**). Jede Garnele mit 1 TL Hähnchenmasse füllen und gut zusammendrücken.

5 Das Ei in einem Schälchen verschlagen. Die
Teigblätter vorsichtig voneinander lösen und
diagonal halbieren. Ränder mit Ei einpinseln.
Je eine gefüllte Garnele so darauflegen, dass der
Schwanzfächer an der Längsseite herausragt. Die
gegenüberliegende Teigseite über die Garnele
einklappen, Querseiten um die Garnele wickeln
und festkleben (**Bild 2**). Den Teig mit einem
scharfen Messer mehrfach einkerben (**Bild 3**),
so entsteht beim Frittieren ein hübsches Muster.

6 Den Wok säubern und das Frittieröl darin
erhitzen. Jeweils 5–6 Garnelen hineingeben
und in 4–5 Min. goldgelb frittieren. Mit einem
Schaumlöffel herausheben und auf Küchenpapier abtropfen lassen. Die Knuspergarnelen
schmecken am besten lauwarm mit Sweet-Chili-
Dip (Rezept S. 42 oder fertig gekauft).

1. Die Garnele so einschneiden,
dass eine kleine Tasche für die
Füllung entsteht, die Hälften
aber noch zusammenhalten.

2. Die gefüllte Garnele auf das
Teigdreieck legen, die Ecke
darüberklappen und die Seiten
um die Garnele wickeln.

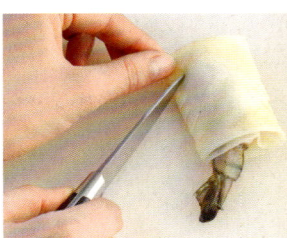

3. Teighülle beidseitig mit
einem Rautenmuster ver-
sehen, dabei aber nicht
zu tief schneiden!

Scharf oder würzig, fruchtig oder nussig – was wären Asia-Snacks ohne Dips und Saucen? Sie erst verleihen den kleinen frittierten Köstlichkeiten dieses Kapitels raffinierte Würze und Pfiff!

Die sechs beliebtesten Asia-Dips und -Saucen

1 Sweet-Chili-Dip

Für 6 Portionen 2 große rote Chilischoten waschen, längs aufschneiden, entkernen und klein schneiden. Mit 2 TL Salz in den Mörser geben und sehr fein zerstoßen. Die Chili-Salz-Mischung zusammen mit 200 ml Reisessig, 150 ml Wasser und 120 g Zucker in einem Topf verrühren. Zum Kochen bringen und bei schwacher Hitze 15 Min. offen einkochen lassen, gelegentlich umrühren. Den Topf der Kochstelle nehmen und die Sauce abkühlen lassen.

Zum Servieren 1 Stück Salatgurke (ca. 5 cm) schälen, entkernen und millimeterfein würfeln. 1 Schalotte schälen, sehr fein würfeln. 1 Zweig Koriandergrün waschen und trocken schütteln, die Blättchen sehr fein schneiden. Gurkenstückchen, Schalottenwürfelchen und Koriandergrün unter die abgekühlte Sauce mischen und in sechs Dipschälchen verteilen. Nach Belieben 1 EL geröstete Erdnüsse im Mörser grob zerstoßen und darüberstreuen.

Dieser beliebte Thai-Klassiker passt ausgezeichnet zu frittierten Snacks wie Frühlingsröllchen (Rezept S. 33), Fischplätzchen (Rezept S. 35) oder Knuspergarnelen (Rezept S. 41).

Tipp: Sie bekommen diese Sauce im Asienladen auch fertig zu kaufen. Allerdings enthält sie meist jede Menge Konservierungsstoffe und Geschmacksverstärker. Besonders Allergiker sollten Sweet-Chili-Sauce deshalb lieber selber zubereiten. Für den Vorrat die Saucenbasis (ohne Gurke, Schalotte etc.) in ein Schraubglas füllen – sie hält so im Kühlschrank ca. 3 Monate.

2 Koriander-Limetten-Dip

Für 6 Portionen 1 Stück frischen Ingwer (ca. 4 cm) schälen und fein reiben. Den Knoblauch schälen und durchpressen. 2–3 superscharfe kleine grüne Thai-Chilischoten waschen, Stielansätze entfernen und die Schoten sehr fein schneiden (Wer es nicht ganz so scharf mag oder verträgt, verwendet 1 große grüne Chilischote: waschen, längs aufschneiden, entkernen und sehr fein hacken.) 2 Zweige Koriandergrün waschen und trocken schütteln, die Blätter und zarten Stängel fein schneiden.

In einem Schüsselchen 5 EL Fischsauce, 8 EL frisch gepressten Limettensaft und 1 EL Zucker verrühren, bis sich der Zucker gelöst hat. Ingwer, Knoblauch, Chilis und Koriander unterrühren. Schmeckt fabelhaft zu Fischgerichten, Tintenfisch oder Garnelen.

3 Erdnuss-Dip

Für 6 Portionen 10 g gepresste Tamarinde in einem Schüsselchen in 100 ml lauwarmem Wasser einweichen. 100 g ungesalzene Erdnüsse im Wok goldbraun rösten, abkühlen lassen und im Mörser mittelfein zerstoßen.

2 EL Kokossahne (die dicke Creme, die sich in der ungeschüttelten Kokosmilchdose oben absetzt) im Wok erhitzen. 1 EL rote Thai-Currypaste einrühren, 2 Min. anbraten (siehe S. 159). Tamarinde gut durchkneten, den Tamarindensaft durch ein feines Sieb dazugießen, die Kerne und Fasern wegwerfen. 200 ml Kokosmilch, 1 EL Palmzucker (ersatzweise braunen Zucker) und die Erdnüsse unterrühren und 5 Min. bei mittlerer Hitze offen einkochen lassen, gelegentlich

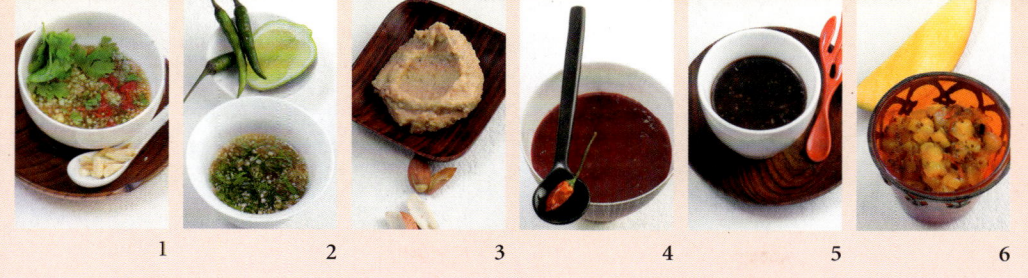

1   2   3   4   5   6

umrühren. Den Dip mit 1/2–1 EL Fischsauce abschmecken und abgekühlt zu Putenspießchen (S. 119) oder anderen Fleischgerichten servieren. Für eine supereinfache Variante verquirlen Sie 6 EL Erdnussbutter aus dem Glas (am besten schmeckt die crunchy-Version mit kleinen Stückchen) mit 2 EL Zitronensaft, 4 EL Joghurt und so viel kaltem Wasser (3–4 EL), bis ein cremiger Dip entsteht. 1 kleine Knoblauchzehe schälen und dazupressen. Mit Salz und Cayennepfeffer würzig abschmecken.

4 *Pflaumensauce*

Für 4 Portionen 1 Knoblauchzehe schälen und fein würfeln. 1 Stück frischen Ingwer (ca. 2 cm) schälen und fein würfeln. 1–2 kleine rote Chilischoten waschen, Sielansätze entfernen und die Chili(s) fein hacken. Wer es nicht so scharf mag oder verträgt, nimmt nur 1 Chilischote und entfernt die Kerne.

Alle vorbereiteten Zutaten in einem Töpfchen mit 3 EL Pflaumenmus, 1 TL Speisestärke, je 2 EL Sherry (medium), heller Sojasauce und Reisessig und 100 ml Wasser verrühren. Aufkochen und bei mittlerer Hitze in 5 Min. sämig einkochen lassen. Mit Salz, Pfeffer und Zucker abschmecken. Abgekühlt zu chinesischen Snacks wie den Reispapierröllchen (Rezept S. 34) servieren.

5 *Bohnensauce mit Reiswein*

Für 4 Portionen 5 EL schwarze Bohnenpaste (aus dem Glas, siehe S. 17) mit 200 ml Rinderbrühe, 2 EL heller Sojasauce und 5 EL Reiswein verrühren.

3 Knoblauchzehen schälen und durchpressen. In einem Topf 1 EL Öl erhitzen und den Knoblauch darin kurz anbraten (Vorsicht, er darf nicht verbrennen!). Die Saucenmischung einrühren und aufkochen lassen. 1 EL Speisestärke in einem Schüsselchen mit 2–3 EL kaltem Wasser anrühren. Mit dem Schneebesen unter die Sauce rühren und einkochen lassen, bis die Bohnensauce sämig bindet. 1/2 TL Sesamöl unterrühren und mit Salz, Zucker und nach Belieben Chilisauce (Fertigprodukt) abschmecken. Warm oder abgekühlt servieren. Die Bohnensauce schmeckt gut zu Geflügel und Meeresfrüchten. Als schnelle Variante verrühren Sie fertig gekaufte Hoisin-Sauce mit dem Reiswein.

6 *Mango-Chutney*

Für 4 Portionen 1 große Mango (darf ruhig noch etwas hart sein) schälen, das Fruchtfleisch vom Stein und in kleine Würfel schneiden. 1–2 große rote Chilischoten waschen, längs aufschneiden, entkernen und in feine Streifen schneiden. Je 1 TL Korianderkörner und Kreuzkümmelsamen im Mörser fein zerstoßen.

Mangowürfel und Chilis mit den gemörserten Gewürzen in einen Topf geben. 1 TL braune Senfsamen, 1 TL gemahlene Kurkuma, je 1/4 TL Nelkenpulver, Zimtpulver und frisch geriebene Muskatnuss, 1/2 TL Salz, 3 EL Zucker und 125 ml Wasser hinzufügen. Einmal aufkochen lassen und alles bei schwacher Hitze ca. 10 Min. offen köcheln lassen, bis das Chutney dickflüssig wird, gelegentlich umrühren. Abkühlen lassen und mit Salz abschmecken.

Das Chutney schmeckt wunderbar zu indischen Snacks. Wer es länger aufheben möchte, füllt es kochend heiß in heiß ausgespülte Twist-off-Gläser, verschließt diese sofort und stellt sie für 10 Min. auf den Kopf. Kühl aufbewahrt hält das Chutney so ca. 3 Monate.

Garnelensuppe
mit Reisnudeln

Für 4 Personen
100 g thailändische Reisnudeln
(Guai-Thiau, siehe S. 235)
250 g rohe geschälte Riesengarnelen
1 Stück frischer Ingwer (ca. 2 cm)
1 Stängel Zitronengras
300 g Mangold · 1 EL Öl
750 ml Gemüsebrühe
200 ml cremige Kokosmilch
3 EL Fischsauce
2 EL Limettensaft
Salz · weißer Pfeffer

Pro Portion: ca. 220 kcal/920 kJ
18 g EW · 5 g F · 27 g KH

1 Die Reisnudeln in kochendes Wasser geben
und 3 Min. ziehen lassen. In ein Sieb abgießen,
mit kaltem Wasser abschrecken und abtropfen
lassen. Mit einer Küchenschere mehrmals durchschneiden.

2 Die Garnelen kalt abwaschen und gut trocken
tupfen. Den Ingwer schälen und fein reiben oder
sehr fein würfeln und mit den Garnelen mischen.
Das Zitronengras von äußeren harten Blättern
befreien und das untere weiche Drittel fein würfeln. Den Mangold waschen und putzen. Die
Stiele klein würfeln, die grünen Blätter in Streifen
schneiden.

3 Den Wok erhitzen und das Öl hineingeben.
Die gewürfelten Mangoldstiele darin 3 Min. bei
mittlerer Hitze andünsten. Mit der Brühe und
der Kokosmilch aufgießen und aufkochen lassen.
Das Zitronengras hinzufügen und alles 5 Min.
offen kochen lassen.

4 Zuletzt die Garnelen samt Ingwer und die
Mangoldblätter in die Suppe geben und diese
weitere 2–3 Min. bei schwacher Hitze ziehen
lassen. Mit Fischsauce, Limettensaft, Salz und
Pfeffer abschmecken.

5 Die Nudeln auf vier große Suppenschalen
verteilen und die kochend heiße Suppe darüberschöpfen.

VARIANTE
Original feurig-scharfe Thai-Würze

2 kleine rote Thai-Chilischoten millimeterklein
würfeln. 2–3 frische Kaffirlimettenblätter in haarfeine Streifen schneiden. Beides vor dem Servieren
unter die Suppe mischen und diese mit 1 Handvoll
Korianderblättchen bestreuen.

VARIANTE
Fischsuppe mit Reisnudeln

Die Garnelen durch 250 g Rotbarsch- oder
Viktoriabarschfilet ersetzen. Den Fisch kalt abwaschen, trocken tupfen und in mundgerechte
Würfel schneiden, mit dem Ingwer mischen.
Nicht anbraten, sondern erst mit den Mangold-
blättern zur Suppe geben und in 3–4 Min. gar
ziehen lassen.

Glasnudelsuppe *mit Seidentofu*

Für 4 Personen
100 g Glasnudeln
2 EL getrocknete Shrimps (siehe S. 27)
100 g Zuckerschoten
3 Frühlingszwiebeln
12 Kirschtomaten
2–3 EL helle Sojasauce
1–2 EL Limettensaft
weißer Pfeffer · Zucker
200 g Seidentofu (aus dem Bioladen)

Pro Portion: ca. 120 kcal/490 kJ
6 g EW · 3 g F · 17 g KH

1 Die Glasnudeln in einer Schüssel mit kochendem Wasser überbrühen und 3–4 Min. ziehen
lassen. Durch ein Sieb abgießen, abtropfen lassen, mit einer Küchenschere kleiner schneiden
und in vier Suppenschalen verteilen.

2 Die getrockneten Shrimps mit 1 l Wasser in
den Wok geben, aufkochen und 10 Min. bei mittlerer Hitze zugedeckt kochen lassen.

3 Inzwischen die Zuckerschoten waschen, putzen, eventuell entfädeln und schräg halbieren.
Die Frühlingszwiebeln waschen und putzen,
die weißen und grünen Teile separat in schräge
Ringe schneiden. Die Kirschtomaten waschen
und halbieren.

4 Zuckerschoten und weiße Frühlingszwiebeln
in die Brühe geben und 2 Min. mitkochen lassen.
Mit Sojasauce, Limettensaft, Pfeffer und 1 Prise
Zucker abschmecken. Tomaten und Frühlingszwiebelgrün dazugeben und 1 Min. ziehen
lassen. Den Seidentofu mit einem Esslöffel in
die Suppenschalen verteilen und die heiße Suppe
darüberschöpfen.

VEGETARISCHE VARIANTE

Kochen Sie eine würzige Brühe aus **Shiitake-
Pilzen** *(siehe rechts) oder nehmen Sie* **Instant-
Gemüsebrühe** *als Suppenbasis.*

Wachskürbissuppe
mit Fleischklößchen

Für 4 Personen
10 g getrocknete Shiitake-Pilze (in Streifen)
200 g Wachskürbis
250 g frisches Schweinehackfleisch
3 EL helle Sojasauce
1/2 TL Salz
1/2 TL weißer Pfeffer
2 Knoblauchzehen
1 Handvoll Korianderblättchen

Pro Portion: ca. 85 kcal/360 kJ
14 g EW · 1 g F · 4 g KH

1 Die getrockneten Pilze mit 1 l Wasser in den
Wok oder in einen Topf geben, zum Kochen
bringen und bei schwacher Hitze zugedeckt
15 Min. köcheln lassen. Den Wachskürbis schälen, entkernen, in 3 cm große Stücke schneiden
und nach Belieben mit Kerbmustern verzieren.

2 Das Hackfleisch in einer Schüssel mit 1/2 EL
Sojasauce, Salz und weißem Pfeffer vermischen.
Den Knoblauch schälen und dazupressen. 1 EL
kaltes Wasser sorgfältig unterarbeiten, bis die
Masse bindet.

3 Einen Teelöffel immer wieder in kaltes Wasser
tauchen und damit aus der Fleischmasse kleine
Klößchen abstechen. In die kochende Pilzbrühe
geben. Die Wachskürbisstücke dazugeben und
alles 5 Min. bei schwacher Hitze zugedeckt ziehen lassen.

4 Die Suppe mit der restlichen Sojasauce abschmecken und mit Korianderblättchen bestreut
servieren.

VARIANTE

Den **Wachskürbis** *bekommen Sie nur im gut
sortierten Asienladen. Sie können ihn durch*
Salatgurken- oder Kohlrabistücke *ersetzen.*

25 Min. · mit sanfter Schärfe

Kokossuppe *mit Austernpilzen*

Für 4 Personen
200 g Austernpilze · 100 g Spinat
1 Stängel Zitronengras · 1 Knoblauchzehe
4 kleine grüne Chilischoten
2 Zweige Koriandergrün mit Wurzeln
1 Dose Kokosmilch (400 ml, ungeschüttelt)
1 EL Tomyam-Paste (siehe S. 27)
2–3 EL Fischsauce
3 EL Limettensaft
1 EL Chiliöl (Fertigprodukt) nach Belieben

Pro Portion: ca. 55 kcal/240 kJ
3 g EW · 1 g F · 9 g KH

1 Die Pilze putzen und in mundgerechte Stücke schneiden. Den Spinat waschen, abtropfen lassen und die groben Stiele entfernen. Große Blätter etwas kleiner zupfen.

2 Das Zitronengras von den äußeren harten Blättern befreien, das untere weiche Drittel fein hacken. Den Knoblauch schälen und fein würfeln. Die Chilis waschen und fein hacken. Den Koriander waschen, die Wurzeln fein hacken, die Blätter abzupfen und für die Garnitur beiseite legen.

3 4 EL Kokossahne (die dicke Creme, die sich in der ungeschüttelten Kokosmilchdose oben absetzt) abnehmen, in den Wok geben und sprudelnd aufkochen lassen. Zitronengras, Knoblauch, Chilis und Korianderwurzeln hinzufügen und 2 Min. bei mittlerer Hitze anbraten. Die Austernpilze hinzufügen und 2 Min. mitbraten.

4 Restliche Kokosmilch verrühren und mit Tomyam-Paste und 400 ml Wasser dazugeben, aufkochen und 2 Min. köcheln lassen. Den Spinat hinzufügen und die Suppe weitere 2 Min. bei schwacher Hitze ziehen lassen.

5 Mit Fischsauce und Limettensaft würzig abschmecken und in Suppenschalen verteilen. Nach Belieben mit dem Chiliöl beträufeln und mit den Korianderblättchen bestreut servieren.

40 Min. · japanisch leicht

Miso-Suppe *mit Tofu*

Für 4 Personen
10 g Wakame-Algen
100 g weißer Rettich
150 g Spinat
150 g fester Tofu
1,2 l Gemüsefond (aus dem Glas)
150 g Misopaste
Pfeffer
4 EL Pflaumenwein (nach Belieben)

Pro Portion: ca. 190 kcal/800 kJ
10 g EW · 11 g F · 13 g KH

1 Die Algen in kleine Stückchen brechen, mit kochendem Wasser überbrühen und ca. 10 Min. ziehen lassen. Den Rettich schälen, waschen und in Stifte schneiden. Den Spinat waschen, verlesen und in einem Sieb gut abtropfen lassen. Den Tofu in ca. 1 cm große Würfel schneiden.

2 Den Fond in den Wok geben und erhitzen. Die Algen in einem Sieb abtropfen lassen. Mit dem Rettich und dem Spinat in die Suppe geben und 5 Min. bei schwacher Hitze köcheln lassen. Den Tofu hinzufügen und 1 Min. erhitzen.

3 Misopaste in einer Schüssel mit 2 Schöpflöffeln heißer Brühe verrühren, bis sie sich auflöst. Unter die Suppe mischen. Wichtig: Die Suppe jetzt nicht mehr kochen lassen! Mit Pfeffer und nach Belieben dem Pflaumenwein abschmecken und heiß servieren.

 Was sind denn ... *Wakame-Algen?*
Diese mild schmeckenden Braunalgen aus dem Meer enthalten jede Menge Vitamine, Eisen und Kalzium. Sie sind in Japan eine sehr beliebte Zutat für Suppen, Marinaden und Reisgerichte. Da sie beim Einweichen stark aufquellen, reicht eine kleine Menge der getrockneten Würzzutat. Wakame-Algen finden Sie im Asienladen im gleichen Regal wie die Misopaste.

Gedämpfte **Wantans**
in der Brühe

Für 4 Personen
Für die Wantans:
20 TK-Wantan-Teigblätter (10 x 10 cm)
300 g rohe geschälte Garnelen
1 Knoblauchzehe
1 Stück frischer Ingwer (ca. 3 cm)
1 EL Fischsauce
1 Bund Koriandergrün

Für die Brühe:
1 l Hühnerbrühe (oder Gemüsebrühe)
1 Stück frischer Ingwer (ca. 4 cm)
1 Knoblauchzehe
4 EL helle Sojasauce · 1 TL Zucker
2–3 EL Limettensaft · Salz · Pfeffer

Pro Stück: ca. 200 kcal/850 kJ
19 g EW · 2 g F · 27 g KH

1 Den Wantan-Teig in der Packung auftauen lassen. Inzwischen die Garnelen am Rücken einschneiden und den schwarzen Darmfaden entfernen. Das Garnelenfleisch fein hacken.

2 Knoblauch und Ingwer schälen, würfeln und mit der Fischsauce unter die Garnelen mischen. Das Ganze im Blitzhacker zu einer mittelfeinen Masse verarbeiten. (Wer keinen Blitzhacker hat, kann die Garnelenmasse auch auf der Arbeitsfläche mit einem schweren Messer fein hacken.)

3 Das Koriandergrün waschen und trocken schütteln, die Blätter (einige für die Garnitur zurücklegen) und zarten Stängel fein hacken und unter die Garnelenmasse mischen (**Bild 1**).

4 Einige Teigblätter aus der Packung nehmen – siehe Gut-zu-wissen-Tipp rechts –, und die Ränder dünn mit Wasser einpinseln (**Bild 2**). Jeweils 1 gehäuften TL Garnelenmasse in die Mitte setzen (**Bild 3**) und den Teig mit den Fingern beider Hände darüber fest zu einem Säckchen zusammendrücken (**Bild 4**).

5 Im Wok 5 cm hoch Wasser zum Dämpfen erhitzen. Die Wantans mit etwas Abstand in den Dämpfeinsatz setzen (**Bild 5**) und zugedeckt über dem Wasserdampf ca. 12 Min. dämpfen.

6 Inzwischen die Brühe in einem Topf erhitzen. Ingwer und Knoblauch schälen, fein würfeln und hinzufügen. Mit Sojasauce, Zucker und Limettensaft würzig abschmecken.

7 Die fertigen Wantans in vier große Suppenschalen verteilen, die heiße Brühe darüberschöpfen und die Portionen mit den zurückgelegten Korianderblättchen bestreuen.

1

2

3

4

5

Sñit

Eine dampfende Brühe mit zarten, selbst gemachten Teigtäschchen ist ein wunderbarer Auftakt zu einem feinen chinesischen Gästemenü.

Gut zu wissen …

- Nehmen Sie jeweils nur ein paar Wantan-Blätter aus der Packung und decken die übrigen mit einem feuchten Tuch ab. Sie trocknen sonst sehr schnell aus!

- Die Wantans halten zwar auch so zusammen, sehen aber noch hübscher aus, wenn Sie die Säckchen mit blanchierten Lauch- oder Schnittknoblauchstreifen zusammenbinden (siehe Goldsäckchen, S. 38).

- Gar keine Lust aufs Selbermachen? Dann schauen sie in Ihrem Asienladen in die Tiefkühltruhe, da gibt es eine große Auswahl an fertigen Teigtäschchen mit verschiedenen Füllungen. Die müssen Sie nur in der Brühe erhitzen, fertig!

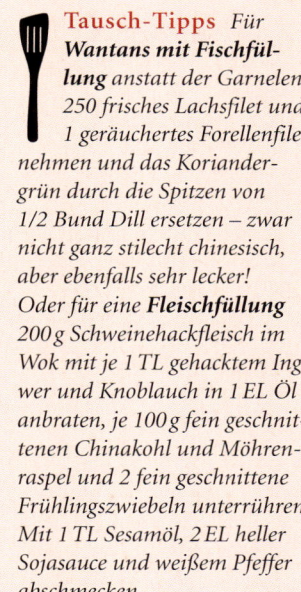

Tausch-Tipps *Für* **Wantans mit Fischfüllung** *anstatt der Garnelen 250 frisches Lachsfilet und 1 geräuchertes Forellenfilet nehmen und das Koriandergrün durch die Spitzen von 1/2 Bund Dill ersetzen – zwar nicht ganz stilecht chinesisch, aber ebenfalls sehr lecker! Oder für eine* **Fleischfüllung** *200 g Schweinehackfleisch im Wok mit je 1 TL gehacktem Ingwer und Knoblauch in 1 EL Öl anbraten, je 100 g fein geschnittenen Chinakohl und Möhrenraspel und 2 fein geschnittene Frühlingszwiebeln unterrühren. Mit 1 TL Sesamöl, 2 EL heller Sojasauce und weißem Pfeffer abschmecken. Für eine* **vegetarische Füllung** *100 g frische Shiitake-Pilze und 200 g fein zerbröselten Tofu mit 1 TL gehacktem Knoblauch und 2 fein geschnittenen Frühlingszwiebeln in 2 EL Öl anbraten. 50 g Sojabohnensprossen dazugeben und 1 Min. mitbraten. Mit 2 EL Sherry medium, je 1 EL heller und dunkler Sojasauce abschmecken.*

49

Vietnamesische Pilzsuppe

Für 4–6 Personen
10 g kleine getrocknete Shiitake-Pilze
400 g Austernpilze · 300 g Egerlinge
1 Stück frischer Ingwer (ca. 4 cm)
4 Knoblauchzehen · 2 Bund Koriandergrün
mit Wurzeln · 2 EL Öl · 3 EL helle Sojasauce
1 EL brauner Zucker · Salz · 1,5 l Gemüsebrühe
2 EL Maismehl · Pfeffer

Bei 4 Personen pro Portion: ca. 145 kcal/610 kJ
8 g EW · 7 g F · 13 g KH

1 Die Shiitake-Pilze ca. 20 Min. in warmem
Wasser einweichen. Inzwischen die Austernpilze
und die Egerlinge putzen, trocken abreiben und
in mundgerechte Stücke schneiden. Die Shiitake-
Pilze durch ein Sieb abgießen, ausdrücken, halbieren und harte Stellen entfernen.

2 Ingwer und Knoblauch schälen und fein würfeln. Koriandergrün waschen und trocken schütteln, die Wurzeln abschneiden und fein hacken.
Die Blätter und zarten Stängel grob schneiden.

3 Den Wok erhitzen und das Öl hineingeben.
Ingwer und Knoblauch darin 1 Min. unter Rühren goldgelb anbraten. Alle Pilze, die Sojasauce,
den Zucker, 1/2 TL Salz und die Brühe dazugeben. Aufkochen und 10 Min. bei mittlerer Hitze
kochen lassen.

4 Das Maismehl in einer Tasse mit 4 EL kaltem
Wasser anrühren. Unter die Suppe rühren und
noch einmal aufkochen lassen, bis die Suppe
leicht bindet. Mit Salz und Pfeffer abschmecken
und vor dem Servieren das Koriandergrün untermischen.

VARIANTE MIT WALDPILZEN

Sie suchen gern Pilze? Dann bereiten Sie die Suppe
*unbedingt mal mit einer Mischung Ihrer **selber***
***gesammelten Pilze** (Steinpilze, Maronenröhr-*
linge, Pfifferlinge etc.) zu. Die Shiitake-Pilze kön-
*nen Sie durch getrocknete **Steinpilze** ersetzen.*

Sauer-scharf-Suppe

Für 4–6 Personen
6 mittelgroße getrocknete Shiitake-Pilze
150 g schnittfester Tofu
100 g Bambussprossen (vakuumverpackt oder
aus der Dose) · 1 große rote Chilischote
1 Bund Schnittlauch · 1 Bund Koriandergrün
1,25 l Gemüsebrühe · 2 EL helle Sojasauce
1/2 TL schwarzer Pfeffer · 3 EL Zucker
10 EL milder Reisessig · 2 EL Speisestärke
1 TL Sesamöl · 1 EL Sambal oelek · Salz

Bei 4 Personen pro Portion: ca. 120 kcal/500 kJ
5 g EW · 5 g F · 14 g KH

1 Die Shiitake-Pilze ca. 20 Min. in warmem
Wasser einweichen. Den Tofu kalt abspülen.
Den Tofu und die Bambussprossen in ca. 4 cm
lange Stifte schneiden.

2 Die Shiitake-Pilze durch ein Sieb abgießen,
abtropfen lassen und in Scheiben schneiden.
Die Chilischote waschen, längs halbieren, entkernen und in feine Streifen schneiden. Schnittlauch und Koriander waschen, trocken schütteln
und fein schneiden.

3 Die Gemüsebrühe in den Wok geben und
erhitzen. Tofu, Bambussprossen, Pilze und Chili
dazugeben und 3 Min. bei schwacher Hitze
kochen lassen. Die Suppe mit Sojasauce, Pfeffer,
Zucker und Essig würzen.

4 Die Speisestärke in einer Tasse mit 4 EL
kaltem Wasser anrühren. In die Suppe rühren
und noch einmal aufkochen lassen, bis sie
bindet. Sesamöl, Sambal oelek, Schnittlauch
und Koriandergrün untermischen, die Suppe
mit Salz abschmecken.

 Einkaufs-Tipp *Die Chinesen verwenden*
für die Sauer-scharf-Suppe einen milden
***Reisessig** namens »Su«. Wenn Sie ihn nicht*
im Asienladen bekommen, nehmen Sie als
*Ersatz 6–8 EL milden **Weißweinessig.***

25 Min. · indonesisch

Spinatsuppe mit Mais

Für 4 Personen
500 g frischer Babyspinat
1 mittelgroße Süßkartoffel
1 Zwiebel
2 Knoblauchzehen
1 Stück frischer Ingwer (ca. 2 cm)
2 EL Öl
1 Dose Maiskörner (285 g Abtropfgewicht)
400 ml Kokosmilch
1/4–1/2 TL Sambal oelek
1 TL gemahlener Koriander · Salz

Pro Portion: ca. 405 kcal/1400 kJ
11 g EW · 9 g F · 71 g KH

1 Den Spinat gründlich waschen, verlesen und
gut abtropfen lassen. Die Süßkartoffel schälen
und klein würfeln. Die Zwiebel, den Knoblauch
und den Ingwer schälen und fein würfeln.

2 Den Wok erhitzen und das Öl hineingeben.
Zwiebeln, Knoblauch und Ingwer darin 1 Min.
anbraten. Die Süßkartoffelwürfel dazugeben
und 3–4 Min. bei mittlerer Hitze anbraten.
Den Spinat hinzufügen und mitbraten, bis er
zusammenfällt.

3 Den Mais aus der Dose samt Saft unterrühren. Die Kokosmilch und 200 ml Wasser
hinzufügen. Mit Sambal oelek, Koriander und
Salz würzen. Aufkochen und ca. 10 Min. bei
schwacher Hitze zugedeckt köcheln lassen.

SEAFOOD-VARIANTE

Wer mag, kann mit Mais und Kokosmilch noch
100 g Tiefseekrabben *untermischen.*

35 Min. · für Knoblauchfans

Sojawürzige Gemüsesuppe

Für 4 Personen
300 g Rettich
2 große Möhren
200 g Chinakohl
5 Knoblauchzehen
5 EL Öl
3 EL dunkle Sojasauce
2 EL Zucker
1 TL Salz
1/2 TL schwarzer Pfeffer
1 l Gemüsebrühe
Schnittknoblauch (nach Belieben)

Pro Portion: ca. 180 kcal/750 kJ
3 g EW · 14 g F · 11 g KH

1 Den Rettich und die Möhren schälen und in
ca. 1/2 cm dicke Scheiben schneiden. Die Rettich-
scheiben in mundgerechte Stücke teilen. Vom
Chinakohl die Blätter ablösen, waschen und in
Streifen schneiden.

2 Den Knoblauch schälen und fein würfeln.
Den Wok erhitzen und das Öl hineingeben.
Den Knoblauch darin goldbraun anbraten, aber
nicht verbrennen lassen. Rettich und Möhren
dazugeben und 3 Min. unter Rühren anbraten.
Den Chinakohl unterrühren. Mit Sojasauce,
Zucker, Salz und Pfeffer würzen und weitere
2 Min. unter Rühren braten.

3 Das Gemüse mit der Brühe ablöschen und
aufkochen lassen. So lange bei schwacher Hitze
ziehen lassen, bis das Gemüse gar, aber noch
bissfest ist. Die Suppe mit Salz und Zucker abschmecken und in Suppenschalen servieren.
Wer mag, streut noch etwas fein geschnittenen
Schnittknoblauch auf jede Portion.

GEMÜSE-VARIANTEN

Statt Rettich schmecken auch in Stücke geschnit-
tener **Kohlrabi** *und/oder* **Brokkoliröschen** *fein*
in dieser dunklen Gemüsesuppe.

Scharfer
Glasnudelsalat

Für 4 Personen
100 g Glasnudeln
1 Hähnchenbrustfilet (ca. 150 g)
Salz · Cayennepfeffer
1 EL Sesamöl
150 g geschälte rohe Garnelen
1 Stück frischer Ingwer (ca. 1 cm)
1 Knoblauchzehe
3 Frühlingszwiebeln
1 Bund Koriandergrün
1 große rote Chilischote
2 EL Öl
2 EL Fischsauce
3 EL Limettensaft
1 TL Zucker
2 EL geröstete, gesalzene
Erdnüsse (nach Belieben)
4 Salatblätter

Pro Portion: ca. 230 kcal/980 kJ
18 g EW · 11 g F · 16 g KH

1 Die Glasnudeln in einer Schüssel mit kochendem Wasser übergießen und 3–4 Min. ziehen lassen. In ein Sieb abgießen und mit einer Küchenschere in ca. 10 cm lange Abschnitte schneiden.

2 Das Hähnchenbrustfilet kalt abwaschen und trocken tupfen. Das Filet längs halbieren und in dünne Streifen schneiden. Mit Salz und Cayennepfeffer würzen und mit dem Sesamöl mischen.

3 Die Garnelen kalt abwaschen und gut trocken tupfen. Am Rücken einschneiden und den schwarzen Darmfaden entfernen. Ingwer und Knoblauch schälen, sehr fein würfeln und mit den Garnelen mischen.

4 Die Frühlingszwiebeln putzen und waschen, weiße und grüne Teile separat in schräge Ringe schneiden. Das Koriandergrün waschen und trocken schütteln, die Blätter abzupfen und grob hacken. Die Chilischote waschen und in Ringe schneiden.

5 Den Wok erhitzen und 1 EL Öl hineingeben. Die Hähnchenstreifen darin unter Rühren in 4–5 Min. goldbraun braten, herausnehmen. Das übrige Öl in den Wok geben. Die Garnelen, die weißen Frühlingszwiebeln und die Chiliringe darin 2–3 Min. braten, wieder herausnehmen und etwas abkühlen lassen.

6 In einer Schüssel Fischsauce, Limettensaft und Zucker verrühren. Die gebratenen Zutaten, Glasnudeln, Koriandergrün und das Frühlingszwiebelgrün untermischen. Das Ganze mind. 30 Min. durchziehen lassen.

7 Nach Belieben die Erdnüsse im Mörser grob zerstoßen. Den Glasnudelsalat in mit Salatblättern ausgelegte Schalen füllen und mit den Erdnüssen bestreuen.

VARIANTEN

Fleisch und Garnelen zusammen in einem Gericht – das ist typisch asiatisch! Wer das nicht so gerne mag, kann den Salat natürlich auch mit nur einem von beiden zubereiten.
Wer es **nicht allzu scharf** liebt, legt die Chiliringe kurz in kaltes Wasser. Dadurch lösen sich auch die Kerne, in denen ein Großteil der Schärfe sitzt.
Statt Koriandergrün schmeckt auch **frische Minze** sehr lecker, und anstelle der Erdnüsse können Sie zerstoßene **Cashewkerne** aufstreuen.

Lauwarmer *Gemüsesalat*

Für 4 Personen
200 g Möhren
200 g Rettich
2 TL Salz
300 g Staudensellerie
4 EL Öl
2 EL milder Reisessig
3 EL Chiliöl
1 EL Sesamöl
2 TL Zucker
1/2 TL Pfeffer

Pro Portion: ca. 200 kcal/840 kJ
2 g EW · 18 g F · 8 g KH

1 Die Möhren und den Rettich schälen und in ca. 1/2 cm dicke Stifte schneiden. Zusammen in eine Schüssel geben, mit dem Salz vermischen und zugedeckt 45 Min. ruhen lassen.

2 Den Staudensellerie waschen und in 4 cm lange Stücke schneiden. Möhren und Rettich nach der Ruhezeit in ein Sieb geben, kalt abbrausen und gut abtropfen lassen.

3 Den Wok erhitzen und das Öl hineingeben. Möhren, Rettich und Staudensellerie darin 2 Min. unter Rühren braten.

4 Den Reisessig, das Chili- und das Sesamöl sowie den Zucker und den Pfeffer dazugeben und alles noch 2 Min. weiterbraten. Den Salat lauwarm servieren.

Einkaufs-Tipp *In gut sortierten Asienläden gibt es **Thai-Sellerie,** der besonders dünne, aromatische Stangen hat. Wenn der nicht zu bekommen ist, nehmen Sie stattdessen die zarten inneren Stangen unseres europäischen **Staudenselleries.***

Pilzsalat *mit Minze*

Für 4 Personen
600 g gemischte Pilze (z. B. Pfifferlinge, Austernpilze, Shiitake-Pilze, Champignons)
2 EL Öl · 2 mittelgroße Tomaten
1 Bund frische Minze
1 große rote Chilischote
2 EL Fischsauce
3 EL Limettensaft · 1 TL Zucker

Pro Portion: ca. 110 kcal/460 kJ
5 g EW · 6 g F · 9 g KH

1 Die Pilze putzen und trocken abreiben, möglichst nicht waschen. Falls sie sehr schmutzig sind, in mit 1 EL Mehl versetztem kaltem Wasser sehr schnell waschen und auf Küchenpapier abtropfen lassen. Die Pilze je nach Größe vierteln oder in Scheiben schneiden (von Shiitake-Pilzen die Stiele entfernen, siehe Tipp).

2 Den Wok erhitzen und das Öl hineingeben. Die Pilze darin 2 Min. bei starker Hitze scharf anbraten, dann zugedeckt bei schwacher Hitze 5 Min. dünsten. Von der Kochstelle nehmen und lauwarm abkühlen lassen.

3 Inzwischen die Tomaten waschen, halbieren, entkernen und in Streifen schneiden. Minze waschen, trocken schütteln, die Blättchen abzupfen und grob hacken. Die Chilischote waschen, längs aufschneiden, entkernen und fein schneiden.

4 Fischsauce, Limettensaft, Zucker und Chili in einer Schüssel verrühren. Alle anderen Zutaten unterheben und den Pilzsalat vor dem Servieren 1 Std. durchziehen lassen.

Praxis-Tipp *Die **Stiele der Shiitake-Pilze** sind hart und werden daher nicht mitgegessen. Sie müssen Sie aber nicht wegwerfen, denn in ihnen steckt jede Menge Aroma. Kochen Sie daraus – zusammen mit ein paar getrockneten Shiitake-Pilzen – eine Pilzbrühe (vgl. Wachskürbissuppe mit Fleischklößchen, Rezept S. 46).*

Tintenfischsalat

Für 4 Personen
500 g große Tintenfischtuben (frisch oder
TK und aufgetaut) · 5 Knoblauchzehen
je 1/2 Bund Petersilie und Koriandergrün
3 Frühlingszwiebeln
2 große grüne Chilischoten
3 EL Öl · 2–3 EL Limettensaft
Salz · Pfeffer · Zucker · 1/2 Salatgurke

Pro Portion: ca. 165 kcal/690 kJ
20 g EW · 9 g F · 2 g KH

1 Die Tintenfischtuben längs in zwei Hälften
schneiden und gründlich waschen, eventuell
die innere weißliche Haut abziehen. Die Hälften
außen an der Oberfläche mit einem feinen
Rautenmuster versehen (siehe S. 203) und anschließend in 2 x 3 cm große Stücke schneiden.

2 Den Knoblauch schälen und fein würfeln.
Die Kräuter waschen und trocken schütteln, die
Blätter fein schneiden. Die Frühlingszwiebeln
putzen, waschen und in feine Ringe schneiden.
Die Chilis waschen und in Ringe schneiden.

3 Den Wok erhitzen und das Öl hineingeben.
Den Knoblauch darin bei mittlerer Hitze goldgelb braten (Vorsicht, er darf nicht verbrennen,
sonst schmeckt er bitter!), herausfischen und
beiseite stellen. Die Hitze erhöhen und die
Tintenfischstücke in dem aromatisierten Öl
2–3 Min. unter Rühren braten. Dabei drehen
sich die Stücke zu hübschen Röllchen ein.

4 Die Frühlingszwiebeln und die Kräuter untermischen und mit Limettensaft, Salz, Pfeffer und
1 Prise Zucker würzen. Von der Kochstelle nehmen und lauwarm abkühlen lassen.

5 Inzwischen die Gurke waschen, nach Belieben
ganz oder streifig schälen und in dünne Scheiben
schneiden. Dachziegelartig auf vier Tellern auslegen, leicht salzen und pfeffern. Den Tinten-
fischsalat mittig daraufgeben und den gebratenen Knoblauch darüberstreuen.

Meeresfrüchtesalat

Für 4 Personen
250 g küchenfertig geschälte Garnelen
150 g Mini-Tintenfische
1 Knoblauchzehe · 1 TL Sesamöl
2 EL Öl · 2 Stängel Zitronengras
10 Thai-Schalotten (ca. 80 g)
3–4 kleine grüne Thai-Chilischoten
8 kleine Kaffirlimettenblätter
1/2 Bund Koriandergrün · 3 EL Fischsauce
4 EL Limettensaft · 1 EL Zucker
100 g vorgegarte Miesmuscheln (nach Belieben)

Pro Portion: ca. 175 kcal/720 kJ
21 g EW · 8 g F · 6 g KH

1 Die Garnelen waschen und trocken tupfen.
Jeweils am Rücken einschneiden und den
schwarzen Darmfaden entfernen. Die Mini-
Tintenfische in einem Sieb kalt abbrausen,
gut abtropfen lassen und mit Küchenpapier
trocken tupfen. Den Knoblauch schälen und
fein würfeln. Garnelen und Tintenfischchen mit
dem Knoblauch und dem Sesamöl mischen.

2 Den Wok erhitzen und das Öl hineingeben.
Garnelen und Tintenfischchen darin 2 Min. bei
starker Hitze anbraten. Zugedeckt bei schwacher
Hitze in 3 Min. fertig garen. Von der Kochstelle
nehmen und lauwarm abkühlen lassen.

3 Inzwischen das Zitronengras von harten
Blättern befreien, das untere Drittel in sehr feine
Scheiben schneiden. Die Schalotten schälen
und in feine Spalten schneiden. Die Chilis
waschen und fein schneiden. Die Limettenblätter
aufrollen und in haarfeine Streifen schneiden.
Das Koriandergrün waschen und trocken schütteln, die Blätter grob hacken.

4 In einer Schüssel die Fischsauce mit dem
Limettensaft und dem Zucker verrühren. Alle
vorbereiteten Zutaten und nach Belieben die
Muscheln untermischen. Vor dem Servieren
1 Std. durchziehen lassen.

Thai-Salat
mit Entenbrust

Für 16 Stück
2 kleine Entenbrustfilets (je ca. 250 g)
4 Thai-Schalotten
2 Knoblauchzehen
2 Tomaten
1 Stück Salatgurke (ca. 10 cm)
2 Stangen Staudensellerie (mit Grün)
4–6 kleine rote Chilischoten
4 EL Limettensaft
2 EL Fischsauce
1 TL Zucker
1 EL gerösteter Reis

*Pro Stück: ca. 80 kcal/340 kJ
6 g EW · 5 g F · 2 g KH*

1 Die Entenbrüste kalt abwaschen und trocken tupfen. Die Haut mit einem scharfen Messer rautenförmig einritzen, damit das Fett gut ausbraten kann. Mit der Hautseite nach unten nebeneinander in den kalten Wok legen und diesen auf mittlere Hitze erwärmen. Entenbrüste 5–6 Min. braten, bis die Haut goldbraun ist. Das Fleisch wenden und auf der anderen Seiten 6–7 Min. braten. Herausnehmen und lauwarm abkühlen lassen.

2 Inzwischen die Schalotten schälen und in feine Spalten schneiden. Den Knoblauch schälen und fein würfeln. Die Tomaten waschen, halbieren, entkernen und in Streifen schneiden. Das Gurkenstück schälen, halbieren, entkernen und in dünne Halbmonde schneiden. Den Staudensellerie waschen, die Blättchen für die Deko beiseite legen, die Stangen in Scheiben schneiden.

3 Die Chilis waschen, die Stielansätze entfernen und die Schoten fein hacken. In einer Schüssel mit dem Limettensaft, der Fischsauce, Zucker, Knoblauch und Schalotten verrühren. Entenbrüste in dünne Scheiben schneiden. Mit Tomaten, Gurke, Sellerie und geröstetem Reis unter die Salatsauce mischen. Auf Tellern anrichten und mit den Sellerieblättchen garnieren.

VARIANTE *Der Salat schmeckt auch fabelhaft mit Rumpsteak:*

Statt der Entenbrüste 2 Rumpsteaks (je ca. 180 g) mit heller Sojasauce einreiben. Den Wok erhitzen, 2 EL Öl hineingeben und die Steaks darin bei starker Hitze von jeder Seite 2 Min. braten (geht natürlich auch in der Grillpfanne!). Die Steaks herausnehmen, einzeln in Alufolie wickeln und vor dem Aufschneiden 10 Min. ruhen lassen.

Küchenpraxis *Gerösteter Reis* verleiht vielen thailändischen Salaten nussig-würzigen Biss. Sie können ihn fertig im Asienladen kaufen, aber auch ganz leicht **selber machen:** Rohen thailändischen Duftreis ohne Fett im Wok bei mittlerer Hitze in ca. 5 Min. hellbraun rösten. Herausnehmen, abkühlen lassen und im Mörser fein zerstoßen oder im Blitzhacker zerkleinern. Hält sich in einem Schraubglas gut 1 Jahr.

Was sind denn ... *Thai-Schalotten?*
Sie sind kleiner und schmecken etwas zarter und süßer als unsere. Wenn Sie sie nicht im Asienladen bekommen, verwenden Sie einfach 3–4 europäische Schalotten und schneiden diese besonders fein.

Puten-Chinakohl-Salat
mit Ananas

Für 4 Personen
300 g Putenschnitzel · Salz · Pfeffer
1 TL Tandoori-Paste (aus dem Glas)
1 kleiner Chinakohl · 1/2 Ananas
1 kleine rote Zwiebel · 1 Bund Petersilie
100 g Radieschen- oder Alfalfasprossen
2 TL Honig · 2 EL Reisessig · 2 EL Öl

Pro Portion: ca. 180 kcal/750 kJ
19 g EW · 6 g F · 12 g KH

1 Das Putenfleisch kalt abwaschen, trocken tupfen und in Streifen schneiden. Mit Salz und Pfeffer würzen und mit der Tandoori-Paste mischen.

2 Den Chinakohl vierteln, waschen und in 2 cm breite Streifen schneiden. Die Ananas schälen, vom Strunk befreien und in mundgerechte Stücke schneiden. Die Zwiebel schälen, längs halbieren und in feine Spalten schneiden. Die Petersilie waschen und trocken schütteln, die Blätter fein schneiden (ein paar Blättchen für die Deko beiseite legen). Die Sprossen in einem Sieb kalt abbrausen und abtropfen lassen.

3 Den Wok erhitzen. Den Honig darin bei mittlerer Hitze goldbraun karamellisieren lassen. Die Ananas dazugeben und 2 Min. darin schwenken. Mit dem Essig ablöschen und 2 Min. weitergaren, dann herausnehmen und warm stellen.

4 1 EL Öl in den Wok geben. Chinakohl und Zwiebeln darin 2 Min. bei starker Hitze pfannenrühren. Die Petersilie untermischen, salzen und pfeffern. Die Ananas untermischen, alles herausnehmen und warm stellen.

5 Den Wok säubern, wieder erhitzen und das übrige Öl hineingeben. Die Putenstreifen darin ca. 4 Min. unter Rühren anbraten. Mit der Chinakohl-Ananas-Mischung auf vier Tellern anrichten und mit den Sprossen und der übrigen Petersilie garnieren.

Süßsaurer Spinatsalat
mit Shiitake-Pilzen

Für 4 Personen
1 EL Sesamsamen · 300 g junger Spinat
200 g frische Shiitake-Pilze
1 kleine rote Paprikaschote · 5 EL Gemüsebrühe
2 EL Obstessig · 2 EL Sojasauce
1 EL Sesamöl · 1/2 TL Zucker · Cayennepfeffer
2 EL Sherry medium (nach Belieben)
1 Stück frischer Ingwer (ca. 2 cm)
1 Knoblauchzehen · 2 Frühlingszwiebeln
2 EL Öl · Salz · Pfeffer

Pro Portion: ca. 95 kcal/410 kJ
3 g EW · 7 g F · 6 g KH

1 Den Sesam in einem Pfännchen goldbraun rösten, beiseite stellen. Den Spinat waschen, verlesen, grobe Stiele entfernen und in einem Sieb abtropfen lassen. Die Pilze trocken abreiben, die harten Stiele entfernen (siehe Tipp S. 54) und die Kappen in Scheiben schneiden. Paprikaschote putzen, waschen und in Streifen schneiden.

2 Für die Sauce die Gemüsebrühe mit Essig, Sojasauce, Sesamöl, Zucker, 1 kräftigen Prise Cayennepfeffer und nach Belieben dem Sherry verrühren und beiseite stellen.

3 Ingwer und Knoblauch schälen und fein würfeln. Frühlingszwiebeln putzen, waschen und den weißen Teil in feine Ringe schneiden. Wok erhitzen und Öl hineingeben. Ingwer, Knoblauch und Frühlingszwiebeln darin 1 Min. anbraten. Pilze und Paprikastreifen dazugeben und 3 Min. unter Rühren braten. Leicht salzen und pfeffern, aus dem Wok nehmen und zugedeckt warm halten.

4 Die Würzsauce in den Wok gießen und einmal aufkochen lassen. Den Spinat zugeben und 1 Min. darin wenden (er soll mit der Sauce benetzt werden, aber nicht ganz zusammenfallen). Auf vier Teller verteilen, die Pilzmischung darauf anrichten, restliche Sauce aus dem Wok darüberträufeln. Mit dem gerösteten Sesam bestreuen.

55 Min. · thailändische Spezialität

Drei-Freunde-Salat

Für 4 Personen
je 50 g Möhren und Weißkohl (geputzt gewogen)
einige Blätter Eisbergsalat
50 g geröstete Cashewkerne
200 g Hähnchenbrustfilet
200 g Schweineschnitzel
8–10 kleinere Riesengarnelen (ca. 250 g)
3 EL Öl · 3 EL geröstete Currypaste
Naam Prik Pao) · 3 EL Fischsauce
3 EL Zucker · 3 EL Limettensaft

Pro Portion: ca. 360 kcal/1510 kJ
38 g EW · 16 g F · 16 g KH

1 Die Möhre schälen, den Weißkohl putzen
und beides in sehr feine Streifen schneiden oder
hobeln. Die Salatblätter waschen, abtropfen
lassen und eine große Platte damit belegen.
Möhren- und Weißkohlstreifen darauf verteilen.
Die Cashewkerne im Mörser grob zerstoßen.

2 Das Hähnchenbrustfilet kalt abwaschen,
trocken tupfen und in Streifen schneiden. Das
Schweineschnitzel ebenfalls in Streifen schneiden. Die Garnelen schälen, kalt abspülen und
trocken tupfen. Am Rücken einschneiden und
den Darmfaden entfernen.

3 Den Wok erhitzen, 1 EL Öl hineingeben und
das Hähnchenfleisch darin bei mittlerer Hitze
2–3 Min. braten, dann herausnehmen. Wieder
1 EL Öl hineingeben und das Schweinefleisch
darin 2–3 Min. braten, herausnehmen. Das restliche Öl hineingeben und die Garnelen 1–2 Min.
braten. Die »drei Freunde« in Streifen nebeneinander auf der Platte anrichten.

4 Currypaste, Fischsauce und Zucker in den
Wok geben, 6 EL Wasser hinzufügen und gut verrühren. Aufkochen und 1 Min. köcheln lassen.
Von der Kochstelle nehmen und den Limettensaft und die Cashewkerne unterrühren. Die süß-
säuerliche Sauce lauwarm über das Fleisch und
die Garnelen träufeln.

50 Min. · fruchtig-pikant

Pomelo-Hähnchen-Salat

Für 4 Personen
25 g gepresste Tamarinde
2 Hähnchenbrustfilets (je ca. 150 g)
1–2 EL helle Sojasauce · 50 g Kokosraspel
2 EL Öl · 2 EL Palmzucker · 4 EL helle Sojasauce · 6 EL Limettensaft · 1 große Pomelo
250 g gegarte Party-Gambas (aus dem Kühlregal)
50 g geröstete, gesalzene Erdnüsse

Pro Portion: ca. 395 kcal/1650 kJ
34 g EW · 21 g F · 19 g KH

★

1 Die Tamarinde 10 Min. in 100 ml lauwarmem
Wasser einweichen. Hähnchenbrust kalt abwaschen, trocken tupfen, mit Sojasauce einreiben.

2 Wok erhitzen, darin die Kokosraspel ohne
Fett goldbraun rösten, herausnehmen. Das Öl
in den Wok geben und die Hähnchenbrustfilets
darin bei mittlerer Hitze 3–4 Min. braten, wenden und auf der anderen Seite in 4–5 Min. fertig
braten. Herausnehmen und abkühlen lassen.

3 Tamarinde gut durchkneten, den Saft durch
ein Sieb in den Wok gießen (Fasern und Kerne
wegwerfen). Palmzucker dazugeben, bei starker
Hitze 3 Min. einkochen. In eine Schüssel geben,
die Sojasauce und den Limettensaft unterrühren.

4 Pomelo schälen, in Spalten teilen, diese häuten und in mundgerechte Stücke zerpflücken.
Die Hähnchenbrustfilets in dünne Scheiben
schneiden. Mit den Pomelostückchen, den
Gambas und Kokosraspel zur Tamarindensauce
geben und vorsichtig vermischen. Die Erdnüsse
im Mörser grob zerstoßen und darüberstreuen.

 Was sind denn … Pomelos? *Pomelos
sind in Südostasien beheimatete Zitrus-
früchte. Sie haben eine hellgrüne Schale
und eine dicke weiße Innenhaut. Das Fruchtfleisch
ist süß und weniger bitter als das der verwandten
Grapefruits. Wenn Sie sie nicht im Asienladen bekommen, ersetzen Sie sie durch 2 rosa Grapefruits.*

Vegetarisches

In diesem Kapitel gibt's Gemüse satt –
mal pur, mal raffiniert kombiniert.
Dazu haben Tofu und Hülsenfrüchte
ihren großen Auftritt. Da kommen
nicht nur Vegetarier auf ihre Kosten!

Warenkunde & Küchenpraxis: Wok-Gemüse

Pfannenrühren

Knackiger Biss und voller Vitamingehalt sind garantiert beim heißen Pfannenwirbel: 1. Alle Zutaten in Griffnähe bereitstellen. 2. Den Wok auf höchster Stufe erhitzen (ein Wassertropfen soll darin sofort zischend verdampfen). 3. Das Öl hineingeben (es ist im Nu heiß!). 4. Loswokken. Geben Sie die Zutat mit der längsten Garzeit zuerst hinein, und braten Sie sie unter ständigem Rühren an. Dann die Zutat an den weniger heißen Wokrand schieben und unten die nächste Zutat unter Rühren anbraten. Schließlich alles vermischen und mit der Würzsauce ablöschen.

Gut in Form

Zum schnellen Pfannenrühren müssen alle Zutaten klein geschnitten sein. Faustregel: je härter das Gemüse, desto kleiner geschnitten. Für feine Möhrenstifte beispielsweise die Möhren längs in 2 mm dicke Scheiben und diese quer in Stifte schneiden. Für Streifen, z. B. von Paprikaschoten, diese vierteln und dann die Viertel quer in feine Streifen schneiden. Für Würfel, etwa von Auberginen, diese zuerst längs in dicke Scheiben schneiden, jeweils ein paar Scheiben aufeinanderlegen und diese längs in Streifen und schließlich quer in Würfel schneiden.

Darauf kommt's an! *So bleiben die Vitamine erhalten* Schneiden Sie das Gemüse und die Würzzutaten möglichst erst kurz vor dem Wokken. Denn während es zerkleinert herumliegt, verliert es an der Luft einen Teil seiner wertvollen Vitamine.

Wenn es nicht anders geht und Sie etwa fürs Gäste-menü alles pünktlich wokbereit zur Hand haben wollen, geben Sie alle klein geschnippelten Gemüse-sorten, Pilze, Kräuter und Würzzutaten wie Ingwer, Chilis etc. in Schälchen, und decken Sie sie mit feuchtem Küchenpapier ab.

Knoblauch und Ingwer

Die Knolle und die Wurzel geben vielen Asia-Gerichten die Grundwürze: Zum Pfan-nenrühren beides schälen (den Ingwer am besten mit einem Sparschäler), erst in dünne Scheiben, dann in fei-ne Stifte und schließlich in Würfelchen schneiden. Ist wie für manche indische Gerichte der aromatische Saft erwünscht, können Sie Knoblauch und Ingwer auf der Küchenreibe reiben oder im Mixer pürieren.

Chilischoten entkernen

Für Chiliringe schneiden Sie die Schoten in Schei-ben und legen diese in ein Schälchen mit Wasser. So lösen sich die Kerne, und die Chili verliert ein wenig an Schärfe. Für Streifen oder Würfel-chen die Schote längs aufschneiden, die Kerne mit dem Messer heraus-kratzen und die Schoten-hälften waschen. Diese erst in Längsstreifen, dann quer in Würfelchen schneiden. Sofort gründ-lich die Hände waschen. Jede Berührung von Mund oder Augen mit »Chili-fingern« brennt höllisch!

Frühlingszwiebeln

Der weiße Teil schmeckt roh mild-zwiebelig und be-kommt beim Anbraten eine süße Note. Der grüne Teil besitzt ein mildes bis kräfti-ges Laucharoma. Wenn es im Rezept also heißt »weiße und grüne Teile separat in Ringe schneiden«, dann wird der weiße Teil mit Knoblauch und Ingwer wie eine Zwiebel gebraten. Die grünen Teile werden entweder zum Ende der Garzeit untergemischt und nur kurz erwärmt oder – in kleinen Mengen – auf das fertige Gericht gestreut.

Warenkunde & Küchenpraxis: Tofu

Tofu – eine wahre Eiweißbombe

Tofu wird ähnlich wie Käse hergestellt. Die »Milch« dafür wird aus fein geschredderten, fermentierten Sojabohnen und Wasser gewonnen. Aus der Sojamilch stellt man eine Art Sojaquark her, den man zu Blöcken presst. Tofu ist geschmacksneutral und nimmt jedes gewünschte Aroma auf. Er kann wie Fleisch und Fisch verwendet werden, zum Frittieren, Braten, Schmoren und Kochen.

Seidentofu & Räuchertofu

Seidentofu ist sehr weicher Sojaquark, der für Süßspeisen verwendet wird, aber auch pur in der Suppe schmeckt. Die Konsistenz ist ähnlich wie die von Eierstich, und so kann man ihn auch servieren: Setzen Sie eine Portion Seidentofu mit einem Esslöffel in die Suppenschale, und gießen Sie die heiße Brühe vorsichtig an – ein Gedicht!
Räuchertofu ist schnittfest und hat ein feines Raucharoma. Er kann in der vegetarischen Küche überall dort eingesetzt werden, wo man bei konventionellen Gerichten Räucherspeck verwendet und schmeckt z. B. sehr gut in gebratenen Nudeln (siehe z. B. S. 240).

Darauf kommt's an! *Tofu richtig lagern*
Abgepackt ist Tofu im Kühlschrank ca. 3 Wochen haltbar. Einmal geöffnet, sollten Sie ihn alsbald verbrauchen, weil er rasch einen unangenehm säuerlichen Geschmack bekommt. Zum Aufbewahren legen Sie ihn am besten in eine gut verschließbare Vorratsdose und bedecken ihn mit Wasser. Er hält sich so im Kühlschrank bis zu 2 Tage frisch. Sie haben länger keine Verwendung dafür? Dann geben Sie den Tofu in einen Gefrierbeutel, entfernen Sie möglichst alle Luft, und frieren Sie es ein; die Haltbarkeit beträgt ca. 3 Monate.

Tofu in scharfer Chili-Ingwer-Marinade

Für 400 g Tofu 2–3 kleine grüne Thai-Chilischoten waschen und fein schneiden. 2 Zweige Koriandergrün mit Wurzeln waschen und trocken schütteln, das Grün zum Garnieren des Gerichts zurücklegen, die Wurzeln hacken. 1 Stück frischen Ingwer (ca. 3 cm) schälen und sehr fein hacken. 1 Knoblauchzehe schälen und ebenfalls fein hacken. Alles mit 1 TL Zucker und 1/2 TL weißen Pfefferkörnern in den Mörser geben und fein zerstoßen. 4 EL helle Sojasauce, 2 EL Limettensaft und 1 EL Öl verrühren und die Mischung aus dem Mörser hinzufügen. Den Tofu würfeln und für mind. 1 Std. in die Marinade einlegen. Er schmeckt dann besonders gut in sahniger Kokossauce.

Tofu in sanfter Zitronengras-Limetten-Marinade

Für 400 g Tofu von 2 Zitronengrasstängeln die äußeren harten Blätter entfernen. Unteres weiches Drittel fein hacken. 1 Bio-Limette heiß abwaschen und abtrocknen, die Schale fein abreiben, den Saft auspressen. 2 EL helle Sojasauce mit 4 EL Limettensaft und 1/2 TL Zucker verrühren. Zitronengras und Limettenschale unterrühren. Wer möchte, kann noch 1 geschälte Knoblauchzehe dazupressen. Den gewürfelten Tofu darin mind. 1 Std. marinieren. Er schmeckt besonders gut als Einlage in klaren Suppen.

Würzig-süße Sesam-Honig-Marinade

4 EL Hoisin-Sauce mit 1 EL Honig und 1 EL Sesamöl verrühren. 1 gehackte Knoblauchzehe und 1 fein gewürfelte rote Chilischote unterrühren. 400 g Tofu in Scheiben darin mind. 1 Std. marinieren. Dann trocken tupfen und in heißem Öl braten.

Warenkunde & Küchenpraxis: Hülsenfrüchte

Die guten ins Töpfchen …

Hülsenfrüchte enthalten viel pflanzliches Eiweiß. Sie sind daher insbesondere für Vegetarier ein überaus wertvolles Grundnahrungsmittel. In Indien gibt es ca. 60 verschiedene Sorten: Die bekanntesten sind geschälte und halbierte Mungbohnen (Mong Dal) und bräunlich gelbe Linsen (Toor Dal). Beide werden gewaschen und mit der vierfacher Menge Wasser in 20–25 Min. weich gekocht. Rote Linsen (Masoor Dal) haben nicht nur ein besonders feines, leicht nussiges Aroma, sie sind auch besonders zart und eignen sich aus diesem Grund sehr gut für die schnelle Küche: Sie sind in nur 10–12 Min. gar.

Kichererbsen

Sie sind in Indien und arabischen Ländern beheimatet und haben ein kräftig nussiges Aroma. Getrocknete Kichererbsen müssen vor dem Kochen mind. 6 Std., besser über Nacht, in Wasser eingeweicht werden. Und auch dann brauchen sie noch gut 45 Min. Kochzeit. Wem das zu lange dauert, der kann auf vorgekochte Kichererbsen aus Dose oder Glas zurückgreifen. Getrocknete Kichererbsen halten trocken und dunkel gelagert, wie alle trockenen Hülsenfrüchte, mind. 1 Jahr.

Ghee

Indische Linsengerichte und Currys werden häufig mit Ghee, einer Art Butterschmalz zubereitet. Das gibt es im Asienladen, Sie können es aber auch leicht selber machen: 500 g Butter grob zerkleinern. In einem Topf bei schwacher Hitze schmelzen, nicht braun werden lassen. Die Butter dann einmal aufkochen und bei schwächster Hitze offen ca. 30 Min. köcheln lassen, bis das Ghee goldgelb und ganz klar ist. Das Fett durch ein sauberes Tuch oder ein Haarsieb abseihen und im Kühlschrank aufbewahren. Hält einige Wochen. Alternativ können Sie auch deutsches Butterschmalz verwenden.

Würzig & gesund

Hülsenfrüchte sind für viele schwer verdaulich. In der indischen Küche werden sie daher mit verdauungsfördernden Gewürzen zubereitet: Schmelzen Sie zum Schluss 1 EL Ghee in einem Pfännchen, und rösten Sie darin unter ständigem Rühren je 1 TL Kreuzkümmelsamen sowie braune oder schwarze Senfsamen, bis sie anfangen zu duften. Die gerösteten Gewürze entweder vor dem Servieren unter das Gericht mischen oder separat in einem Schälchen auf den Tisch stellen, sodass sich jeder nach Belieben bedienen kann – und für gute Verdauung ist gesorgt!

Tamarindensaft

Linsen und Kichererbsen vertragen gut etwas Säure zur Abrundung des Geschmacks. Fein fruchtig schmeckt Tamarindensaft: Den stellen Sie leicht selbst her: Gepresste Tamarinde (gibt es in kleinen Blöcken im Asienladen) in lauwarmem Wasser einweichen. Dann die Masse durchkneten, damit sich das Fruchtmark auflöst. Den Saft durch ein feines Sieb gießen, abgesiehte Kerne und Fasern wegwerfen. Gekauftes Tamarindenkonzentrat im Glas ist lange nicht so aromatisch!

Gebratenes Gemüse
mit Cashewkernen

Für 2–4 Personen
50 g Cashewkerne
1 mittelgroße Zwiebel
je 1 rote und gelbe Paprikaschote
100 g Zuckerschoten
100 g Babymaiskolben
(aus dem Glas/der Dose)
2–3 dünne Frühlingszwiebeln
2 EL Öl · 1 EL Thai-Chilipaste (aus dem Glas)
2 EL Austernsauce
1 TL Zucker · Salz

Pro Portion: ca. 235 kcal/980 kJ
6 g EW · 12 g F · 26 g KH

1 Die Cashewkerne in den Wok geben und bei schwacher Hitze ohne Fett rösten, gelegentlich umrühren. Herausnehmen und abkühlen lassen.

2 Inzwischen die Zwiebel schälen, längs sechsteln, die Sechstel quer halbieren und die Stücke auseinanderlösen. Die Paprikaschoten putzen, waschen und in ca. 3 cm große Stücke schneiden. Die Zuckerschoten waschen und die Enden abknipsen, die Schoten eventuell entfädeln, dann schräg halbieren.

3 Maiskölbchen waschen, abtropfen lassen und längs halbieren. Frühlingszwiebeln putzen, waschen und, weiße und grüne Teile getrennt, schräg in ca. 3 cm breite Stücke schneiden.

4 Den Wok erhitzen und das Öl hineingeben. Die Chilipaste und 4 EL Wasser in den Wok geben und verrühren (Vorsicht, das kann sprit-

zen!). Die Zwiebelstücke dazugeben und 1 Min. pfannenrühren. Die Paprikastücke und die weißen Frühlingszwiebeln unterrühren und 1 Min. mitbraten. Zuckerschoten und Maiskölbchen, die Austernsauce und den Zucker hinzufügen und 2–3 Min. unter Rühren weiterbraten.

5 Die Cashewkerne und die grünen Frühlingszwiebeln unterrühren und das Ganze mit Salz abschmecken. Noch 1 Min. weiterbraten, bis das Gemüse gar, aber noch schön bissfest ist. Mit thailändischem Duftreis als vegetarisches Hauptgericht für 2 oder als Beilage für 4 Personen zu Fisch- oder Fleischgerichten servieren.

VARIANTEN

*In Stücke geschnittener **grüner Spargel**, in Scheiben geschnittene **Möhren oder Zucchini**, in dünne Scheiben geschnittene **Brokkoliröschen**, in kleine Rauten geschnittener **Weißkohl** – Sie können die Zutaten für dieses gebratene Thai-Gemüse ganz nach Saison und Lust und Laune variieren.*
*Statt der Cashewkerne schmecken auch geröstete **Erdnüsse** oder **Kokoschips** gut als Topping.*
***Original-thailändisch:** Rösten Sie zuerst im Öl 2 große getrocknete rote Chilischoten an (bekommen Sie im Asienladen), fischen Sie sie nach 1 Min. wieder heraus, und schneiden Sie sie mit der Schere in 1 cm breite Stücke. Zum Schluss mit den Nüssen wieder unter das Gemüse mischen.*

Praxis-Tipps *Wenn Sie keinen **Babymais** bekommen, können Sie auf die eingelegten Kölbchen aus der Dose oder dem Glas zurückgreifen: In einem Sieb kalt abbrausen und gut abtropfen lassen, sehr kleine ganz lassen, größere wie die frischen längs halbieren. Die **Chilipaste** (nicht zu verwechseln mit Currypaste!) ist ein süßscharfes Gelee, das dem Gemüse eine feine Schärfe verleiht.*

35 Min. · säuerlich-scharf

Pikante *Auberginen*

Für 4 Personen
2 mittelgroße Auberginen (ca. 750 g)
1 rote Paprikaschote
3 Frühlingszwiebeln
3 Knoblauchzehen
1 Stück frischer Ingwer (ca. 2 cm)
2 große grüne Chilischoten
2 EL Sesamsamen
8 EL Öl · Salz
je 1 TL Zimtpulver, gemahlener
Kreuzkümmel und Koriander
1/2–1 TL Sambal oelek
2 EL Weißweinessig

Pro Portion: ca. 250 kcal/1060 kJ
4 g EW · 23 g F · 7 g KH

1 Die Auberginen waschen und in ca. 2 cm große Würfel schneiden. Die Paprikaschote putzen, waschen und in ca. 2 cm große Stücke schneiden. Die Frühlingszwiebeln putzen, waschen und in 3 cm lange Abschnitte teilen. Den Knoblauch und den Ingwer schälen und fein hacken. Die Chilischoten waschen, längs aufschneiden, entkernen und fein schneiden.

2 Den Sesam im Wok bei schwacher Hitze ohne Fett goldbraun rösten, herausnehmen. 1 EL Öl in den Wok geben und die Paprikaschoten darin 1 Min. bei starker Hitze pfannenrühren, herausnehmen. Jeweils 3 EL Öl in den Wok geben und die Auberginen darin in zwei Portionen jeweils 3–4 Min. braten, salzen und herausnehmen.

3 Das übrige Öl (1 EL) in den Wok geben. Die Frühlingszwiebeln, den Knoblauch, den Ingwer und die Chilischoten darin 1 Min. anbraten. Zimt, Kreuzkümmel und Koriander dazugeben und kurz mitrösten.

4 Die Auberginen und die Paprikastücke unterrühren und das Ganze mit Salz, Sambal oelek und Essig abschmecken. Die Auberginen mit dem Sesam bestreut servieren.

30 Min. · fruchtig-pikant

Süßscharfes *Gemüse*

Für 4 Personen
3 Möhren · 200 g Brokkoliröschen
2 Frühlingszwiebeln · 1 Stück frischer Ingwer
(ca. 5 cm) · 2 Knoblauchzehen
1 große rote Chilischote · 100 g Spinat
4 Scheiben Ananas (aus der Dose) + 150 ml Saft
3 EL Öl · 150 ml Gemüsebrühe · 1 EL Mango-
chutney (Rezept S. 43 oder Fertigprodukt)
2 EL brauner Zucker · 2 EL Reisessig · Salz

Pro Portion: ca. 190 kcal/790 kJ
3 g EW · 8 g F · 25 g KH

1 Möhren schälen und in dünne Stifte schneiden. Brokkoli in sehr kleine Röschen teilen oder längs in Scheiben schneiden. Frühlingszwiebeln putzen, waschen, längs halbieren und schräg in 1–2 cm lange Abschnitte teilen. Ingwer und Knoblauch schälen und fein würfeln. Chili waschen, längs aufschneiden, entkernen und fein würfeln.

2 Den Spinat waschen, verlesen und in einem Sieb gut abtropfen lassen. Die Ananas abtropfen lassen, den Saft auffangen und abmessen, die Scheiben in kleine Stückchen schneiden.

3 Im Wok 2 EL Öl erhitzen. Möhren und Brokkoli darin bei starker Hitze 2 Min. pfannenrühren. An den Rand schieben. Übriges Öl in den Wok geben. Frühlingszwiebeln, Ingwer, Knoblauch und Chili darin 1 Min. anbraten. Spinat dazugeben, unter Rühren zusammenfallen lassen.

4 Möhren und Brokkoli wieder untermischen. Den Ananassaft und die Brühe angießen und das Mangochutney unterrühren. Die Ananasstückchen, Zucker und Essig hinzufügen, alles aufkochen lassen und mit Salz abschmecken.

VARIANTE

*Statt Ananas können Sie auch das gewürfelte Fruchtfleisch einer **reifen Mango** nehmen. Den Ananassaft dann durch **Orangensaft** ersetzen. Als Knuspertopping schmecken geröstete **Mandelstifte**.*

35 Min. · sauer-scharf

Brokkoli mit Bambussprossen

Für 4 Personen
500 g Brokkoli · Salz
10 frische Shiitake-Pilze
1 Stück frischer Ingwer (ca. 5 cm)
1 große rote Chilischote
150 g Bambussprossen in Streifen
(aus dem Glas/der Dose)
1 Ei · 2 EL Öl · 50 ml Gemüsebrühe
1 EL helle Sojasauce · Salz · Pfeffer
1 EL Aceto balsamico · 1 TL Speisestärke

Pro Portion: ca. 110 kcal/470 kJ
7 g EW · 7 g F · 6 g KH

1 Den Brokkoli putzen, in kleine Röschen teilen, den Stiel schälen und in feine Stifte schneiden. Salzwasser aufkochen, die Brokkoliröschen darin 3 Min. blanchieren. In ein Sieb abgießen, kalt abschrecken und gut abtropfen lassen.

2 Die Pilze trocken abreiben und vierteln, harte Stiele dabei entfernen. Den Ingwer schälen und fein würfeln. Die Chilischote waschen, längs aufschneiden, entkernen und fein würfeln. Die Bambussprossen in ein Sieb abgießen, kalt abbrausen und gut abtropfen lassen. Das Ei in einem Schälchen mit 1 EL Wasser verquirlen.

3 Den Wok erhitzen und 1 EL Öl hineingeben. Brokkoliröschen und -stiele darin 2 Min. bei starker Hitze pfannenrühren, an den Rand schieben. Das übrige Öl in den Wok geben. Ingwer und Chili darin 1 Min. anbraten. Pilze und Bambussprossen hinzufügen und 1 Min. mitbraten.

4 Alles zusammenrühren, mit der Brühe ablöschen und mit der Sojasauce würzen. Mit Salz, Pfeffer und Essig abschmecken und 5 Min. einkochen lassen.

5 Die Speisestärke mit 2 EL kaltem Wasser glatt rühren und unter das Gemüse rühren. Einmal aufkochen lassen, dann den Wok von der Kochstelle nehmen. Das Ei unterrühren und das Gericht sofort servieren.

SCHNELLE VARIANTEN

*Mit **TK-Brokkoli** geht es schneller, weil Sie ihn direkt wokken können. Wen sehr knackiger Biss bei Kohl nicht stört, der kann den **frischen Brokkoli** auch **ohne Blanchieren** verwenden: Die rohen Röschen längs in 2 mm dünne Scheiben schneiden, dann werden sie beim Pfannenrühren bissfest gar.*

15 Min. + 1 Std. Marinieren · chinesisch

Gebratener Rettich mit Ei

Für 4 Personen
500 g Rettich
125 ml milder Reisessig
5 Knoblauchzehen
3 Frühlingszwiebeln
1 Bund Schnittlauch
5 EL Öl · 3 EL helle Sojasauce
1 EL Zucker · 2 Eier · Salz

Pro Portion: ca. 200 kcal/830 kJ
5 g EW · 16 g F · 7 g KH

1 Den Rettich schälen und in 1/2 cm dicke Stifte schneiden. Die Stifte in einer Schüssel gründlich mit dem Reisessig mischen und 1 Std. zugedeckt durchziehen lassen.

2 Den Knoblauch schälen und fein hacken. Die Frühlingszwiebeln putzen, waschen, längs halbieren und in 4 cm lange Stücke schneiden. Den Schnittlauch waschen, trocken schütteln und in Röllchen schneiden.

3 Den Rettich in einem Sieb abtropfen lassen. Den Wok erhitzen und 4 EL Öl hineingeben. Den Knoblauch darin goldgelb anbraten. Rettich und Frühlingszwiebeln dazugeben und 2 Min. pfannenrühren. Mit Sojasauce und Zucker würzen. An den Wokrand schieben.

4 Das übrige Öl in den Wok geben, die Eier hineinschlagen und verrühren. In 1–2 Min. stocken lassen. Mit dem Spatel in Streifen oder Stücke zerteilen und das Gemüse untermischen. Mit Salz abschmecken, den Schnittlauch unterziehen und das Gericht heiß servieren.

40 Min. · raffiniert

Arabische
Bratkartoffeln

Für 4 Personen
700 g festkochende Kartoffeln
Salz · 400 g Tomaten
2 Stangen Lauch
1 Zwiebel
2 Knoblauchzehen
1 kleine Dose Kichererbsen
(240 g Abtropfgewicht)
3 Zweige frische Minze
1 Bio-Zitrone
2 EL Tahina (Sesampaste)
100 ml Gemüsebrühe · 6 EL Öl
1 TL gemahlener Kreuzkümmel
1/4 TL rosenscharfes Paprikapulver
Pfeffer

Pro Portion: ca. 460 kcal/1930 kJ
17 g EW · 22 g F · 50 g KH

1 Die Kartoffeln schälen und in 2 cm große Würfel schneiden. In einem Topf mit Wasser bedecken, salzen und 5 Min. darin vorgaren. In ein Sieb abgießen und gut abtropfen lassen. Die Tomaten überbrühen, häuten, entkernen und würfeln.

2 Den Lauch längs aufschneiden, gründlich waschen und in 1/2 cm breite Stücke schneiden. Zwiebel und Knoblauch schälen und fein hacken.

3 Die Kichererbsen in ein Sieb abgießen, kalt abbrausen und abtropfen lassen. Die Minze waschen und trocken schütteln, die Blätter abzupfen und fein schneiden (einige für die Deko beiseite legen).

4 Die Zitrone heiß abwaschen und abtrocknen, die Schale fein abreiben, anschließend 2 EL Saft auspressen. Beides mit der Sesampaste und der Gemüsebrühe verquirlen.

5 Den Wok erhitzen und 2 EL Öl hineingeben. Die Kartoffeln darin unter Rühren 3–4 Min. braten, an den Rand schieben.

6 Das übrige Öl in den Wok geben und den Lauch, die Zwiebel und den Knoblauch 2 Min. darin anbraten. Mit dem Kreuzkümmel und dem Paprikapulver bestäuben. Die Kichererbsen und die Kartoffeln untermischen.

7 Die Tahina-Brühe-Mischung angießen und einmal aufkochen lassen. Die Tomaten und die Minze unterrühren und den Wok von der Kochstelle nehmen.

8 Die Kartoffeln 3 Min. zugedeckt durchziehen lassen. Mit Salz und Pfeffer abschmecken und mit den übrigen Minzeblättchen garnieren.

VARIANTE MIT ERDNUSSAROMA

*Für Kartoffeln mit Erdnüssen die Sesampaste durch **Erdnussbutter** (aus dem Glas) und die Minze durch **Petersilie** ersetzen. Wer mag, streut zum Schluss noch 1 Handvoll grob gehackter gerösteter **Erdnüsse** darüber.*

Appetit auf ein schnelles Wok-Gericht, aber keine Lust zu schnippeln? Dann nehmen Sie TK-Gemüse und Asia-Spezialitäten aus der Dose! Das würzige Sößchen dazu zaubern Sie ruckzuck selber.

Die sechs schnellsten Veggie-Gerichte für zwei

1 Asia-Gemüse mit Wasserkastanien

450 g TK-Asia-Gemüse auftauen lassen, das Auftauwasser weggießen, das Gemüse mit Küchenpapier trocken tupfen. 1 kleine Dose ganze, geschälte Wasserkastanien (170 g Abtropfgewicht) in ein Sieb abgießen, kalt abspülen, abtropfen lassen und in dünne Scheiben schneiden. 1 Stück frischen Ingwer (ca. 3 cm) und 2 Knoblauchzehen schälen, fein hacken. Den Wok erhitzen und 2 EL Öl hineingeben. Ingwer und Knoblauch darin bei starker Hitze 1 Min. unter Rühren anbraten. Das Gemüse dazugeben und 3 Min. pfannenrühren. Die Wasserkastanien, 1 EL Honig und 1 TL chinesisches Fünf-Gewürze-Pulver dazugeben, 2 Min. unter Rühren weiterbraten. Mit 2–3 EL heller Sojasauce und 1/4–1/2 TL Chilipulver abschmecken. Auf zwei Teller verteilen und nach Belieben mit Frühlingszwiebelringen bestreuen.

2 Blumenkohl-Erbsen-Curry

300 g TK-Blumenkohl und 100 g TK-Erbsen auftauen lassen. 1 große mehligkochende Kartoffel schälen und in ca. 1 cm große Würfel schneiden. 1 große rote Chilischote waschen, längs aufschneiden, entkernen und in Streifen schneiden. Den Wok erhitzen und 2 EL Öl hineingeben. Die Kartoffelwürfel darin bei mittlerer Hitze 3 Min. unter Rühren anbraten. 1 EL mildes Currypulver hinzufügen und 200 g Sahne angießen. Aufkochen und bei mittlerer Hitze zugedeckt 5 Min. kochen lassen. Den Blumenkohl untermischen und 2 Min. mitgaren. Erbsen und Chilistreifen untermischen und in 3–5 Min. fertig garen, bis der Blumenkohl bissfest und die Kartoffelwürfel weich sind. Mit Salz und Pfeffer abschmecken. Jede Portion mit 1 EL frisch gehackter Petersilie bestreuen.

3 Brokkoli mit Strohpilzen

300 g TK-Brokkoli auftauen lassen, große Röschen halbieren, kleine ganz lassen. 1 kleine Dose Strohpilze (250 g Abtropfgewicht) in ein Sieb abgießen, kalt abbrausen und gut abtropfen lassen. Die Pilze längs halbieren, damit ihre hübsche Struktur zu sehen ist. 200 ml cremige Kokosmilch in den Wok geben, 1 TL grüne Currypaste unterrühren, aufkochen und 1 Min. sprudelnd kochen lassen. Falls Sie welche im Tiefkühlfach im Vorrat haben, 3 Kaffirlimettenblätter dazugeben. Brokkoli und Strohpilze hinzufügen und zugedeckt bei mittlerer Hitze 2–3 Min. garen, gelegentlich umrühren. Mit 2–3 EL heller Sojasauce, 1/2 TL Zucker und 1–2 EL Limettensaft abschmecken. Jede Portion mit 1 EL Kokoschips garnieren.

4 Curry-Champignons mit Zuckerschoten

500 g TK-Champignons und 100 g TK-Zuckerschoten auftauen lassen. 1 Zwiebel schälen und fein hacken. 2 Knoblauchzehen und 1 Stück frischen Ingwer (ca. 2 cm) schälen und ebenfalls fein hacken. Die Zuckerschoten schräg halbieren. Den Wok erhitzen und 1 EL Ghee (oder Butterschmalz) hineingeben. Darin Zwiebel, Knoblauch und Ingwer bei mittlerer Hitze 2 Min. unter Rühren anbraten. 1 EL mildes Currypulver dazugeben und 1 Min. mitbraten. Anschließend die Hitze erhöhen. Die Champignons dazugeben und 4–5 Min. bei starker Hitze pfannenrühren. Die Zuckerschoten untermischen und in 2 Min. fertig garen. Das Gericht mit Salz und 1 EL Zitronensaft abschmecken. Das Currygemüse auf zwei Teller verteilen und jeweils mit 1/2 TL Garam masala bestreuen.

1   2   3   4   5   6

Tausch-Tipp *TK-Zuckerschoten sind nicht in jedem Supermarkt erhältlich. Wenn Sie keine bekommen, nehmen Sie stattdessen* **TK-Erbsen.**

5   *Spinat mit Kurkumazwiebeln*

450 g TK-Blattspinat auftauen lassen. 2 Zwiebeln schälen, längs halbieren und die Hälften in ca. 3 mm breite Spalten schneiden. 1 Knoblauchzehe und 1 Stück frischen Ingwer (ca. 1 cm) schälen, fein hacken. Den Wok erhitzen und 1 EL Ghee (oder Butterschmalz) hineingeben. Die Zwiebeln darin bei mittlerer Hitze unter Rühren in 3 Min. goldbraun braten. 1 TL gemahlene Kurkuma und 4 EL Wasser zugeben, aufkochen lassen, bis die Flüssigkeit verdunstet ist. Die Kurkumazwiebeln an den Rand schieben. Wieder 1 EL Ghee in den Wok geben und erhitzen. Knoblauch und Ingwer darin 1 Min. anbraten. Den Spinat etwas zerpflücken, dazugeben und unter Rühren 2 Min. dünsten, mit Salz und Pfeffer würzen. Kurkumazwiebeln und 100 g Sahne untermischen, bei starker Hitze offen in 3 Min. fertig garen. Wer mag, streut noch je 1 TL geröstete Sesamsamen darüber.

6   *Asia-Gemüse in Erdnusssauce*

450 g TK-Asia-Gemüse auftauen lassen, das Auftauwasser weggießen und das Gemüse trocken tupfen. 1 große rote Chilischote waschen und in Ringe schneiden, die Kerne nach Belieben entfernen (siehe S. 63). 1 EL geröstete, gesalzene Erdnüsse im Mörser grob zerstoßen (oder hacken). Den Wok erhitzen und 2 EL Öl hineingeben. Das Gemüse darin 3 Min. bei starker Hitze pfannenrühren. Mit 2–3 EL heller Sojasauce würzen. An den Wokrand schieben. 200 g cremige Kokosmilch und 1 EL Erdnussbutter (crunchy) in den Wok geben, aufkochen lassen und gut verrühren. Die Chiliringe hinzufügen und das Gemüse unterrühren. Mit 1–2 EL Limettensaft abschmecken. Mit den Erdnüssen bestreuen.

Praktisch und gesund: TK-Gemüse
Neben den Klassikern Spinat, Brokkoli und Erbsen gibt es inzwischen auch **Champignons, Zuckerschoten und vieles mehr** *küchenfertig vorbereitet in der Tiefkühltruhe im Supermarkt. Außerdem finden Sie dort eine Reihe von* **TK-Asia-Mischungen.** *Probieren Sie ein paar Marken, bis Sie ihre Lieblingssorte gefunden haben. Kaufen Sie am besten das pure Gemüse – ohne Sauce, in der oft viel Fett, künstliche Aromen und andere Zusätze stecken.*

Zum Pfannenrühren muss das* Gemüse vollständig aufgetaut *sein. Eiskaltes Gemüse würde die Wok-Temperatur senken, und es käme etwas Labberig-Suppiges heraus. Tauen Sie also das Gemüse rechtzeitig auf. Am schonendsten geht das zugedeckt in einer Schüssel über Nacht im Kühlschrank. Zweitbeste Methode: Das Gemüse auf einer Platte verteilen und in 1–2 Std. bei Zimmertemperatur auftauen lassen. Ist nicht genug Zeit, besser eines der Rezepte mit Sauce wählen, da darf das Gemüse auch nur angetaut in den Wok. Das verlängert allerdings die Garzeit ein wenig.

Übrigens brauchen Sie wegen Schnippel-Faulheit kein schlechtes Gewissen zu haben: TK-Gemüse kann sich in Sachen **Vitamine und Mineralien** *mit frischem Gemüse absolut messen! Da es reif geerntet, geputzt und am selben Tag schockgefroren wird, bleiben – richtige Lagerung vorausgesetzt – Aroma und Vitamine perfekt erhalten.*

Gefüllte

Sesampfannkuchen

Für 4 Personen

Für die Pfannkuchen:

4 Eier (Größe S)
250 g Mehl · Salz
350 ml Milch
100–150 ml Mineralwasser
8 TL Öl · 50 g Sesamsamen

Für das Gemüse:

400 g Kohlrabi
1 Bund Frühlingszwiebeln
1 rote Paprikaschote
8–10 Babymaiskolben
(frisch oder aus dem Glas/der Dose)
150 g Sojabohnensprossen
1 Knoblauchzehe
1 Stück frischer Ingwer (ca. 3 cm)
4 EL helle Sojasauce
4–5 EL Weißweinessig
1 gehäufter EL Zucker
125 ml Gemüsebrühe
2 EL Öl · Salz · Pfeffer

Pro Portion: ca. 390 kcal/2460 kJ
23 g EW · 27 g F · 64 g KH

1 Für die Pfannkuchen Eier, Mehl, 1/2 TL Salz und Milch in einer Schüssel glatt verrühren. Mineralwasser unterrühren, bis ein dünner Teig entsteht (die Menge hängt von der Größe der Eier ab). Zugedeckt ca. 30 Min. quellen lassen.

2 Inzwischen das Gemüse waschen und putzen. Kohlrabi schälen und in dünne Stifte schneiden. Die Frühlingszwiebeln bis zum hellgrünen Teil schräg in Stücke schneiden. Die Paprikaschote in feine Streifen schneiden.

3 Frische Maiskölbchen kalt abspülen, die aus der Dose in ein Sieb abgießen, kalt abbrausen und abtropfen lassen. Größere Kölbchen schräg

halbieren, kleine ganz lassen. Die Sojabohnensprossen in einem Sieb kalt abbrausen und gut abtropfen lassen.

4 Den Backofen samt einer Schüssel fürs Gemüse und einer Platte für die Pfannkuchen auf 70° vorheizen. Den Knoblauch und den Ingwer schälen und fein hacken. Sojasauce, Essig, Zucker und Brühe verrühren und bereitstellen.

5 Wok erhitzen und das Öl für das Gemüse hineingeben. Knoblauch und Ingwer darin 1 Min. anbraten. Kohlrabistifte, Frühlingszwiebelstücke, Paprikastreifen und Maiskölbchen 3 Min. bei starker Hitze pfannenrühren.

6 Dann die Sojabohnensprossen dazugeben und 2 Min. unter Rühren mitbraten. Mit der Würzsauce ablöschen, einmal aufkochen und 1 Min. schmoren lassen. Mit Salz und Pfeffer würzen. Das Gemüse in die Schüssel füllen und zugedeckt im Backofen warm halten.

7 Den Wok säubern, wieder erhitzen und pro Pfannkuchen 1 TL Öl hineingeben. Den Pfannkuchenteig noch einmal durchrühren und jeweils eine kleine Kelle Teig in den Wok geben. Den Wok etwas schwenken, sodass ein runder Pfannkuchen von ca. 20 cm Ø entsteht. Vor dem Wenden jeweils mit etwas Sesam bestreuen und von jeder Seite 1–2 Min. backen. Herausnehmen und auf der Platte im Backofen warm halten, bis alle Pfannkuchen gebacken sind.

8 Zum Servieren die Pfannkuchen mit der Sesamseite nach unten auf den Teller geben, auf einer Hälfte etwas Gemüse aufhäufen und die andere Pfannkuchenhälfte darüberklappen. Mit dem übrigen Sesam bestreut servieren.

Bananen-*Mango*-*Curry*

Für 4 Personen
1 Kochbanane (ca. 500 g)
1 kleine Zwiebel
1 große rote Chilischote
1 Stück frischer Ingwer (ca. 2 cm)
2 EL Ghee (oder Butterschmalz)
1 EL scharfes Currypulver
200 ml Kokosmilch
50 ml Gemüsebrühe
Salz · Pfeffer · 1 kleine Mango
1/4 TL Bockshornkleeblätter (siehe S. 171)

Pro Portion: ca. 215 kcal/890 kJ
2 g EW · 6 g F · 37 g KH

1 Die Kochbanane schälen und das Frucht-fleisch ca. 2 cm groß würfeln. Zwiebel schälen und fein hacken. Die Chilischote waschen, längs aufschneiden, entkernen und fein schneiden. Den Ingwer schälen und fein hacken.

2 Den Wok erhitzen und das Ghee hineingeben. Zwiebel, Chili und Ingwer darin in 3–4 Min. goldgelb anbraten. Die Kochbananenwürfel dazugeben und 5–6 Min. unter Wenden braten. Mit dem Currypulver bestreuen. Die Kokosmilch und die Brühe dazugeben, salzen und pfeffern. Zugedeckt bei schwacher Hitze 10 Min. garen.

3 Inzwischen die Mango schälen, Fruchtfleisch vom Stein und in Würfel schneiden. Zum Curry geben und weitere 5 Min. garen. Mit zerbröselten Bockshornkleeblättern bestreut servieren.

Was sind denn … *Kochbananen?*
Sie sind in Afrika und Südamerika wegen ihres Stärkegehalts ein Grundnahrungs-mittel wie bei uns die Kartoffel. Sie schmecken kaum süß und sind roh nicht genießbar. Man bekommt sie nur in afrikanischen Läden oder sehr gut sortierten Gemüseläden. Als Ersatz können Sie Süßkartoffeln oder Möhren verwenden.

Gemüsecurry *mit Joghurt*

Für 4 Personen
150 g festkochende Kartoffeln
2 Möhren
2 kleine Zucchini
100 g grüne Bohnen
1 EL Ghee (oder Butterschmalz)
Salz · 125 g Sahnejoghurt
1 gehäufter TL Mehl
1 TL Garam masala
1 große grüne Chilischote
1 TL Ajwain (siehe S. 30)
1/2 TL braune Senfsamen

Pro Portion: ca. 115 kcal/490 kJ
3 g EW · 6 g F · 11 g KH

1 Die Kartoffeln waschen und schälen. Die Möhren schälen, die Zucchini waschen und die Stielansätze entfernen. Alles in dicke Stifte von ca. 4 cm Länge schneiden. Die Bohnen waschen, putzen und in Stücke brechen.

2 Den Wok erhitzen und 1/2 EL Ghee darin schmelzen. Kartoffeln und Gemüse darin bei mittlerer Hitze 2–3 Min. unter Rühren anbraten. 350 ml Wasser angießen, salzen und aufkochen lassen. Offen ca. 15 Min. köcheln lassen.

3 Den Joghurt mit dem Mehl und dem Garam masala verrühren und unter das Gemüse rühren. Bei schwacher Hitze 5 Min. weitergaren, bis die Sauce leicht sämig wird.

4 Inzwischen die Chilischote waschen, längs aufschneiden, entkernen und klein schneiden. Unter das Curry mischen und dieses weitere 5 Min. köcheln lassen.

5 In einem Pfännchen das übrige Ghee schmelzen. Ajwain und Senfsamen darin braten, bis sie knistern. Über das Gemüse-Curry geben und dieses sofort servieren.

45 Min. · indisch inspiriert

Kartoffel-*Mangold-Curry*

Für 4 Personen
800 g festkochende Kartoffeln
500 g Mangold
1 Zwiebel
1 Stück frischer Ingwer (ca. 2 cm)
2 EL Kokosraspel
2 EL Ghee (oder Butterschmalz)
4 TL scharfes Currypulver
250 ml Gemüsefond (aus dem Glas)
250 ml Kokosmilch
Salz · Pfeffer

Pro Portion: ca. 205 kcal/860 kJ
6 g EW · 9 g F · 25 g KH

1   Die Kartoffeln schälen und in ca. 2 cm große Würfel schneiden. Den Mangold putzen und waschen, die Stiele herausschneiden und würfeln, die Blätter in Streifen schneiden und grob hacken. Die Zwiebel und den Ingwer schälen und fein hacken.

2   Die Kokosraspel ohne Fett in den Wok geben und bei schwacher Hitze unter Rühren goldbraun rösten, herausnehmen.

3   Das Ghee in den noch heißen Wok geben und schmelzen. Zwiebel, Ingwer und Mangoldstiele darin bei mittlerer Hitze 3 Min. anbraten. Die Kartoffeln dazugeben, mit dem Currypulver bestäuben und unter ständigem Rühren 2 Min. anrösten. Mit dem Gemüsefond ablöschen und die Kokosmilch unterrühren. Aufkochen und zugedeckt bei mittlerer Hitze 12–15 Min. köcheln lassen, bis die Kartoffeln fast weich sind.

4   Die Mangoldblätter untermischen und zugedeckt bei schwacher Hitze weitere 3 Min. garen. Mit Salz und Pfeffer würzig abschmecken und vor dem Servieren die Kokosraspel aufstreuen.

VARIANTE

Statt Mangold können Sie auch **Spinat** *verwenden.*

30 Min. · exotisch

Süßkartoffel-Okra-*Curry*

Für 4 Personen
300 g frische Okraschoten
1 mittelgroße Süßkartoffel (ca. 300 g)
1 große Zwiebel
2 Knoblauchzehen · 2 EL Öl
1 Dose Kokosmilch (400 ml)
1/2 TL gemahlene Kurkuma
je 1 TL gemahlener Koriander
und Kreuzkümmel
1/4 TL Chilipulver
50 g Mandelblättchen
Salz · Pfeffer

Pro Portion: ca. 240 kcal/1010 kJ
5 g EW · 13 g F · 27 g KH

1   Die Okraschoten waschen, dabei den flaumigen Belag abreiben. Die Schoten am Stielansatz bleistiftförmig zuschneiden. Die Süßkartoffel waschen, schälen und in 1 cm große Würfel schneiden. Die Zwiebel und den Knoblauch schälen und fein hacken.

2   Den Wok erhitzen und 1 EL Öl hineingeben. Die Süßkartoffelwürfel 2 Min. unter Rühren anbraten, dann an den weniger heißen Wokrand schieben. Das übrige Öl in den Wok geben und die Okraschoten darin 1 Min. anbraten, an den Wokrand schieben.

3   Die Kokosmilch angießen, Kurkuma, Koriander, Kreuzkümmel und Chilipulver unterrühren und aufkochen lassen. Süßkartoffeln und Okraschoten unterrühren und zugedeckt ca. 5 Min. schmoren lassen.

4   Inzwischen die Mandelblättchen in einem Pfännchen bei schwacher Hitze goldbraun rösten. Das Curry mit Salz und Pfeffer abschmecken und vor dem Servieren mit den gerösteten Mandelblättchen bestreuen.

Paneer *in scharfer Tomatensahne*

Für 4 Personen
Für das Paneer (ergibt ca. 400 g):
3 l Milch (3,5 % Fettgehalt) · 8 EL Zitronensaft

Für die Sauce:
1 Zwiebel · 1 Stück frischer Ingwer (ca. 5 cm)
2 Knoblauchzehen · 1 große grüne Chilischote
2 EL Öl · 1 TL gemahlene Kurkuma
400 g passierte Tomaten · 100 g Sahne
je 1/2 TL Chilipulver und Garam masala · Salz
1 Handvoll Korianderblättchen (nach Belieben)

Pro Portion: ca. 635 kcal/2650 kJ
27 g EW · 39 g F · 42 g KH

1 Milch in einem Topf unter Rühren aufkochen lassen. Den Zitronensaft unter Rühren einfließen lassen, kurz weitererhitzen, bis die Milch auszuflocken beginnt. Von der Kochstelle nehmen. Ein Sieb mit einem sauberen Küchentuch auslegen, in eine Schüssel hängen, die geronnene Milch hineingießen. Das Tuch oben fest zu einem Säckchen zusammendrehen und so viel Molke auspressen wie möglich. Die Molke weggießen.

2 Das zugedrehte Säckchen in einer Schüssel mit einem Brett und Gewichten (z. B. Konservendosen) beschweren und mind. 6 Std. (besser über Nacht) bei Zimmertemperatur stehen lassen. Der Frischkäse wird so zu einem festen Block.

3 Für die Sauce die Zwiebel schälen und fein würfeln. Ingwer und Knoblauch schälen und fein hacken. Die Chilischote waschen, längs aufschneiden, entkernen und fein schneiden.

4 Den Wok erhitzen und das Öl hineingeben. Die Zwiebel darin unter Rühren in 3–4 Min. goldgelb anbraten. Knoblauch, Ingwer, Chilischote und Kurkuma dazugeben und 1 Min. unter Rühren mitbraten. Die passierten Tomaten dazugeben und 5 Min. bei mittlerer Hitze köcheln lassen, gelegentlich umrühren.

5 Inzwischen das Paneer auswickeln und in Scheiben schneiden. Fransige Ränder wegschneiden; diese können Sie zerbröselt z. B. für Paneer mit Koriandererbsen (Rezept S. 82) verwenden.

6 Die Sahne unter die Sauce rühren und mit Chilipulver, Garam masala und Salz würzen. Die Paneer-Scheiben in die Sauce legen und zugedeckt bei schwacher Hitze 5 Min. ziehen lassen. Nach Belieben mit Koriandergrün bestreut servieren.

 Aufbewahrungs-Tipp *Paneer, das Sie nicht gleich verbrauchen, in einer Frischhaltedose mit Wasser bedeckt im Kühlschrank aufbewahren. So hält es sich einige Tage frisch.*

1. Zitronensaft unter Rühren in die kochende Milch einrühren. Wenn die Milch nicht ausflockt, etwas mehr Zitronensaft nehmen.

2. Das Küchentuch oben ganz fest zusammendrehen. So wird die Molke ausgepresst und der Frischkäse bleibt im Tuch zurück.

3. Das Säckchen zum Pressen in einer Schüssel mit Brett und Gewichten beschweren.

30 Min. + mind. 6 Std. 30 Min. für
das Paneer · indisch

Paneer mit Koriandererbsen

Für 2 Personen
200 g TK-Erbsen · 250 g Paneer (siehe S. 81)
2 Zwiebeln · 1 große grüne Chilischote
1 großes Bund Koriandergrün
3 EL Öl · 1 TL gemahlener Koriander
1/2 TL Chilipulver
1 TL Garam masala
Salz · Zucker

Pro Portion: ca. 440 kcal/1840 kJ
20 g EW · 25 g F · 33 g KH

1   Die Erbsen auf einen Teller geben und antauen lassen. Das Paneer grob raspeln oder zerbröseln. Die Zwiebeln schälen und fein hacken.
Die Chilischote waschen, längs aufschneiden,
entkernen und fein hacken. Das Koriandergrün
waschen und trocken schütteln, die Blätter und
zarten Stängel fein schneiden (ein paar Blättchen
für die Deko beiseite legen).

2   Den Wok erhitzen, das Öl hineingeben. Die
Zwiebeln darin unter Rühren in 3–4 Min. goldbraun anbraten. Gehackte Chili, gemahlenen
Koriander, Chilipulver und Garam masala hinzufügen und 1 Min. mitbraten. Die Erbsen zugeben und 3 Min. unter Rühren braten. Das Paneer
hinzufügen, mit Salz und 1 Prise Zucker würzen
und 5 Min. unter Rühren weiterbraten. Vor dem
Servieren das geschnittene Koriandergrün untermischen, das Gericht auf Teller verteilen und
mit den übrigen Korianderblättchen garnieren.

Darauf kommt's an *Zwiebeln werden
in der indischen Küche immer langsam bei
mittlerer Hitze angebraten, bis sie* **goldbraun**
*sind. Dann nämlich fängt der enthaltene
Zucker an zu karamellisieren und verleiht
den Zwiebeln (und dem fertigen Gericht) eine
wunderbar* **würzige Süße.** *Dann kommen die
Gewürze dazu, werden mit den Zwiebeln angeröstet und entfalten dadurch ihr volles Aroma.*

30 Min. + mind. 6 Std. 30 Min. für das Paneer
und das Spinatauftauen · würzig

Spinat mit Paneer

Für 2 Personen
300 g TK-Blattspinat
1 Zwiebel
2 Knoblauchzehen
150 g Paneer (siehe S. 81) · 2 EL Öl
je 1/2 TL gemahlener Koriander
und Kreuzkümmel
1/2 TL gemahlene Kurkuma
100 g Sahne
Salz · Zucker

Pro Portion: ca. 765 kcal/3210 kJ
30 g EW · 52 g F · 43 g KH

1   Den Spinat auftauen lassen. In ein Sieb geben
und abtropfen lassen. Die Zwiebel schälen,
längs halbieren und die Hälften längs in Spalten
schneiden. Knoblauch schälen und fein hacken.
Das Paneer in ca. 2 cm große Würfel schneiden.

2   Den Wok erhitzen und das Öl hineingeben.
Zwiebeln und Knoblauch darin in 3–4 Min.
goldgelb anbraten. Koriander, Kreuzkümmel
und Kurkuma hinzufügen und 1 Min. unter
Rühren mitbraten.

3   Den Spinat etwas zerzupfen und mit der Sahne dazugeben. 4 EL Wasser hinzufügen und alles
10 Min. zugedeckt bei schwacher Hitze köcheln
lassen. Mit Salz und 1 Prise Zucker würzen.

4   Die Paneer-Würfel vorsichtig unter den
Spinat mischen und alles 5 Min. zugedeckt
darin köcheln lassen.

Tausch-Tipp *Paneer gibt es leider nicht
fertig zu kaufen. Wenn Sie keine Zeit oder
Lust haben, es selber zu machen, verwenden
Sie für das Gericht Tofu oder milden Schaf-
käse – schmeckt anders, aber ebenfalls lecker!*

30 Min. · leichter Frühlingsgenuss

Grüner Spargel mit Tofu

Für 4 Personen
1 kg grüner Spargel · 250 g Babymaiskolben
(frisch oder aus dem Glas/der Dose)
2 rote Zwiebeln · 200 g schnittfester Tofu
2 EL Öl · 1/2 TL Szechuanpfeffer
150 ml Gemüsebrühe · 1 Bund Petersilie
7 EL dunkle Sojasauce · Salz · Pfeffer

Pro Portion: ca. 170 kcal/720 kJ
11 g EW · 8 g F · 14 g KH

1 Spargel im unteren Drittel schälen, Enden
abschneiden, die Stangen schräg in 5 cm breite
Stücke schneiden. Babymais in einem Sieb kalt
abbrausen und abtropfen lassen, die Kölbchen
schräg halbieren. Die Zwiebeln schälen, längs
halbieren und die Hälften in Spalten schneiden.
Den Tofu in mundgerechte Würfel schneiden.

2 Den Wok erhitzen, das Öl hineingeben. Die
Zwiebeln darin unter Rühren bei mittlerer Hitze
3–4 Min. anbraten. Den Szechuanpfeffer im
Mörser grob zerstoßen und dazugeben. Spargel
und Mais portionsweise unten im Wok unter
Rühren je 2 Min. pfannenrühren, dann an den
Rand schieben und unten die nächste Portion
anbraten. Die Brühe zufügen, einmal aufkochen,
das Gemüse zugedeckt 6 Min. schmoren lassen.

3 Inzwischen die Petersilie waschen und trocken schütteln, die Blätter abzupfen und fein
schneiden. Den Tofu unter das Gemüse mischen,
einmal aufkochen und 2 Min. zugedeckt ziehen
lassen. Den Wok von der Kochstelle nehmen
und das Gemüse mit der Sojasauce, Salz und
Pfeffer würzen. Die Petersilie untermischen und
das Gericht mit Reis (oder Bulgur) servieren.

GEMÜSE-VARIANTEN

*Das Gericht schmeckt auch mit **weißem Spargel**
sehr gut: Stangen ganz schälen und ebenfalls in
5 cm große Abschnitte schneiden. Und statt Babymais können Sie auch **Zuckerschoten** verwenden.*

30 Min. + 2 Std. Marinieren
thailändisch inspiriert

Curry-Tofu mit Bambussprossen

Für 4 Personen
500 g schnittfester Tofu
1 1/2 TL gelbe Currypaste
4 EL helle Sojasauce
400 ml Kokosmilch
100 ml Gemüsebrühe
1/2 TL gemahlene Kurkuma
250 g Bambussprossen in Streifen
(aus dem Glas/der Dose)
1 TL Speisestärke
2–3 Zweige Koriandergrün

Pro Portion: ca. 160 kcal/660 kJ
13 g EW · 7 g F · 11 g KH

1 Den Tofu in 1 cm große Würfel schneiden.
1/2 TL Currypaste in einer Schüssel mit 2 EL
Sojasauce verrühren. Den Tofu dazugeben und
ca. 2 Std. zugedeckt im Kühlschrank marinieren.

2 Die Kokosmilch mit der Brühe im Wok erhitzen. Die übrige Currypaste und Sojasauce und
die Kurkuma einrühren und aufkochen lassen.
Den marinierten Tofu und die Bambussprossen
dazugeben, wieder aufkochen und bei schwacher
Hitze zugedeckt 2 Min. köcheln lassen.

3 Die Speisestärke in einer Tasse mit 2 EL kaltem Wasser anrühren. Unter die Currysauce
rühren und einmal kräftig aufkochen lassen,
bis die Sauce bindet.

4 Das Koriandergrün waschen und trocken
schütteln, die Blättchen grob hacken und über
das Gericht streuen.

SCHÄRFERE VARIANTE

*Die **gelbe Currypaste** ist besonders mild und
verleiht dem Gericht eine nur sanfte Schärfe.
Wer's feuriger liebt, verwendet die scharfe **grüne
Currypaste** und mischt anstatt Koriandergrün
vor dem Servieren noch 1 Handvoll **Thai-Basilikumblätter** (Bai horapha) unter.*

Sesam-Tofu
auf Chinagemüse

1 Den Tofu in 12 Fischstäbchen-große Stücke schneiden. Sojasauce, Limettensaft, Zucker und Chilipulver verrühren, darüberträufeln (**Bild 1**). Den Tofu zugedeckt im Kühlschrank marinieren. Für das Gemüse die Mu-Err-Pilze überbrühen und ca. 30 Min. quellen lassen (**Bild 2**). Sojasauce mit Reiswein, Brühe und Zucker verquirlen.

2 Alles Gemüse putzen und waschen. Möhre, Paprika und Chinakohl in Streifen schneiden. Brokkoli in möglichst kleine Röschen teilen und diese halbieren. Die Maiskölbchen längs halbieren. Zuckerschoten schräg halbieren, Champignons vierteln. Knoblauch und Ingwer schälen, fein würfeln. Bambussprossen im Sieb kalt abbrausen, abtropfen lassen, in Streifen schneiden. Pilze im Sieb kalt abbrausen, abtropfen lassen.

3 Marinierte Tofustücke trocken tupfen. Eiweiß mit 1 TL Wasser in einem tiefen Teller verschlagen, die Sesamsamen auf einen zweiten Teller geben. Die Tofustücke erst durch das Eiweiß ziehen, dann in den Sesamsamen wenden (**Bild 3**). Ofen samt einer Platte auf 70° vorheizen. Wok erhitzen, 3 EL Öl hineingeben. Sesam-Tofustücke portionsweise von jeder Seite 3–4 Min. braten (**Bild 4**). Auf der Platte im Ofen warm halten.

4 Das Sesamöl im Wok erhitzen. Knoblauch, Ingwer und Chilipulver darin anbraten. Brokkoli, Möhre, Maiskölbchen und Mu-Err-Pilze dazugeben und bei starker Hitze ca. 3 Min. pfannenrühren. An den Wokrand schieben. Öl in den Wok geben und unten Paprikastreifen, Champignons, Zuckerschoten, Bambussprossen und Chinakohl 2 Min. braten (**Bild 5**).

5 Alles zusammenrühren, mit der Würzsauce ablöschen. Unter Rühren 2–3 Min. garen, bis das Gemüse gar, aber noch schön bissfest ist. Mit Salz und Pfeffer abschmecken. Auf vier Teller verteilen. Je drei Sesam-Tofustücke darauf anrichten.

Für 4 Personen
Für den Tofu:
400 g schnittfester Tofu · 4 EL helle Sojasauce
2 EL Limettensaft · 1 TL Zucker · 1/4 TL Chilipulver · 1 Eiweiß · 80 g Sesamsamen · 3 EL Öl

Für das Gemüse:
10 g getrocknete Mu-Err-Pilze · 3 EL Sojasauce · 2 EL Reiswein (oder Sherry medium)
50 ml Gemüsebrühe · 1 Prise Zucker · 1 Möhre
1 kleine rote Paprikaschote · 150 g Chinakohl
200 g Brokkoliröschen · 200 g Babymaiskolben (frisch oder aus dem Glas/der Dose)
100 g Zuckerschoten · 100 g Champignons
2 Knoblauchzehen · 1 Stück frischer
Ingwer (ca. 2 cm) · 100 g Bambussprossen
(vakuumverpackt oder aus der Dose)
1 EL Sesamöl · 1 EL Öl
1/2–1 TL Chilipulver · Salz · Pfeffer

Pro Portion: ca. 410 kcal/1720 kJ
20 g EW · 28 g F · 18 g KH

Buddha-Gemüse nennen die Chinesen diese Luxusversion des gebratenen Gemüses, das mit knackigem Biss und einer Geschmacks- und Farbenvielfalt daherkommt – eine wahre Freude für Auge und Gaumen.

Gut zu wissen ...

- Bevor Sie loswokken: Ordnen Sie alle Gemüsesorten, die zusammen in den Wok kommen, auch zusammen auf Tellern an. Und stellen Sie die Würzsauce zum Ablöschen in Griffnähe. Später muss es schnell gehen, da ist keine Zeit für den Blick ins Kochbuch!

- Diese Faustregel, wenn Sie Ihre individuelle Gemüsemischung zusammenstellen: Härtere Gemüsesorten mit längerer Garzeit wie Süßkartoffeln, Kohlrabi, Blumenkohlröschen etc. kommen zuerst in den Wok und haben nach dem ersten Anbraten Zeit, am Wokrand weiterzugaren. Unten braten Sie dann die zarteren Sorten wie Thai-Spargel, Spinat oder Frühlingszwiebeln an.

- Falls der vom Tofu abgefallene Sesam im Wok verbrannt aussieht, den Wok lieber säubern und das Gemüse in frischem Öl (3 EL + 1 EL Sesamöl) braten.

Tausch-Tipps *Marinieren Sie den Tofu in der* **Sesam-Honig-Marinade** *von S. 65 und panieren die Tofustücke mit Erdnüssen:* **100 g ungeröstete Erdnüsse** *aus dem Asienladen im Mörser zerstoßen oder im Blitzhacker mittelfein zerkleinern. Die Tofustücke wie beschrieben erst im Eiweiß, dann in den Nüssen wenden und im heißen Öl braten.*
Oder marinieren Sie den Tofu in der **Zitronengras-Limetten-Marinade** *von S. 65 und wenden die Tofustücke anschließend in Kokosraspeln. Dazu schmeckt die Thai-Variante des gebratenen Gemüses (Rezept S. 69; Cashewkerne weglassen) besonders gut.*

Tofu in fruchtiger Sauce

Für 4 Personen
400 g schnittfester Tofu · 1 rote Paprikaschote
250 g Chinakohl · 100 g Kirschtomaten
1/2 Salatgurke (ca. 200 g)
1 Mango · 4 Knoblauchzehen
2 kleine rote Chilischoten
1 EL Speisestärke
5 EL helle Sojasauce
2 EL Reiswein (oder Sherry medium)
1 EL Reisessig · 3 EL brauner Zucker
je 1/2 TL gemahlene Kurkuma, gemahlener
Koriander und Kreuzkümmel
750 ml neutrales Pflanzenöl zum Frittieren

Pro Portion: ca. 325 kcal/1350 kJ
11 g EW · 18 g F · 28 g KH

1   Tofu 2 cm groß würfeln. Die Paprika putzen, waschen, klein würfeln. Den Chinakohl waschen und in Streifen schneiden. Die Tomaten waschen und halbieren. Die Gurke schälen, längs halbieren, entkernen und in Halbmonde schneiden.

2   Mango schälen, Fruchtfleisch vom Stein und in Würfel schneiden. Den Knoblauch schälen und fein hacken. Die Chilischoten waschen, längs aufschneiden, entkernen und fein schneiden.

3   Für die Würzsauce Speisestärke mit Sojasauce, Reiswein und -essig glatt rühren. 100 ml Wasser, Zucker und Gewürze unterrühren.

4   Öl im Wok zum Frittieren erhitzen. Den Tofu darin in zwei Portionen in jeweils 2–3 Min. goldbraun frittieren. Mit einem Schaumlöffel herausfischen und auf Küchenpapier abtropfen lassen.

5   Das Öl bis auf einen dünnen Film abgießen und den Wok wieder erhitzen. Paprika, Knoblauch und Chilis darin 3 Min. pfannenrühren. Den Chinakohl dazugeben und 1 Min. weiterrühren. Mit der Würzsauce ablöschen. Tomaten, Gurke und Mango untermischen und 3 Min. kochen lassen. Den frittierten Tofu unterheben und sofort servieren.

Frittierter Tofu mit Weißkohl

Für 4 Personen
400 g Weißkohl (geputzt gewogen)
150 g Sojabohnensprossen
3 Knoblauchzehen
200 g schnittfester Tofu
2 EL schwarze Bohnenpaste
2 EL Zucker
2 EL helle Sojasauce
2 EL Mirin (oder Sherry medium)
1 EL Sesamöl
750 ml neutrales Pflanzenöl zum Frittieren

Pro Portion: ca. 435 kcal/1810 kJ
19 g EW · 32 g F · 17 g KH

1   Vom Kohl welke äußere Blätter entfernen. Kopf vierteln, ohne Strunk mundgerecht schneiden. Sprossen kalt abbrausen und gut abtropfen lassen. Knoblauch schälen und fein hacken.

2   Frittieröl im Wok erhitzen. Inzwischen den Tofu in ca. 5 cm lange, 2 cm breite und 1/2 cm dicke Stücke schneiden. Die Streifen in zwei Portionen im heißen Öl in jeweils ca. 3 Min. goldbraun frittieren. Mit einem Schaumlöffel herausheben und auf Küchenpapier abtropfen lassen.

3   Das Öl bis auf ca. 6 EL abgießen und den Wok wieder erhitzen. Den Knoblauch darin goldgelb anbraten. Den Kohl zufügen und bei starker Hitze 2 Min. pfannenrühren.

4   Bohnenpaste, Zucker, Sojasauce, Mirin und Sesamöl hinzufügen und 2 Min. unter Rühren weiterbraten. Die Sprossen unterrühren, Tofu unterheben und 1 Min. miterhitzen. Das Gericht sofort heiß servieren.

 **Praxis-Tipp** *Kohl hat roh **viel Volumen**. Deshalb erst die Hälfte davon in den Wok geben, unter Rühren scharf anbraten und an den Rand schieben. Dann den Rest anbraten. Mischen und die Würzsaucen zufügen.*

25 Min. · zitrusfrisch

Tofu in Kokos-Limetten-Sauce

Für 4 Personen
300 g schnittfester Tofu
3 EL helle Sojasauce
1 Bio-Limette · 4 Kaffirlimettenblätter
2 Frühlingszwiebeln
1 Stängel Zitronengras
2 Knoblauchzehen
1 TL gemahlene Kurkuma
je 1/2 TL Salz und Zucker
2 EL Kokoschips
1 Dose Kokosmilch (400 ml, ungeschüttelt)

Pro Portion: ca. 265 kcal/1120 kJ
15 g EW · 14 g F · 20 g KH

1 Tofu mundgerecht würfeln, mit Sojasauce beträufeln. Limette heiß abwaschen, abtrocknen, Schale mit einem Zestenreißer abziehen, Saft auspressen. Kaffirlimettenblätter waschen, aufrollen, in haarfeine Streifen schneiden. Die Frühlingszwiebeln putzen, waschen und weiße und grüne Teile getrennt in schräge Ringe schneiden.

2 Zitronengras von äußeren harten Blättern befreien, weiches unteres Drittel hacken. Knoblauch schälen, würfeln. Beides mit Kurkuma, Salz und Zucker im Mörser zu einer Paste zerstoßen.

3 Den Wok schwach erhitzen und die Kokoschips darin ohne Fett goldbraun rösten, herausnehmen und beiseite stellen. 4 EL Kokossahne (die dicke Creme, die sich in der ungeschüttelten Kokosmilchdose oben absetzt) in den Wok geben und aufkochen. Die Würzpaste aus dem Mörser einrühren und 2 Min. bei mittlerer Hitze anbraten. Den Tofu und die weißen Frühlingszwiebeln dazugeben und 1 Min. unter Rühren mitbraten.

4 Übrige Kokosmilch in der Dose verrühren und zugeben. Limettenblattstreifen und -zesten hinzufügen. 3 Min. einkochen lassen. Mit 2–3 EL Limettensaft und eventuell etwas Salz und Zucker abschmecken. Frühlingszwiebelgrün untermischen. Mit Kokoschips garniert servieren.

30 Min. · fruchtig-scharf

Rotes Tofu-Curry mit Ananas

Für 2 Personen
300 g schnittfester Tofu
3–4 EL helle Sojasauce
1 rote Paprikaschote · 1/2 frische Ananas
6 Kaffirlimettenblätter
1 große rote Chilischote (nach Belieben)
1 Dose Kokosmilch (400 ml, ungeschüttelt)
1/2–1 EL rote Currypaste · Zucker

Pro Portion: ca. 285 kcal/1200 kJ
16 g EW · 9 g F · 36 g KH

1 Tofu in Streifen schneiden, mit 3 EL Sojasauce mischen. Paprika putzen, waschen und in feine Streifen schneiden. Die Ananas schälen und den Strunk entfernen, das Fruchtfleisch in mundgerechte Stückchen schneiden. Die Limettenblätter waschen und die Ränder mehrfach einreißen, damit sie mehr Aroma abgeben. Nach Belieben die Chilischote waschen, längs aufschneiden, entkernen und in Streifen schneiden.

2 Von der Kokossahne (die dicke Creme, die sich in der ungeschüttelten Kokosmilchdose oben absetzt) 4 EL abnehmen und in den Wok geben. Übrige Kokosmilch in der Dose verrühren. Die Kokossahne bei mittlerer Hitze erwärmen, bis sie sprudelnd kocht. Currypaste sorgfältig unterrühren. Mischung bei mittlerer Hitze ca. 2 Min. ohne Umrühren braten, bis sich an der Oberfläche kleine Löcher bilden, aus denen rotes Öl austritt. Vom Rand her ca. 3 EL Kokosmilch angießen und sorgfältig unterrühren. 1 Min. weiterbraten, bis eine homogene, cremige Masse entsteht.

3 Den Tofu hinzufügen und unter Rühren 2–3 Min. anbraten. Die Paprikastreifen und die Ananasstückchen dazugeben und 1 Min. unter Rühren mitbraten. Übrige Kokosmilch und Limettenblätter hinzufügen und wieder zum Kochen bringen. Bei mittlerer Hitze offen 3 Min. kochen lassen. Nach Belieben die Chilistreifen untermischen und mit Sojasauce und – je nach Süße der Ananas – mit Zucker abschmecken.

Gedämpfte
Wirsingsäckchen

Für 4 Personen
12 mittelgroße Wirsingblätter
Salz · 1 kleine Möhre
2 Frühlingszwiebeln
1 Stück frischer Ingwer (ca. 1 cm)
2 Knoblauchzehen
1 Bio-Zitrone
2 EL Mandelstifte
50 g vorgegarter Reis (Grundrezept S. 213)
250 g Tofu · Pfeffer
helle Sojasauce

Außerdem:
Küchengarn

Pro Portion: ca. 120 kcal/500 kJ
9 g EW · 6 g F · 8 g KH

1 Die Wirsingblätter vom Kopf lösen. In einem großen Topf Wasser aufkochen, kräftig salzen und die Wirsingblätter darin portionsweise ca. 4 Min. blanchieren. Herausnehmen, kalt abschrecken und gut abtropfen lassen.

2 Die Möhre schälen und fein würfeln. Frühlingszwiebeln putzen, waschen und fein schneiden. Ingwer und Knoblauch schälen und fein hacken. Die Zitrone heiß abwaschen und abtrocknen, 1 TL Schale abreiben. Mandeln fein hacken. Alles mit dem Reis vermengen.

3 Den Tofu mit einer Gabel zerdrücken und unter die Reismischung kneten. Mit Salz und Pfeffer würzen.

4 Die Wirsingblätter mit der Außenseite nach oben auf die Arbeitsfläche legen und die Rippen flach schneiden. Die Blätter wieder umdrehen und in die Mitte jedes Blattes 1/12 der Tofumasse, zu einem Bällchen gedreht, setzen. Die Wirsingblätter mit Küchengarn zu Säckchen binden. Nebeneinander in den Dämpfeinsatz setzen.

5 Im Wok 5 cm hoch Wasser erhitzen. Den Dämpfeinsatz einsetzen und die Wirsingbällchen darin zugedeckt ca. 15 Min. dämpfen. Sofort heiß mit Sojasauce zum Beträufeln servieren.

VARIANTE MIT CHINAKOHL

Für 2 Personen **8 Chinakohlblätter** *waschen und die Blattrippen flach schneiden.* **2 Möhren** *schälen und fein raspeln.* **1 rote Zwiebel, 2 Knoblauchzehen** *und* **1 Stück frischen Ingwer** *(ca. 1 cm) schälen und in feine Würfeln.* **150 g Tofu** *mit der Gabel zerdrücken und alles untermischen.* **2 EL Sesamsamen, 2 EL helle Sojasauce** *und* **1 Ei** *untermengen, mit* **Salz** *und* **Pfeffer** *würzen. Die Füllung in die Mitte der Blätter geben und die Blätter zu Päckchen rollen. Mit der Nahtstelle nach unten nebeneinander in den Dämpfeinsatz legen und 15 Min. zugedeckt im Wok garen.*

Praxistipp *Wenn Sie keinen Wok mit Dämpfeinsatz haben und auf* **Bambuskörbchen** *zurückgreifen, pinseln Sie die Wirsingsäckchen bzw. Chinakohlpäckchen unten mit etwas Öl ein, damit sie nicht am Körbchen hängen bleiben und sich heil herausnehmen lassen.*

Zucchini und Pilze in Honigsauce

Für 4 Personen
600 g kleine Zucchini
200 g Champignons
1 Stück frischer Ingwer (ca. 2 cm)
100 ml Gemüsebrühe
2 TL Öl · 1 TL Sesamöl
5 EL Orangensaft
1 EL Zitronensaft
1 EL Honig
1 Prise Zimtpulver
1/2 TL Chilipulver
Salz · 1 EL Sesamsamen
2 Frühlingszwiebeln

Außerdem:
1 runde Platte, die auf den Dämpfeinsatz passt

Pro Portion: ca. 100 kcal/430 kJ
5 g EW · 6 g F · 8 g KH

1 Die Zucchini waschen, längs vierteln und in ca. 3 cm lange Stücke schneiden. Pilze putzen, trocken abreiben und je nach Größe halbieren oder vierteln. Alles auf einer runden Platte (sie muss in den Wok passen!) dekorativ anrichten.

2 Den Ingwer schälen und fein reiben. Die Brühe mit den beiden Ölsorten, Orangen- und Zitronensaft, Honig, Ingwer, Zimt- und Chilipulver verrühren und mit Salz abschmecken. Die Mischung über Zucchini und Pilze träufeln.

3 5 cm hoch Wasser in den Wok geben und aufkochen lassen. Den Dämpfeinsatz einsetzen und die runde Platte hineinstellen. Den Wok zudecken und die Zucchini und Pilze in 5–7 Min. nicht zu weich dämpfen.

4 Inzwischen die Sesamsamen in einem Pfännchen ohne Fett bei schwacher Hitze goldbraun rösten. Die Frühlingszwiebeln putzen, waschen und in feine Ringe schneiden. Das gedämpfte Gemüse probieren und eventuell noch etwas nachsalzen. Die Frühlingszwiebeln und den gerösteten Sesam darüberstreuen.

Möhren mit Senf-Basilikum-Sauce

Für 2 Personen
600 g Bundmöhren · 1 Bund Basilikum
100 g Sahne · 2 EL mittelscharfer Senf
1–2 TL Zitronensaft
Salz · Pfeffer · Zucker

Pro Portion: ca. 235 kcal/990 kJ
5 g EW · 17 g F · 16 g KH

1 Das Grün der Bundmöhren bis auf ca. 2 cm abschneiden. Die Möhren schälen und längs halbieren, dabei auch das Grün halbieren. Das Basilikum waschen und trocken schütteln, die Blätter abzupfen, die Stängel für den Sud bereitlegen.

2 400 ml Wasser in den Wok geben und die Basilikumstängel hinzufügen. Aufkochen lassen. Den Dämpfeinsatz einsetzen und die Möhren hineinlegen. Zugedeckt in 10–12 Min. dämpfen. Die Möhren sollen nicht zu weich werden, sondern noch knackigen Biss haben. Dann den Dämpfeinsatz herausnehmen und die Möhren zugedeckt warm halten.

3 Vom Dämpfsud 200 ml abmessen, die Basilikumstängel wegwerfen. Den Sud mit der Sahne wieder in den Wok geben und bei starker Hitze in 5–6 Min. sämig einkochen lassen. Den Senf unterrühren. Die Basilikumblätter grob zerzupfen und unterrühren. Die cremige Sauce mit Zitronensaft, Salz, Pfeffer und 1 Prise Zucker würzig abschmecken.

4 Die Möhren auf vier Teller verteilen und die Senf-Basilikum-Sauce darübergeben. Schmeckt fein mit gebratenem Reis oder Röstkartoffeln.

GEMÜSE-VARIANTE

*Die Senf-Basilikum-Sauce passt auch wunderbar zu **grünem Spargel**: 1 kg Spargel im unteren Drittel schälen und die Enden so kürzen, dass die Stangen in den Dämpfeinsatz passen. In 8–10 Min. bissfest dämpfen und mit der Sauce servieren. Dazu passen neue Pellkartoffeln.*

1 Std. · ungewöhnlich

Rote Beten mit Mohn

Für 4 Personen
2 Rote Beten (ca. 400 g)
2 EL Mohnsamen
1 große rote oder grüne Chilischote
2 EL Öl
1 TL braune Senfsamen
je 1 TL gemahlene Kurkuma
und scharfes Paprikapulver
1 TL Zucker · Salz

Pro Portion: ca. 100 kcal/410 kJ
2 g EW · 7 g F · 7 g KH

1 Die Roten Beten unter fließend kaltem Wasser abbürsten. In einem Topf geben, mit Wasser bedecken und in ca. 25 Min. zugedeckt knapp gar (also nicht zu weich!) kochen. Herausnehmen, kalt abschrecken, schälen und in 1/2 cm dicke Stifte schneiden.

2 Den Mohn im Mörser (oder Blitzhacker) fein mahlen. Die Chilischote waschen, in feine Ringe schneiden und den Stielansatz entfernen.

3 Den Wok erhitzen und das Öl hineingeben. Die Senfsamen hinzufügen und ca. 30 Sek. anrösten. Wenn sie anfangen zu springen, die Roten Beten, die Chiliringe, die Gewürze und den Zucker unterrühren und 1 Min. anrösten.

4 Den Mohn, 1 kräftige Prise Salz und 250 ml Wasser hinzufügen und alles zugedeckt bei mittlerer Hitze noch ca. 15 Min. schmoren lassen, bis die Roten Beten weich sind.

Praxis-Tipp *Ziehen Sie zum **Rote-Bete-Schälen** am besten Gummihandschuhe an, sie färben stark. Haben Sie schon rote Finger, dann mit Zitronensaft abreiben, das hilft. Unter den Fingernägeln allerdings dauert's eine Weile, bis Sie die Spuren wieder los sind!*

25 Min. · süß-säuerlich

Kohlrabi mit Sonnenblumenkernen

Für 4 Personen
800 g Kohlrabi · 800 g Möhren
1 Bio-Orange · 2 EL helle Sojasauce
1 EL Sherry medium · 1 EL Essig
1 TL Speisestärke · 3 EL Sonnenblumenkerne
3 EL Öl · 1 EL brauner Zucker
150 ml Gemüsebrühe
1/2 Bund Petersilie

Pro Portion: ca. 220 kcal/920 kJ
7 g EW · 12 g F · 21 g KH

1 Die Kohlrabi und Möhren schälen und in ca. 4 cm lange, 1/2 cm dicke Stifte schneiden. Orange heiß abwaschen und abtrocknen, erst 1 TL Schale abreiben, dann den Saft auspressen.

2 Den Orangensaft mit der Sojasauce, dem Sherry, dem Essig und der Speisestärke glatt verrühren, die Orangenschale untermischen.

3 Die Sonnenblumenkerne im Wok ohne Fett bei schwacher Hitze goldbraun rösten, herausnehmen. Den Wok auf höchste Stufe erhitzen, das Öl hineingeben und die Gemüsestifte darin 2 Min. pfannenrühren.

4 Zucker und Gemüsebrühe verrühren und das Gemüse damit ablöschen. 5 Min. bei mittlerer Hitze zugedeckt garen. Die Orangensaftmischung dazugießen und weitere 3 Min. offen kochen lassen, bis das Gemüse gar ist, aber noch Biss hat.

5 Die Petersilie waschen und trocken schütteln, die Blätter abzupfen und grob hacken. Unter das Gemüse mischen und vor dem Servieren die gerösteten Sonnenblumenkerne darüberstreuen.

AROMA-VARIANTE

*Ersetzen Sie die Petersilie durch **frische Minze,** und bestreuen Sie das Gericht mit **gerösteten Mandelstiften.***

Dal

Für 4 Personen
300 g bunte Linsenmischung (siehe Tipp)
Salz · 1 Zwiebel
4 Knoblauchzehen
1 Stück frischer Ingwer (ca. 50 g)
1 große rote Chilischote
2 Tomaten
1 Frühlingszwiebel
1/2 Bund Koriandergrün
3 EL Ghee (oder Butterschmalz)
1 TL Kreuzkümmelsamen
1–2 TL Garam masala
150 g Vollmilchjoghurt

Pro Portion: ca. 350 kcal/1460 kJ
20 g EW · 10 g F · 45 g KH

1 Die Linsen in ein Sieb geben und gründlich mit kaltem Wasser abbrausen. Mit 1 1/2 l Wasser und 1/2 TL Salz in einen Topf geben, das Wasser aufkochen und die Linsen zugedeckt bei schwacher Hitze nach Packungsanweisung ca. 25 Min. garen. Den Schaum, der sich an der Oberfläche bildet, einige Male abschöpfen.

2 Inzwischen die Zwiebel und den Knoblauch schälen und fein hacken. Den Ingwer schälen und fein reiben. Die Chilischote waschen, längs aufschneiden, entkernen und fein hacken.

3 Die Tomaten mit kochendem Wasser überbrühen, häuten und entkernen, das Fruchtfleisch klein würfeln. Die Frühlingszwiebel putzen, waschen und in feine Ringe schneiden. Das Koriandergrün waschen und trocken schütteln, die Blättchen grob hacken.

4 5 Min. bevor die Linsen gar sind, den Wok erhitzen und das Ghee darin schmelzen. Zwiebel und Knoblauch darin bei mittlerer Hitze unter Rühren in 3–4 Min. goldbraun braten. Ingwer, Chiliwürfelchen und Kreuzkümmel hinzufügen und 1 Min. mitbraten.

5 Die Linsen samt der Garflüssigkeit in den Wok füllen. Die Tomaten, die Frühlingszwiebel, das Koriandergrün und das Garam masala unter die Linsen rühren und das Ganze mit Salz abschmecken.

6 Das Dal nach Belieben im Wok servieren. Den Joghurt in einer Schüssel separat dazu reichen, damit jeder seine Portion nach Geschmack selber damit garnieren kann.

Tausch-Tipps *Die fertige* **Linsenmischung** *bekommen Sie im Bioladen. Schauen Sie aber auch mal im Asienladen ins* **Hülsenfrüchte-Regal**: *Da gibt es unzählige Sorten, geschälte und halbierte, weiße, rote, gelbe, braune Linsen. Trauen Sie sich und mischen mal selber nach Lust und Laune. Und statt mit Joghurt können Sie das Dal auch mit* **Schmant** *oder* **geschlagener Sahne** *garnieren.*

Rote Linsen *mit Lauch*

Für 4 Personen
1,2 kg Lauch · 3 Schalotten
1 Stück frischer Ingwer (ca. 2 cm)
1 kleine rote Chilischote
2 EL Ghee (oder Butterschmalz)
400 g rote Linsen
2 TL Garam masala
750 ml Gemüsebrühe
1 Bund Koriandergrün
Salz · Pfeffer
3 EL Schmant

Pro Portion: ca. 445 kcal/1860 kJ
29 g EW · 10 g F · 60 g KH

1 Die Lauchstangen längs aufschneiden, gründlich unter fließendem Wasser waschen und schräg in 2 cm breite Stücke schneiden. Die Schalotten und den Ingwer schälen und fein hacken. Die Chilischote waschen, längs aufschneiden, entkernen und fein würfeln.

2 Wok erhitzen und das Ghee darin schmelzen. Schalotten und Ingwer darin bei mittlerer Hitze anbraten. Lauch dazugeben und darin 1–2 Min. unter Rühren anbraten. Linsen und Garam masala dazugeben und 3 Min. unter Rühren mitbraten. Mit der Gemüsebrühe aufgießen, aufkochen und 7–8 Min. zugedeckt köcheln lassen.

3 Das Koriandergrün waschen und trocken schütteln, die Blätter und zarten Stängel abzupfen und grob hacken. Das Linsengemüse mit Salz und Pfeffer abschmecken. Den Schmant unterrühren und nur noch kurz erhitzen. Mit Koriandergrün bestreut servieren.

Gelbe Linsen *mit Tamarinde*

Für 4 Personen
50 g gepresste Tamarinde
300 g gelbe Linsen (Toor Dal)
1 TL gemahlene Kurkuma · 1 TL Salz
1/2 Bund Koriandergrün (nach Belieben)
3 EL Öl · 1 EL Kreuzkümmelsamen
1 TL braune Senfsamen
2–3 getrocknete Chilischoten
1 TL Garam masala

Pro Portion: ca. 315 kcal/1320 kJ
18 g EW · 9 g F · 40 g KH

1 Die gepresste Tamarinde in 150 ml warmem Wasser einweichen. Die Linsen gründlich waschen. Mit 1,2 l Wasser im Wok aufkochen. Kurkuma und Salz dazugeben und die Linsen in ca. 30 Min. bei mittlerer Hitze zugedeckt weich kochen.

2 Inzwischen nach Belieben das Koriandergrün waschen und trocken schütteln, die Blättchen und zarten Stängel abzupfen und grob hacken. Wenn die Linsen weich sind, die Tamarinde gut durchkneten. Den Saft durch ein feines Sieb zu den Linsen gießen, die Kerne und Faser gut ausdrücken und wegwerfen.

3 Das Öl in einem Pfännchen erhitzen. Den Kreuzkümmel und die Senfsamen darin 1 Min. anrösten, die Chilischoten dazubröseln. Garam masala dazugeben und 1/2 Min. mitrösten. Unter die Linsen mischen und nach Belieben das Koriandergrün unterrühren.

 Gut zu wissen *Wenn Sie die **roten Linsen** länger garen, zerfallen sie und verlieren ihre hübsche Farbe. Also die Linsen rechtzeitig von der Kochstelle nehmen, solange sie noch leichten Biss haben!*

 **Praxis-Tipp** *Kurkuma verfärbt alle Töpfe, so auch den Wok. Unschöne gelbliche Ränder lassen sich gut mit Salz entfernen: 1 EL Salz auf einen Schwamm geben und die Kurkumafarbe damit abreiben.*

55 Min. · indisch

Kichererbsen-Auberginen-Curry

Für 2 Personen
1 Aubergine (ca. 250 g)
1 Dose Kichererbsen (240 g Abtropfgewicht)
1 Zwiebel
2 Knoblauchzehen
1 Stück frischer Ingwer (ca. 2 cm)
1 große rote Chilischote · 5 EL Öl
je 1 TL gemahlene Kurkuma und
gemahlener Kreuzkümmel
1/2 TL Zimtpulver
150 g Naturjoghurt · Salz

Pro Portion: ca. 375 kcal/2830 kJ
28 g EW · 35 g F · 62 g KH

1 Die Aubergine waschen, den Stielansatz abschneiden und die Aubergine in gut 1 cm große Würfel schneiden. Die Kichererbsen in ein Sieb abgießen, kalt abbrausen und abtropfen lassen.

2 Die Zwiebel, den Knoblauch und den Ingwer schälen und fein hacken. Die Chilischote waschen, in Ringe schneiden und nach Belieben in kaltes Wasser einlegen, um die Kerne zu entfernen (siehe S. 63).

3 Den Wok erhitzen und 3 EL Öl hineingeben. Die Auberginenwürfel darin in 4–5 Min. bei starker Hitze anbraten, herausnehmen. Das übrige Öl in den Wok geben und die Gewürze darin 1/2 Min. bei mittlerer Hitze anrösten. Zwiebel, Knoblauch, Ingwer und Chili dazugeben und 2 Min. mitbraten.

4 Die Kichererbsen, die Auberginenwürfel, Joghurt und 100 ml Wasser in den Wok geben und alles zugedeckt ca. 30 Min. bei mittlerer Hitze schmoren lassen. Gelegentlich umrühren und bei Bedarf noch ein wenig Wasser hinzufügen. Zum Schluss mit Salz würzen. Dazu schmeckt knuspriges Fladenbrot.

1 Std. + 12 Std. Einweichen · raffiniert

Kichererbsen mit Zwiebeln

Für 4 Personen
200 g getrocknete Kichererbsen
2 Zwiebeln · 2 Knoblauchzehen
6 grüne Kardamom-Kapseln · 3 EL Ghee
(oder Butterschmalz) · 2 Lorbeerblätter
4 Gewürznelken · 1 Zimtstange
2 Beutel schwarzer Tee (nach Belieben)
Salz · Pfeffer · 2 Tomaten · 4 EL Schmant

Pro Portion: ca. 240 kcal/1010 kJ
11 g EW · 12 g F · 23 g KH

1 Kichererbsen in eine große Schüssel geben und so viel Wasser dazugeben, dass sie mind. 5 cm tief im Wasser liegen. 12 Std. quellen lassen.

2 Die Zwiebeln schälen, längs halbieren und in Spalten schneiden. Den Knoblauch schälen und fein hacken. Die Kardamomkapseln mit dem Messerrücken zerdrücken.

3 Den Wok erhitzen, das Ghee darin schmelzen. Zwiebeln und Knoblauch darin in 3–4 Min. unter Rühren goldbraun braten. Die Gewürze 1 Min. mitbraten. Kichererbsen durch ein Sieb abgießen, in den Wok geben und mit 1,25 l frischem Wasser auffüllen. Aufkochen lassen und die Teebeutel hineinhängen. Ca. 45 Min. zugedeckt bei mittlerer Hitze kochen, bis die Kichererbsen weich sind. Die Teebeutel wieder entfernen. Das Gemüse salzen und pfeffern.

4 Die Tomaten waschen, klein würfeln und untermischen. Zimtstange, Lorbeerblätter und, wenn Sie sie sehen, auch die Nelken entfernen. Das Gericht in tiefe Teller verteilen und auf jede Portion 1 EL Schmant geben.

Praxis-Tipp *Der **schwarze Tee** verleiht den Kichererbsen eine aparte Note. In Indien gibt man die Teeblätter direkt mit zu den Kichererbsen. Der herbe Geschmack, wenn man daraufbeißt, ist aber nicht jedermanns Sache. Teebeutel sind daher eine gute Lösung.*

Geflügel

Ob auf die Schnelle pfannengerührt,
ob langsam geschmort oder gedämpft
– Geflügel steht in der Asia-Küche hoch
im Kurs. In diesem Kapitel finden Sie
die beliebtesten Wokrezepte für Hähn-
chen-, Puten- und Entenfleisch aus
Thailand, Indien, China und Indonesien.

Wokken mit Hähnchenfleisch

Hähnchenbrustfilet ist ideal zum schnellen Pfannen-rühren, denn es ist sehr zart und im Nu durch. Damit es auch saftig bleibt, halten Sie die angegebenen kurzen Garzeiten unbedingt ein. Nachziehen in der Sauce bei schwacher Hitze ist in Ordnung, sollte aber nicht zu lange dauern.

Für Schmorgerichte eignen sich die Keulen oder ein ganzes, in Stücke geteiltes Hähnchen besser. Kalorien-bewusste können die Stücke vor dem Schmoren häuten, denn in und unter der Haut steckt das meiste Fett!

Putenfleisch

Putenbrustfilet ist bei allen Fleisch-rezepten in diesem Buch eine Alter-native. Das Fleisch ist fettarm und zart, die Garzeit entsprechend kurz. Das Fleisch aus den Putenkeulen ist etwas kompakter und eignet sich daher gut für Schmorgerichte.

Achten Sie, ebenso wie bei Hähnchen, auf gute Qualität! Am besten schmeckt das Fleisch von Tieren aus Bio-Aufzucht oder guter konventioneller Freiland-haltung. Da in der Asia-Küche die Fleischportionen klein sind, schlägt der Mehrpreis nicht allzu stark zu Buche.

Darauf kommt's an! *Auf die Hygiene achten* Auch beim besten Freilandhähnchen: Salmonellen können immer und überall in Geflügel vorkommen. Achten Sie deshalb bei der Vorbereitung ganz besonders auf Hygiene. Waschen Sie das Fleisch mit kaltem Wasser ab, und tupfen Sie es mit Küchenpapier trocken. Waschen Sie direkt anschließend alle Utensilien wie Brett, Messer etc. sorgfältig mit Spülmittel und sehr heißem Wasser, damit mögliche Keime nicht auf andere Lebensmittel übergehen können. Das Gleiche gilt für Ihre Hände.

Hähnchen zerteilen

Ein ganzes Hähnchen teilen Sie zunächst mit einer Geflügelschere (oder einem scharfen Messer) entlang des Brustbeins und mit je einem Schnitt links und rechts des Rückgrats in zwei Hälften. Durchtrennen Sie dann jeweils das Gelenk zwischen Körper und Keule mit einem Messer, und schneiden Sie die Keulen vom Körper. Dasselbe machen Sie mit den Flügeln. Teilen Sie die Brüste anschließend noch quer in zwei Hälften, so erhalten Sie acht Teile. Für Hähnchenkeulen auf indische Art zerteilen Sie die Keulen nochmals im Gelenk.

Hähnchenkeulen auf indische Art

Für Gerichte wie das Indische Hähnchen-Curry von S. 113 werden die Hähnchenkeulenstücke gehäutet: Vom Oberschenkel lässt sich die Haut einfach abziehen. Am Unterschenkel die Haut rund um den Knochen einschneiden, dann funktioniert es auch da. Dann das Fleisch der Oberschenkelstücke dreimal ca. 1/2 cm tief einschneiden, damit die Gewürze gut eindringen können. Wenn Sie auch das Ende des Unterschenkels bzw. das Fußgelenk von Haut und Knorpel befreien möchten: Übrige Haut und Knorpel am Fußgelenk nochmals längs einschneiden und mit dem Messerrücken vom Knochen schieben oder lösen. Dann können Sie den Hähnchenschenkel beim Abknabbern besser zwischen den Fingern halten.

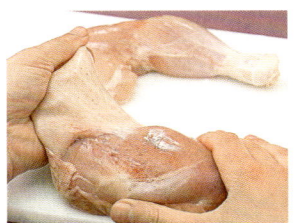

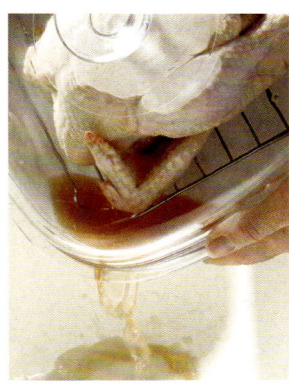

TK-Geflügel richtig auftauen

Nehmen Sie das ganze TK-Hähnchen aus der Folienverpackung, legen Sie es auf eine Platte, und lassen Sie es über Nacht im Kühlschrank auftauen. Das Auftauwasser weggießen (Vorsicht, es kann Salmonellen enthalten!). Das Hähnchen zerteilen, die Stücke mit kaltem Wasser abwaschen und mit Küchenpapier trocken tupfen. Die gleiche Vorgehensweise gilt natürlich auch für TK-Hähnchenbrustfilets, -Putenschnitzel und -Hähnchenkeulen.

Küchenpraxis: Entenbrustfilet

Festtagsschmaus auf asiatische Weise

Pfannengerührt, gebraten oder geschmort – Ente ist auch in asiatischen Ländern etwas Besonderes, das nur zu Festtagen aufgetischt wird. Zu Weltruhm hat es die Pekingente gebracht, die in einem äußerst komplizierten Prozess gekocht, lackiert und luftgetrocknet wird. Eine auch zu Hause praktikable Rezeptversion ist die »Knusperente« von S. 122.

Entenkeulen im Wok?

Besser nicht! Was bei Hähnchenkeulen ganz wunderbar funktioniert, geht bei Entenkeulen nur bedingt: Die Haut wird leicht ledrig, das Fleisch bleibt oft kompakt, um nicht zu sagen zäh. Braten Sie die Keulen lieber im Backofen (vorher nach Wunsch marinieren, anschließend in der Fettpfanne ca. 1 Std. 30 Min. bei 180° garen), und bereiten Sie die Asia-Sauce und das Gemüse dazu separat im Wok zu. Fürs Pfannenrühren und Braten im Wok sind Entenbrustfilets die bessere Wahl.

Darauf kommt's an *Das Aroma-Plus*
In der Asia-Küche wird das Fleisch zum Wokken gerne mariniert. Das gibt ihm ein besonders intensives Aroma und macht es zarter. Wenn Sie es gleich weiterverwenden, lassen Sie es einfach zugedeckt bei Zimmertemperatur durchziehen, bis alle übrigen Zutaten geschnippelt sind. Wenn Sie es schon am Vortag einlegen können, lagern Sie es in einer gut schließenden Vorratsdose im Kühlschrank. Dann aber ca. 1 Std. vor der Zubereitung herausnehmen, damit es beim Anbraten nicht zu kalt ist!

Entenbrust mit Knusperhaut

Entenfleisch selbst ist relativ mager, das Fett sitzt unter der Haut. Und damit das gut ausbrät, sollten Sie die Haut vorher mit einem scharfen Messer rautenförmig einkerben. Schneiden Sie dabei nicht zu tief, damit Sie das Brustfilet darunter nicht verletzen! Die Entenbrust dann mit der Hautseite in den nur mäßig warmen Wok legen und bei mittlerer Hitze 6–7 Min. anbraten. Wenn die Haut goldbraun und kross ist, das Filet wenden und auf der anderen Seite in 4–7 Min. fertig braten (die Garzeit richtet sich nach der Dicke des Filets). Auch wenn Sie die Haut nicht mitessen, braten Sie die Brüste samt Haut, und schneiden Sie diese erst auf dem Teller ab. Die natürliche Hülle sorgt dafür, dass das Fleisch zart, saftig und aromatisch wird.

Häuten und in Streifen schneiden

Die Haut sitzt bei der Entenbrust recht fest am Fleisch, je frischer das Fleisch, umso fester. So entfernen Sie sie: Lösen Sie die Haut an einem Ende, und ziehen Sie sie so weit es geht ab. Dann mit einem scharfen Messer nachhelfen und, immer so nah wie möglich am Fleisch, einschneiden und weiter abziehen. Für Entenbruststreifen halbieren Sie die gehäutete Brust erst längs und führen das Messer dabei etwas schräg. Dann das Fleisch quer zur Faser in ca. 3 mm dünne Streifen schneiden.

Die Garprobe

Eine perfekt gebratene Entenbrust hat einen zartrosa Kern. Doch wie erkenne ich das von außen? Machen Sie zum Ende der angegebenen Garzeit regelmäßig die Druckprobe mit dem Daumen: Gibt die Entenbrust noch weich nach, ist sie innen noch blutig. Wenn sie sich gerade fest anfühlt, ist sie genau richtig, also innen schön rosig.

Scharfes *Ingwerhähnchen*

Für 4 Personen
600 g Hähnchenbrustfilet
30 g kandierter Ingwer
2 Knoblauchzehen
1 Bio-Orange
1 TL Zucker
1 TL scharfer Senf
3 EL helle Sojasauce
1 gestrichener TL Speisestärke
je 1 rote und gelbe Paprikaschote
2 kleine Zucchini
1 Bund Frühlingszwiebeln
1–2 große rote Chilischote(n)
80 g frischer Ingwer
1 Bund Koriandergrün
3 EL Öl · Salz

Pro Portion: ca. 315 kcal/1320 kJ
38 g EW · 10 g F · 19 g KH

1 Das Hähnchenfleisch kalt abwaschen, trocken tupfen und in schmale Streifen schneiden. Den kandierten Ingwer fein schneiden. Den Knoblauch schälen und würfeln. Die Orange heiß abwaschen und abtrocknen, erst die Schale fein abreiben, dann den Saft auspressen.

2 Den kandierten Ingwer mit der Orangenschale und dem Zucker im Mörser (oder Blitzhacker) fein zerstoßen. Den Senf unterrühren. Die Hähnchenstreifen mit der Würzmischung vermengen. Den Orangensaft mit der Sojasauce und der Speisestärke verrühren.

3 Die Paprikaschoten putzen, waschen und in feine Streifen schneiden. Die Zucchini waschen, längs halbieren und in Halbmonde schneiden. Die Frühlingszwiebeln putzen, waschen und weiße und grüne Teile separat in 3 cm lange schräge Abschnitte teilen.

4 Die Chilischote(n) waschen, längs aufschneiden, entkernen und in feine Streifen schneiden. Den Ingwer schälen, erst in Scheiben, dann in Stifte schneiden. Das Koriandergrün waschen und trocken schütteln, die Blätter abzupfen.

5 Den Wok erhitzen und jeweils 1 EL Öl hineingeben. Das Fleisch darin in zwei Portionen bei starker Hitze 3–4 Min. braten, salzen, herausnehmen und zugedeckt warm halten.

6 Das übrige Öl in den Wok geben. Ingwer und weiße Frühlingszwiebeln darin 2 Min. anbraten. Paprikastreifen und Zucchini hinzufügen und 3 Min. pfannenrühren. Das Fleisch wieder dazugeben, die Chili hinzugeben und mit der Orangensaftmischung ablöschen. Aufkochen lassen, das Frühlingszwiebelgrün unterrühren und noch 2–3 Min. weitergaren. Mit den Korianderblättchen bestreut servieren.

Woher bekomme ich denn … *kandierten Ingwer?* *Die feinen süßscharfen Stäbchen bekommen Sie um die Weihnachtszeit auch in Supermärkten bei den Backzutaten. Im Bioladen sind sie ganzjährig erhältlich.*

Sesamhähnchen mit Frühlingsgemüse

Für 4 Personen
300 g Hähnchenbrustfilet
300 g Bundmöhren · 1 Kohlrabi
3 Frühlingszwiebeln · 150 g junger Spinat
150 g Zuckerschoten · 1 Stück frischer Ingwer
1 Knoblauchzehe · 125 ml Geflügelbrühe
2 EL helle Sojasauce · 2 TL Sesamöl
1 TL Speisestärke · 4 EL Öl
2 EL Sesamsamen · Salz · Pfeffer

Pro Portion: ca. 275 kcal/1160 kJ
23 g EW · 16 g F · 10 g KH

1 Hähnchenfleisch kalt abwaschen, trocken tupfen, in feine Streifen schneiden. Das Gemüse waschen, putzen oder schälen. Die Möhren in schräge Scheiben schneiden. Den Kohlrabi vierteln und in Scheiben schneiden. Die Frühlingszwiebeln in 4 cm lange Stücke schneiden. Spinatblätter und Zuckerschoten ganz lassen.

2 Den Ingwer und den Knoblauch schälen und fein würfeln. Die Brühe in einem Schüsselchen mit der Sojasauce, dem Sesamöl und der Speisestärke verquirlen.

3 Den Wok erhitzen und 2 EL Öl hineingeben. Die Sesamsamen darin goldbraun rösten. In ein Sieb abgießen, das Öl auffangen und wieder in den Wok geben. Das Fleisch darin bei starker Hitze ca. 2 Min. pfannenrühren, salzen und pfeffern und herausnehmen.

4 Das übrige Öl in den Wok geben. Ingwer und Knoblauch 1 Min. anbraten, dann Möhren und Kohlrabi und Zuckerschoten hinzufügen und 3 Min. pfannenrühren. Frühlingszwiebeln und Spinat unterrühren und 1 Min. mitbraten.

5 Mit der Würzsauce ablöschen und aufkochen lassen. Das Fleisch dazugeben und alles 1–2 Min. rühren, bis die Sauce leicht bindet. Mit den Sesamsamen bestreut servieren.

Hähnchengeschnetzeltes mit Fenchel

Für 4 Personen
400 g Hähnchenbrustfilet · 2 EL helle Sojasauce
1 Zwiebel · 2 Knoblauchzehen · 1 Fenchelknolle (ca. 150 g) · 2–3 kleine Möhren (ca. 150 g)
1 Stange Lauch · 1 TL Speisestärke · 2 EL Öl
100 ml trockener Weißwein · 3–4 EL Austernsauce · 1 EL Honig · Salz · Pfeffer

Pro Portion: ca. 225 kcal/940 kJ
26 g EW · 6 g F · 13 g KH

1 Hähnchenfleisch kalt abwaschen, trocken tupfen, in feine Streifen schneiden. Mit der Sojasauce mischen, zugedeckt 1 Std. ziehen lassen.

2 Zwiebel und Knoblauch schälen und fein würfeln. Fenchel putzen, waschen, vierteln und in Streifen schneiden. Möhren schälen und in schräge Scheiben schneiden. Lauch längs aufschneiden, waschen und in Streifen schneiden.

3 Das Fleisch aus der Marinade nehmen und in einem Sieb abtropfen lassen (Marinade in einer Schüssel darunter auffangen). Das Fleisch mit der Speisestärke bestäuben und vermengen.

4 1 EL Öl im Wok erhitzen. Fenchel und Möhren darin 2 Min. pfannenrühren. Lauch und Zwiebeln dazugeben und 1 Min. mitbraten. Herausnehmen oder an den Wokrand schieben.

5 Das restliche Öl in den Wok geben und das Fleisch mit dem Knoblauch darin 3–4 Min. unter Rühren anbraten. Mit dem Wein ablöschen, die Marinade dazugeben und aufkochen lassen. Das Gemüse untermischen und mit der Austernsauce, dem Honig, Salz und Pfeffer würzen.

ALKOHOLFREIE VARIANTE

*Wer keinen Wein verwenden möchte, nimmt stattdessen **Gemüsebrühe** und schmeckt das fertige Gericht mit **Zitronensaft** ab. Wer keine Austernsauce zu Hause hat, nimmt **dunkle Sojasauce**.*

Kokoshähnchen *mit Paprika*

Für 4 Personen
600 g Hähnchenbrustfilet · 4 Knoblauchzehen
1 Stück frischer Ingwer (ca. 5 cm)
200 g Vollmilchjoghurt
je 1 TL gemahlene Kurkuma und rosenscharfes
Paprikapulver · 2 rote Paprikaschoten
4 EL Öl · 2 Lorbeerblätter
4 Gewürznelken · 2 Zimtstangen · Salz
2 EL Kokosraspel · 200 ml cremige Kokosmilch

Pro Portion: ca. 325 kcal/1370 kJ
37 g EW · 17 g F · 8 g KH

1 Die Hähnchenbrustfilets kalt abwaschen,
trocken tupfen und jedes quer in drei Stücke
schneiden. Knoblauch und Ingwer schälen und
fein würfeln. Joghurt, Knoblauch, Ingwer mit
Kurkuma und Paprikapulver verrühren. Die
Hähnchenstücke in einer Schüssel damit vermischen und zugedeckt 1 Std. durchziehen lassen.

2 Die Paprikaschoten putzen, waschen und in
feine Streifen schneiden.

3 Den Wok erhitzen und 3 EL Öl hineingeben.
Die Lorbeerblätter, die Nelken und die Zimt-
stangen darin bei mittlerer Hitze 1 Min. rösten.
Die marinierten Hähnchenstücke dazugeben
(Vorsicht, das kann spritzen!) und von allen
Seiten 4–5 Min. anbraten. Die Hähnchenstücke
salzen und an den Wokrand schieben.

4 Das übrige Öl in den Wok geben. Die Paprikastreifen und die Kokosraspel darin 2 Min. unter
Rühren anbraten. Die Hähnchenteile untermischen, die Kokosmilch angießen und 15 Min.
zugedeckt bei schwacher Hitze schmoren lassen.
Vor dem Servieren mit Salz abschmecken.

Topping-Tipp *Für noch **intensiveres**
Kokosaroma rösten Sie zusätzlich 2 EL
Kokoschips (aus dem Bioladen) bei schwacher
Hitze ohne Fett im Wok, bis sie duften. Vor
dem Servieren auf das fertige Gericht streuen.*

Hähnchen *in Mandelsauce*

Für 4–6 Personen
800 g Hähnchenbrustfilet · 6 Zwiebeln
4 Knoblauchzehen · 1 Stück frischer Ingwer
(ca. 3 cm) · 3 EL Ghee (oder Butterschmalz)
4 Gewürznelken · 4 Zimtrinden (je 5 cm lang)
6 grüne Kardamomkapseln · 4 TL Currypulver
Salz · 3 EL gemahlene Mandeln
2 EL Mandelblättchen

Bei 6 Personen pro Portion: ca. 245 kcal/1030 kJ
33 g EW · 11 g F · 4 g KH

1 Das Hähnchenfleisch kalt abwaschen, trocken
tupfen und in ca. 1,5 cm dicke Streifen schneiden. Zwiebeln schälen, längs halbieren und in
dünne Scheiben schneiden. Knoblauch schälen
und fein würfeln. Ingwer schälen und fein reiben.

2 Wok erhitzen und das Ghee darin schmelzen.
Die Zwiebeln darin unter Rühren bei mittlerer
Hitze 10 Min. braun braten. Knoblauch und Ingwer dazugeben und 1 Min. mitbraten. Nelken,
Zimtrinden und Kardamomkapseln dazugeben
und 1 Min. unter Rühren mitbraten. Hähnchenstreifen nach und nach dazugeben, unterrühren
und 2–3 Min. anbraten. Currypulver darüberstäuben und mit Salz würzen. Gut untermischen.

3 Die gemahlenen Mandeln und 250 ml heißes
Wasser zum Fleisch geben, unterrühren. Aufkochen und bei schwacher Hitze 30 Min. zugedeckt
schmoren lassen, bis das Fleisch weich ist. Gelegentlich umrühren. Kurz vor dem Servieren die
Mandelblättchen in einer Pfanne bei schwacher
Hitze goldbraun rösten, unter die Sauce mischen.

VARIANTEN

*Die würzige Mandelsauce passt auch ausgezeich-
net zu **Putenbrust- oder Schweinefilet.** Eine
etwas andere Nuance bekommt das Gericht, wenn
Sie die Mandeln zur Hälfte oder ganz durch gemahlene **Cashewkerne** ersetzen.*

Hähnchen-Curry
mit Bambussprossen

Für 4–6 Personen
Für die Currypaste:
5 große getrocknete rote Chilischoten
1 EL Koriandersamen · 1 TL Kreuzkümmelsamen · 5 weiße Pfefferkörner · 1 Kaffirlimette
2 Scheiben frischer Galgant · 2 Korianderwurzeln · 2 Stängel Zitronengras · 10 Knoblauchzehen · 5 Thai-Schalotten · 1 TL Salz
1 TL Shrimpspaste

Für das Curry:
600 g Hähnchenbrustfilet · 300 g Bambussprossen (vakuumverpackt oder aus der Dose)
8 Kaffirlimettenblätter · 1 Bund Thai-Basilikum
(Bai horapha) · 1–2 große rote Chilischoten
2 Dosen Kokosmilch (je 400 ml, ungeschüttelt)
5 EL Fischsauce · 1 1/2 EL Palmzucker

Bei 6 Personen pro Portion: ca. 175 kcal/740 kJ
26 g EW · 2 g F · 14 g KH

1 Die Chilischoten aufbrechen und die Kerne entfernen. Die Schoten in einer Schüssel mit Wasser bedecken (**Bild 1**) und 30 Min. einweichen. Inzwischen die Koriander- und Kreuzkümmelsamen in einer Pfanne rösten, bis sie duften. Mit den Pfefferkörnern im Mörser fein zermahlen. Herausnehmen und beiseite stellen.

2 Kaffirlimette waschen, abtrocknen und ein Viertel der Schale dünn abhobeln (**Bild 2**). Galgant und Korianderwurzeln waschen, fein würfeln (**Bild 3**). Vom Zitronengras das untere weiche Drittel fein schneiden (**Bild 4**). Knoblauch und Schalotten schälen, grob würfeln. Die Chilis abgießen, mit einer Schere klein schneiden.

3 Kaffirlimettenschale im Mörser fein zerstampfen. Nach und nach Galgant, Korianderwurzeln, Zitronengras, Chilis, Salz, Schalotten und Knoblauch zufügen. Mit ausholenden festen Schlägen in ca. 20 Min. zu einer cremigen Paste zerstampfen (**Bild 5**). Geröstete Gewürze und die Shrimpspaste zufügen. Sorgfältig untermischen.

4 Für das Curry das Hähnchenfleisch kalt abwaschen, trocken tupfen und in Streifen schneiden. Die Bambussprossen in einem Sieb kalt abbrausen, abtropfen lassen und in breite Streifen schneiden. Limettenblätter und Basilikum waschen. Die Chilischoten waschen, längs aufschneiden, entkernen und in Streifen schneiden. Die Basilikumblätter abzupfen.

5 Wie auf S. 159 gezeigt, das Fleisch – hier aufgrund der Menge in zwei Portionen – in je 4 EL Kokossahne (die dicke Creme, die sich in der ungeschüttelten Kokosmilchdose oben absetzt) und 1 EL Currypaste 2–3 Min. anbraten. Die übrige Kokosmilch, Fischsauce, Limettenblätter, Palmzucker und die Bamubssprossen dazugeben. Alles 5 Min. bei mittlerer Hitze offen kochen lassen. Chilis und Basilikumblätter untermischen.

*Wie im Thailand-Urlaub: frisch-
würzig, kokossahnig und richtig
schön scharf – mit frisch gemachter
Currypaste schmeckt das Curry
einfach noch mal so gut. Ihre Gäste
werden begeistert sein!*

Gut zu wissen ...

- Die hier selbst gemachte
  rote Currypaste ist eine
  – im Vergleich – weniger
  scharfe Thai-Currypaste.
  Sie wird aus getrockneten
  Chilischoten hergestellt.
  Die schärfste Version ist
  die grüne, die aus den
  superscharfen kleinen
  grünen Thai-Chilischoten
  gemacht ist.

- Für die Currypaste brauchen Sie einen großen
  Steinmörser mit schwerem
  Stößel. Das Stampfen geht
  ganz schön in die Arme!
  Es sorgt aber dafür, dass
  sich die ätherischen Öle der
  Zutaten langsam zu einer
  unvergleichlich aromatischen Mischung verbinden.
  Wer dazu keine Lust hat,
  nimmt den Blitzhacker.

- Wenn's schnell gehen muss,
  nehmen Sie eine fertige
  Currypaste aus dem Asienladen. Die frischen aus der
  Kühltheke sind erfahrungs-
  gemäß die besten!

Tausch-Tipps *Für
eine etwas **mildere Variante** rösten Sie 80 g ungesalzene Erdnüsse, mörsern
sie fein und mischen sie
unter die rote Currypaste.
Für **gelbe Currypaste** die getrockneten roten Chilischoten
durch 5 frische kleine rote und
5 große gelbe Chilischoten ersetzen und zusätzlich 1 gehäuften TL gemahlene Kurkuma
untermischen.
Für eine **superscharfe grüne
Currypaste** ersetzen Sie die getrockneten roten Chilischoten
durch 10 frische kleine grüne
Thai-Chilischoten und 5 große
grüne Chilischoten.
Die Pasten reichen jeweils für
2–3 Gerichte (300–400 g Fleisch
+ 400 ml Kokosmilch). Der
Rest hält sich im Kühlschrank
ca. 14 Tage. Sie können ihn
auch portionsweise einfrieren.
Zur Verwendung auftauen
und Zimmertemperatur an-
nehmen lassen.*

Indische und thailändische Hähnchen-Currys schmecken einfach hinreißend. Kompliziert? Ach was! Mit frischem Hähnchenbrustfilet sowie ein paar Zutaten aus dem Vorrat sind sie ruckzuck gemacht.

Die sechs besten Hähnchen-Currys für zwei

1 Erdnuss-Hähnchen-Curry

300 g Hähnchenbrustfilet kalt abspülen, mit Küchenpapier trocken tupfen und in feine Streifen schneiden. Auf der Arbeitsfläche mit 1 EL Fischsauce vermischen. 1 große rote Chilischote waschen, längs aufschneiden, entkernen und in feine Streifen schneiden. 6 Kaffirlimettenblätter waschen und am Rand mehrfach einreißen. 50 g geröstete, gesalzene Erdnüsse im Mörser (oder im Blitzhacker) mittelfein zerstoßen. Von 400 ml ungeschütteler Kokosmilch 4 EL Kokossahne (die dicke Creme, die sich in der ungeschüttelten Kokosmilchdose oben absetzt) abnehmen, in den Wok geben und aufkochen lassen. 1/2–1 EL rote Currypaste unterrühren und ohne Umrühren ca. 2 Min. anbraten, bis das Öl austritt (siehe S. 159). Das Fleisch dazugeben und 2 Min. unter Rühren anbraten. Restliche Kokosmilch, Limettenblätter und 1 EL Palmzucker (oder braunen Zucker) hinzufügen und 5 Min. offen kochen lassen. Erdnüsse und Chilistreifen untermischen und weitere 2 Min. kochen lassen.

Einkaufs-Tipp *Wenn Sie die Currypaste speziell für dieses Gericht kaufen, nehmen Sie die* **Panaeng-Currypaste.** *Sie ist extra für Erdnuss-Currys gedacht und noch etwas würziger als die normale rote.*

2 Hähnchen in Kurkuma-Zitronengras-Sauce

300 g Hähnchenbrustfilet kalt abspülen, mit Küchenpapier trocken tupfen und in feine Streifen schneiden. Auf der Arbeitsfläche mit 2 EL Fischsauce vermischen. 6 kleine Kaffirlimettenblätter waschen, aufrollen und in haarfeine Streifen schneiden.

2 Stängel Zitronengras von äußeren harten Blättern befreien, das weiche untere Drittel hacken. 2 Knoblauchzehen schälen und zerkleinern. Zitronengras und Knoblauch mit 1 TL gemahlener Kurkuma sowie je 1/2 TL Salz und Zucker im Mörser (oder Blitzhacker) zu einer feinen Paste zerstoßen. Von 1 Dose Kokosmilch (400 ml) 4 EL Kokossahne (die dicke Creme, die sich in der ungeschüttelten Kokosmilchdose oben absetzt) abnehmen und im Wok aufkochen. Würzpaste einrühren und 2 Min. bei mittlerer Hitze anbraten. Das Hähnchenfleisch hinzufügen, 2 Min. unter Rühren mitbraten. Restliche Kokosmilch und die Limettenblattstreifen hinzufügen und 3 Min. einkochen lassen. Mit 2–3 EL Limettensaft und eventuell noch etwas Fischsauce und Zucker abschmecken.

3 Kokoshähnchen mit Erbsen

300 g Hähnchenbrustfilet kalt abspülen, mit Küchenpapier trocken tupfen und in feine Streifen schneiden. 1 Bio-Limette heiß abwaschen und abtrocknen, Schale fein abreiben, den Saft auspressen. 3 Frühlingszwiebeln putzen, waschen und in feine Ringe schneiden. Hähnchenstreifen mit Cayennepfeffer würzen, mit der Limettenschale und 2 EL Kokosraspeln rmischen. Wok erhitzen, 2 EL Öl hineingeben. Das Fleisch darin unter Rühren bei starker Hitze ca. 3 Min. anbraten. 150 g TK-Erbsen unaufgetaut zugeben, 2 Min. mitbraten. 200 ml cremige Kokosmilch, 2 EL helle Sojasauce und 1 TL Zucker dazugeben, aufkochen lassen. Frühlingszwiebeln unterrühren. alles 5 Min. bei schwacher Hitze zugedeckt ziehen lassen. Mit Salz und 1–2 EL Limettensaft abschmecken. Vor dem Servieren nach Belieben mit 2 EL gehacktem Koriandergrün bestreuen.

50 Min. · würzig-scharf

Orientalische

Hähnchenkeulen

Für 4 Personen
4 Hähnchenkeulen (je ca. 250 g)
Cayennepfeffer
1 EL Sesamöl
1 EL Honig
1 Zwiebel
2 Knoblauchzehen
3–4 junge Möhren (ca. 300 g)
2–3 kleine Zucchini (ca. 300 g)
1 Dose Kichererbsen (240 g Abtropfgewicht)
Salz · 4 EL Öl
1 EL Baharat
1 TL Sambal oelek

Pro Portion: ca. 545 kcal/2290 kJ
61 g EW · 18 g F · 35 g KH

1 Die Hähnchenkeulen in Gelenk auseinander-schneiden, kalt abwaschen und trocken tupfen. Die Teile häuten und die Oberschenkel ein-schneiden (siehe S. 99). Mit Cayennepfeffer ein-reiben, mit dem Sesamöl und dem Honig ver-mischen und zugedeckt bei Zimmertemperatur marinieren, bis alle Zutaten vorbereitet sind.

2 Die Zwiebel schälen und in grobe Würfel schneiden. Den Knoblauch schälen und ebenfalls fein würfeln. Die Möhren schälen und schräg in ca. 1/2 cm dicke Scheiben schneiden. Die Zucchi-ni waschen und ebenfalls 1/2 cm dick aufschnei-den. Die Kichererbsen in ein Sieb abgießen, kalt abbrausen und abtropfen lassen. Die Hähnchen-teile salzen.

3 Den Wok erhitzen und 2 EL Öl hineingeben. Die Hähnchenteile darin bei mittlerer Hitze von jeder Seite 2–3 Min. anbraten, dann an den Rand schieben.

4 Das übrige Öl in den Wok geben und die Zwiebeln und den Knoblauch darin goldgelb anbraten. Die Möhren hinzufügen und 2 Min. mitbraten. Die Kichererbsen unterrühren und die Brühe angießen. Baharat und Sambal oelek hinzufügen und die Hähnchenteile untermi-schen. 15 Min. bei mittlerer Hitze zugedeckt schmoren lassen.

5 Die Zucchini hinzufügen und salzen. Das Ganze noch 10 Min. bei schwacher Hitze schmo-ren lassen. Mit knusprigem Fladenbrot servieren.

Was ist denn ... Baharat? *Das ist eine arabische Gewürzmischung, die im Wesent-lichen aus Koriander, Kardamom, Kreuz-kümmel, Zimt, Nelken, Muskat, Paprikapulver sowie schwarzem Pfeffer besteht. Sie bekommen Baharat im Orientladen und im Bioladen.*

Gut zu wissen *Geben Sie **niemals Salz in Marinaden!** Es würde dem Fleisch wert-vollen Saft entziehen und es trocken und faserig machen. Die Hähnchenteile also erst kurz vor ihrem Einsatz salzen und dann rundherum im heißen Öl anbraten. Der Honig karamellisiert dabei und verleiht dem Fleisch eine schöne goldbraune Farbe. Er verbrennt aber auch leicht, deshalb die Hitze gut dosieren.*

Hähnchenkeulen *mit Kürbis*

Für 4 Personen
4 Hähnchenkeulen (je ca. 250 g) · 1 Stück
frischer Ingwer (ca. 5 cm) · 2 Knoblauchzehen
2 EL Vollmilchjoghurt · 1 1/2 EL mildes Currypulver · 500 g Kürbisfleisch (geputzt gewogen)
Salz · 2 EL Ghee (oder Butterschmalz)
1 Lorbeerblatt · 1 Zimtstange · 4 Gewürznelken · 2 Tomaten · 1/2 Bund Koriandergrün

Pro Portion: ca. 275 kcal/1160 kJ
45 g EW · 7 g F · 8 g KH

1 Die Hähnchenkeulen in Gelenk auseinander-
schneiden, kalt abwaschen und trocken tupfen.
Die Teile häuten und die Oberschenkel einschneiden (siehe S. 99). Ingwer und Knoblauch
schälen und etwas zerkleinern. Im Blitzhacker
mit Joghurt und 1 EL Currypulver zu einer
feinen Paste verarbeiten. Die Hähnchenteile in
einer Schüssel damit vermischen.

2 Den Kürbis schälen, die Fasern und Kerne
herauskratzen und das Kürbisfleisch in 2 cm
große Würfel schneiden. Die Hähnchenteile
mit Küchenpapier etwas abtupfen und salzen.

3 Den Wok erhitzen und 1 1/2 EL Ghee hineingeben. Lorbeer, Zimtstange und Nelken darin
1 Min. anrösten. Die Hähnchenteile darin von
jeder Seite 2–3 Min. anbraten, herausnehmen
und warm halten.

4 Das übrige Ghee in den Wok geben. Kürbis-
würfel und das übrige Currypulver hineingeben
und 2–3 Min. anbraten. Die Hähnchenteile
untermischen und zugedeckt bei schwacher
Hitze 15 Min. schmoren lassen, gelegentlich umrühren. Bei Bedarf wenig Wasser hinzufügen.

5 Inzwischen die Tomaten überbrühen, häuten,
entkernen und klein würfeln. Unter Hähnchen
und Kürbis mischen und weitere 5 Min. schmoren lassen. Das Koriandergrün waschen und
trocken schütteln, die Blättchen abzupfen, grob
hacken und unterrühren.

Hähnchenkeulen
mit Petersilienwurzeln

Für 4 Personen
4 Hähnchenkeulen (je ca. 250 g) · Salz
Pfeffer · 1 große Zwiebel · 4 Knoblauchzehen
2 Möhren · 4 Petersilienwurzeln
2 Zweige Rosmarin · 4 EL Olivenöl
2 EL Pinienkerne · 150 ml trockener Weißwein

Pro Portion: ca. 365 kcal/1530 kJ
45 g EW · 15 g F · 7 g KH

1 Die Hähnchenkeulen in Gelenk auseinander-
schneiden, kalt abwaschen und trocken tupfen.
Die Teile häuten, die Oberschenkel einschneiden
(siehe S. 99). Rundherum salzen und pfeffern.

2 Die Zwiebel und den Knoblauch schälen, fein
würfeln. Die Möhren und Petersilienwurzeln
schälen und in Scheiben schneiden. Rosmarin
waschen und trocken schütteln.

3 Den Wok erhitzen und 3 EL Olivenöl hineingeben. Die Hähnchenteile darin in zwei Portionen rundherum in jeweils 4–5 Min. anbraten.
Herausnehmen.

4 Übriges Öl in den Wok geben und Zwiebeln,
Knoblauch und Pinienkerne darin 1 Min. unter
Rühren anbraten. Möhren und Petersilienwur-
zeln dazugeben und 2 Min. pfannrühren. Mit
Weißwein ablöschen. Hähnchen und Rosmarin
untermischen, 40 Min. zugedeckt bei mittlerer
Hitze schmoren lassen. Gelegentlich umrühren.
Bei Bedarf etwas Wein oder Wasser angießen.

5 Vor dem Servieren mit Salz und Pfeffer abschmecken. Dazu schmecken Bandnudeln oder
Ciabattabrot zum Auftunken der Sauce.

FLEISCH-VARIANTE

*Sie können das Gericht auch mit **Kaninchen-
keulen** zubereiten (Schmorzeit: ca. 40 Min.). Das
leicht süßliche Aroma der Möhren und Petersilienwurzeln harmoniert auch damit ausgezeichnet.*

40 Min. + 45 Min. Schmoren · indisch

Joghurthuhn

Für 4 Personen
1 großes Hähnchen (ca. 1,6 kg)
4 Zwiebeln · 6 Knoblauchzehen
4 EL Öl · 1 EL gemahlener Koriander
2 TL grüne Kardamomkapseln
1 TL Chilipulver
je 1 Prise Zimt- und Nelkenpulver
und gemahlener Kreuzkümmel
350 g cremiger Joghurt · Salz · Pfeffer

Pro Portion: ca. 440 kcal/1840 kJ
67 g EW · 16 g F · 8 g KH

1 Das Hähnchen innen und außen gründlich waschen und trocken tupfen. Wie auf S. 99 gezeigt in 10 Stücke teilen und alle Stücke häuten.

2 Die Zwiebeln und den Knoblauch schälen und in grobe Würfel schneiden. Wok erhitzen und 2 EL Öl hineingeben. Zwiebeln und Knoblauch darin bei mittlerer Hitze in ca. 10 Min. unter Rühren goldgelb und weich dünsten.

3 Alle Gewürze zu den Zwiebeln geben und 2–3 Min. unter Rühren anrösten. Den Joghurt und 125 ml Wasser dazugeben und das Ganze 10 Min. zugedeckt köcheln lassen. Die Joghurt-Zwiebel-Mischung in den Mixer füllen und fein pürieren (oder in einem hohen Aufschlaggefäß mit dem Pürierstab pürieren).

4 Den Wok säubern, wieder erhitzen und das übrige Öl hineingeben. Die Hähnchenteile darin portionsweise von allen Seiten leicht anbraten, salzen und pfeffern. Die Joghurtsauce dazugießen und alles bei schwacher Hitze zugedeckt 45 Min. schmoren lassen. Ab und zu umrühren und bei Bedarf noch ein wenig Wasser angießen.

Servier-Tipp *Natürlich können Sie das Joghurthähnchen gleich servieren – mit Basmatireis oder Fladenbrot als Beilage. Noch besser aber schmeckt es, wenn Sie es **abkühlen lassen** und später wieder **aufwärmen.***

35 Min. + 1 Std. 30 Min. Schmoren · würzig

Indisches Hähnchen-Curry

Für 4 Personen
1 großes Hähnchen (ca. 1,5 kg) · 3 Zwiebeln
3 Knoblauchzehen · 1 Stück frischer Ingwer
(ca. 2 cm) · 2 Tomaten · 2 große rote
Chilischoten · 2 EL Ghee (oder Butterschmalz)
1 Zimtstange · 2–3 Lorbeerblätter
4 grüne Kardamomkapseln · je 1 TL Fenchel-,
Anis- und schwarze (oder braune) Senfsamen
je 2 TL gemahlene Kurkuma, gemahlener Koriander und Kreuzkümmel · Salz

Pro Portion: ca. 315 kcal/1310 kJ
58 g EW · 7 g F · 4 g KH

1 Das Hähnchen innen und außen gründlich waschen und trocken tupfen. Wie auf S. 99 gezeigt in 8–10 Stücke teilen, alle Stücke häuten.

2 Die Zwiebeln, den Knoblauch und den Ingwer schälen und fein würfeln. Die Tomaten waschen und achteln, die Stielansätze dabei entfernen. Die Chilis waschen und in feine Ringe schneiden.

3 Wok erhitzen und 1 EL Ghee hineingeben. Die Hähnchenteile darin portionsweise von allen Seiten anbraten, herausnehmen. Alle Gewürze ins Bratfett geben und bei mittlerer 2 Min. unter Rühren anrösten. Zwiebeln, Knoblauch, Ingwer und Chilis hinzufügen 2–3 Min. mitbraten.

4 Die Tomaten und 300 ml Wasser in den Wok geben, gut unterrühren und salzen. Die Hähnchenteile einlegen und zugedeckt 1 Std. 30 Min. bei schwacher Hitze schmoren lassen. Gelegentlich umrühren und bei Bedarf noch ein wenig Wasser hinzufügen.

Servier-Tipp *In der langen Garzeit nehmen die Hähnchenteile die Aromen durch und durch auf, und die Sauce wird herrlich sämig. Da sie auch **ganz schön scharf** ist, reichen Sie am besten neben Basmatireis **cremig gerührten Joghurt** dazu. Den kann jeder bei Tisch untermischen, um die Schärfe nach Wunsch zu mildern.*

Hähnchen
javanische Art

Für 4 Personen
1 großes Hähnchen (ca. 1,5 kg)
3 Zwiebeln
3 Knoblauchzehen
1 Stück frischer Ingwer (ca. 2 cm)
3 Stängel Zitronengras
12 Kemirinüsse
3 Gewürznelken
1/2 TL Sambal oelek
1 TL gemahlener Koriander
1/2 TL frisch geriebene Muskatnuss
Salz · 3 TL Palmzucker
6 EL Öl · 400 ml Kokosmilch
1 Zimtstange
3 EL frisch geraspelte Kokosnuss
(oder fertige Kokosraspel aus der Tüte)

Pro Portion: ca. 485 kcal/2030 kJ
58 g EW · 22 g F · 12 g KH

1 Das Hähnchen innen und außen gründlich waschen und trocken tupfen. Wie auf S. 99 gezeigt in 8–10 Stücke teilen.

2 Die Zwiebeln und den Knoblauch schälen und fein würfeln. Den Ingwer schälen und fein reiben. Die Zitronengrasstängel von den äußeren harten Blättern befreien und das untere weiche Drittel in hauchdünne Scheiben schneiden.

3 Die Kemirinüsse im Blitzhacker fein hacken. Die Nelken im Mörser fein zerstoßen. Alles zusammen mit dem Sambal oelek, dem Koriander, der Muskatnuss, 1 TL Salz, dem Palmzucker und 2 EL Öl verrühren.

4 Den Wok erhitzen und das übrige Öl hineingeben. Die Hähnchenteile darin portionsweise von allen Seiten bei mittlerer Hitze anbraten. Die Hitze reduzieren. Die vorbereitete Gewürzmischung dazugeben, unter die Hähnchenteile mischen und 3 Min. mitbraten.

5 Die Kokosmilch angießen, die Zimtstange dazugeben und alles zugedeckt bei schwacher Hitze 30 Min. schmoren lassen. Zum Servieren die Zimtstange entfernen und die Kokosraspel unterrühren.

 Was sind denn … *Kemirinüsse?*
Die cremefarbenen Nusskerne sind so nicht essbar, sondern werden in der indonesischen Küche zum Aromatisieren und Andicken von Currys und Suppen verwendet. Die Nüsse haben eine sehr harte Schale, die sich nur schwer knacken lässt, deshalb sollten Sie sie besser bereits geschält (im Asienladen) kaufen. Wer keine bekommt, nimmt ersatzweise Paranüsse oder Mandeln.

 **Praxis-Tipps** *Wer auf die **Kalorien** achtet, häutet die Hähnchenteile vor dem Anbraten (s. Tipp S. 99). Auf Java nimmt man zum Abrunden am Ende natürlich **frisch geraspelte Kokosnuss.** Für ein Gästemenü sollten Sie das unbedingt ausprobieren – schmeckt fabelhaft!*

Putenfilet mit Litschis

Für 4 Personen

10 getr. chinesische Morcheln · 500 g Putenbrustfilet · Pfeffer · Zucker · 2 EL Reiswein
1 Stück frischer Ingwer (ca. 2 cm) · 3 Frühlingszwiebeln · 100 g Bambussprossen (vakuumverpackt oder aus der Dose) · 200 g Brokkoliröschen · 1 kleine Dose Litschis/Lychees
(425 g Abtropfgewicht) · 1 EL helle Sojasauce
1 TL Reisessig · 1 TL Chilisauce (Fertigprodukt)
Salz · 6 EL Öl · 1 EL Speisestärke

Pro Portion: ca. 305 kcal/1290 kJ
32 g EW · 17 g F · 7 g KH

1 Die Morcheln 10 Min. in warmem Wasser
einweichen. Das Putenfleisch kalt abwaschen,
trocken tupfen und in 3 cm große Würfel schneiden. Mit Pfeffer und Zucker würzen und mit
dem Reiswein in einer Schüssel mischen. 20 Min.
zugedeckt marinieren.

2 Inzwischen Ingwer schälen und fein würfeln.
Frühlingszwiebeln putzen und waschen, weiße
und grüne Teile getrennt in 1 cm lange Stücke
schneiden. Bambussprossen im Sieb kalt abbrausen, abtropfen lassen und klein würfeln. Brokkoli
putzen, waschen und in kleine Röschen teilen.

3 Die Litschis in ein Sieb abgießen, den Saft auffangen. 2 EL Litschisaft mit der Sojasauce, Essig,
Chilisauce, 1 EL Zucker und je 1 kräftigen Prise
Salz und Pfeffer verrühren. Die Morcheln aus
dem Wasser nehmen, abtropfen lassen, von holzigen Stellen befreien und in Stücke schneiden.

4 Das Öl im Wok erhitzen. Weiße Frühlingszwiebeln und Ingwer darin 1 Min. pfannenrühren. Das Putenfleisch salzen, dazugeben und
bei starker Hitze 1–2 Min. unter Rühren braten.

5 Die Hitze etwas reduzieren. Bambussprossen,
Brokkoli und Morcheln hinzufügen und 3 Min.
pfannenrühren. Mit der Würzsauce ablöschen
und aufkochen lassen. Die Litschis dazugeben
und 2 Min. bei schwacher Hitze miterwärmen.

6 Die Speisestärke mit 3 EL kaltem Wasser
anrühren, einrühren und die Sauce damit
binden. Mit Salz und Pfeffer abschmecken und
das Frühlingszwiebelgrün untermischen.

Pute mit Chilisauce

Für 4 Personen

400 g Putenbrustfilet
je 2 grüne und gelbe Paprikaschoten
2–3 große rote Chilischoten
4 EL Öl · 200 ml Gemüsebrühe
1/4 TL Sambal oelek
4 EL dunkle Sojasauce · 4 EL Honig
4 EL süße Chilisauce (Fertigprodukt)

Pro Portion: ca. 280 kcal/1170 kJ
27 g EW · 12 g F · 16 g KH

1 Das Putenfleisch kalt abwaschen und trocken
tupfen, 1 cm groß würfeln. Die Paprikaschoten
putzen, waschen und in kleine Rauten schneiden.
Die Chilischoten waschen, längs aufschneiden,
entkernen und klein würfeln (2 TL Chiliwürfelchen für die Deko beiseite legen).

2 Den Wok erhitzen und 2 EL Öl hineingeben.
Die Paprikarauten darin 2 Min. bei starker Hitze
pfannenrühren, an den Rand schieben. Jeweils
1 weiteren EL Öl in den Wok geben und das
Putenfleisch in zwei Portionen mit den Chiliwürfelchen jeweils 3 Min. unter Rühren braten,
ebenfalls an den Rand schieben.

3 Die Gemüsebrühe angießen und den Bratensatz unter Rühren loskochen. Sambal oelek, Sojasauce, Honig und Chilisauce einrühren und aufkochen lassen. Gemüse und Fleisch untermischen
und 1 Min. ziehen lassen. Mit den zurückbehaltenen Chiliwürfelchen bestreut servieren.

VARIANTE

Nehmen Sie statt der Putenbrust **Schweinefilet,**
und braten Sie mit den Paprikaschoten noch
2 EL ungeröstete ungesalzene Erdnüsse *mit.*

1 Std. · chinesisch

Putenfleisch *mit Pilzen*

Für 4 Personen
5 getrocknete chinesische Morcheln
150 g TK-Erbsen · 500 g Putenbrustfilet
2 TL helle Sojasauce · 2 EL Reiswein
3 Frühlingszwiebeln · 1 Stück frischer Ingwer
(ca. 2 cm) · 1 große rote Chilischote
1 rote Paprikaschote · 1 kleine Dose Strohpilze
(200 g Abtropfgewicht) · 750 ml neutrales Pflanzenöl zum Frittieren · 1 Eiweiß · 3 EL Speisestärke · Salz · Pfeffer · 2 TL Austernsauce

Pro Portion: ca. 410 kcal/1720 kJ
39 g EW · 19 g F · 19 g KH

1   Die Morcheln 10 Min. in warmem Wasser
einweichen. Erbsen auftauen lassen. Putenfleisch
kalt abwaschen, trocken tupfen und in 2 cm große Würfel schneiden. In einer Schüssel mit Sojasauce und Reiswein mischen, 15 Min. zugedeckt
bei Zimmertemperatur durchziehen lassen.

2   Inzwischen die Frühlingszwiebeln putzen,
waschen und in kleine Stücke schneiden. Ingwer
schälen und fein würfeln. Chili waschen, längs
aufschneiden, entkernen und klein würfeln. Die
Paprika putzen, waschen und in feine Streifen
schneiden. Strohpilze in ein Sieb abgießen, kalt
abbrausen, abtropfen lassen und längs halbieren.
Die Morcheln abtropfen lassen, von holzigen
Stellen befreien und in Stücke schneiden.

3   Das Öl im Wok erhitzen. Eiweiß leicht aufschlagen. Die Fleischstücke salzen und unterrühren. Jeweils portionsweise in Speisestärke
wenden, im Öl frittieren, herausnehmen und
auf Küchenpapier abtropfen lassen.

4   Das Öl bis auf einen dünnen Film abgießen.
Wok wieder erhitzen. Frühlingszwiebeln und
Ingwer darin 2 Min. pfannenrühren, leicht
salzen. Alle vorbereiteten Zutaten (außer Fleisch)
dazugeben, 2 Min. bei starker Hitze pfannenrühren. Mit Salz, Pfeffer und Austernsauce
würzen. Fleisch untermischen und servieren.

45 Min. + 30 Min. Marinieren · macht was her

Knusperstückchen *auf Gemüse*

★
★

Für 4 Personen
300 g Putenbrustfilet · Pfeffer
2 EL helle Sojasauce · 2–3 Möhren (150 g)
1 rote Paprikaschote · 200 g Zuckerschoten
200 g Babymaiskolben (aus dem Glas/der Dose)
2 Frühlingszwiebeln · 750 ml neutrales
Pflanzenöl zum Frittieren · 100 g Tempuramehl
(siehe S. 25) · je 2 EL Fischsauce und
Austernsauce · 1 EL Zucker · 4 EL Reiswein

Pro Portion: ca. 345 kcal/1450 kJ
25 g EW · 11 g F · 33 g KH

1   Fleisch kalt abspülen, trocken tupfen und
ca. 2 cm groß würfeln. Die Würfel pfeffern, mit
der Sojasauce mischen und 30 Min. zugedeckt
bei Zimmertemperatur durchziehen lassen.

2   Inzwischen die Möhren schälen und streich-
holzdünn stifteln oder hobeln. Die Paprikaschote
putzen, waschen und in feine Streifen schneiden.
Die Zuckerschoten waschen, abtropfen lassen
und schräg halbieren. Die Maiskölbchen in einem Sieb kalt abbrausen, abtropfen lassen und
längs halbieren. Die Frühlingszwiebeln putzen,
waschen und in schräge Ringe schneiden.

3   Das Frittieröl im Wok erhitzen. Das Tempuramehl mit knapp 250 ml kaltem Wasser zu einem
zähflüssigen Teig verrühren. Wenn das Öl heiß
genug ist (siehe S. 24), die Fleischstücke einzeln
im Teig wenden, kurz abtropfen lassen und portionsweise ca. 3 Min. frittieren. Herausheben und
auf Küchenpapier abtropfen lassen.

4   Das Öl bis auf einen dünnen Film abgießen.
Möhren und Paprikaschoten darin 2 Min. bei
starker Hitze pfannenrühren. Die Zuckerschoten
und die Maiskölbchen dazugeben und 1 Min.
unter Rühren mitbraten. Frühlingszwiebeln,
Fisch- und Austernsauce und Zucker unterrühren. Mit dem Reiswein ablöschen und 1 Min.
einkochen lassen. Auf vier Teller verteilen und
die Knusperstückchen darauf anrichten.

Putenspießchen mit *Chili-Tomaten-Sauce*

Für 4 Personen (20 Stück)
Für die Spießchen:
1 Stück frischer Ingwer (ca. 2 cm)
1 Stängel Zitronengras · 1 EL Zucker
1/2 TL weiße Pfefferkörner · 4 kleine Putenschnitzel (je ca. 120 g) · 1 TL gemahlene
Kurkuma · je 1/2 TL gemahlener Kreuzkümmel
und Koriander · je 1 EL Fischsauce und
helle Sojasauce · 1 TL Sesamöl · 4 EL Öl

Für die Sauce:
2 Knoblauchzehen · 1 Stück frischer Ingwer
4 kleine rote Chilischoten · 1 EL brauner Zucker
200 g passierte Tomaten · 1 EL helle Sojasauce
1–2 TL Limettensaft · etwas Öl für die Spieße

Außerdem:
16 kurze Holzspießchen (12 cm)

Pro Stück: ca. 320 kcal/1340 kJ
27 g EW · 20 g F · 8 g KH

1 Ingwer schälen und fein würfeln. Zitronengras von äußeren harten Blättern befreien, unteres Drittel klein schneiden. Beides mit Zucker
und Pfefferkörnern im Mörser fein zerstoßen.

2 Das Fleisch kalt abwaschen und trocken tupfen. Zwischen zwei Lagen Klarsichtfolie ca. 3 mm
dünn klopfen (**Bild 1**) und in 2 cm breite Streifen
schneiden. In eine Schüssel geben und sorgfältig
mit der Mischung aus dem Mörser, Kurkuma,
Kreuzkümmel und Koriander, Fischsauce, Sojasauce und Sesamöl vermischen. Zugedeckt bei
Zimmertemperatur 20 Min. durchziehen lassen.

3 Inzwischen für die Sauce den Knoblauch
und den Ingwer schälen und fein würfeln. Chilis
waschen und ohne Stielansätze fein schneiden.

4 Die Holzspieße einölen. Die Fleischstreifen
wellenförmig auf die Spieße stecken und etwas
aufreihen (**Bild 2**). 3 EL Öl im Wok erhitzen.
Jeweils 8 Fleischspießchen darin ca. 2 Min. goldbraun braten. Wenden, 1 Min. braten und an
den weniger heißen Wokrand schieben (**Bild 3**).

5 Das übrige Öl in den Wok geben. Knoblauch,
Ingwer und Chilis für die Sauce 1 Min. anbraten.
Zucker dazugeben und 1 Min. weiterbraten, bis
der Zucker karamellisiert. Die passierten Toma-
ten unterrühren und 2 Min. einkochen lassen.
Mit Sojasauce und Limettensaft abschmecken.
Heiß zu den Putenspießchen servieren.

VARIANTEN

*Statt Putenfleisch können Sie die Spießchen auch
mit **Hähnchenbrust- oder Schweinefilet** zubereiten. Und statt der Chili-Tomaten-Sauce schmeckt
auch ein **Erdnuss-Dip*** *(Rezept S. 42)* *dazu.*

1. Die Schnitzel zwischen zwei Lagen Klarsichtfolie mit der flachen Seite des Fleischklopfers dünn klopfen.

2. 1–2 Fleischstreifen auf die geölten Spieße stecken, bis zur Spitze wellenförmig verteilen, sodass am Ende ca. 3 cm frei bleiben.

3. Spieße einseitig braten, wenden und am Wok-rand – die Enden außen – fertig braten.

Puten-Curry *mit Süßkartoffeln*

Für 4 Personen
300 g Süßkartoffeln · Salz
300 g Zucchini · 2 Frühlingszwiebeln
300 g Putenbrustfilet
2 EL Öl · 100 ml Gemüsebrühe
100 ml Kokosmilch
1 TL gelbe Currypaste · 1/2 TL gemahlene
Kurkuma · 2–3 EL helle Sojasauce

Pro Portion: ca. 220 kcal/910 kJ
21 g EW · 7 g F · 19 g KH

1 Die Süßkartoffeln waschen, schälen und in 1 cm große Würfel schneiden. In kochendem Salzwasser in ca. 5 Min. bissfest kochen, durch ein Sieb abgießen und abtropfen lassen.

2 Zucchini waschen, in dicke Stifte schneiden. Frühlingszwiebeln putzen, waschen und in feine Ringe schneiden. Das Putenfleisch kalt abwaschen, trocken tupfen und in Streifen schneiden.

3 Den Wok erhitzen und 1 EL Öl hineingeben. Zucchini und Frühlingszwiebeln darin ca. 1 Min. bei starker Hitze pfannenrühren, an den Wokrand schieben. Die Süßkartoffeln in den Wok geben und ca. 1 Min. pfannenrühren, ebenfalls an den Rand schieben.

4 Das übrige Öl in den Wok geben und die Putenstreifen darin ca. 3 Min. unter Rühren braten. Die Gemüsebrühe angießen und den Bratensatz unter Rühren loskochen. Die Kokosmilch dazugeben, die Currypaste, Kurkuma und 2 EL Sojasauce einrühren und 3 Min. sprudelnd kochen lassen. Gemüse und Süßkartoffeln unterrühren und eventuell mit Sojasauce abschmecken.

VARIANTE OHNE SÜSSKARTOFFELN

*Süßkartoffeln bekommen Sie nur in gut sortierten Gemüseläden. Sie können das Gericht auch mit normalen **festkochenden Kartoffeln** oder mit **Möhren** zubereiten.*

Fruchtiges *Puten-Curry*

Für 4 Personen
300 g Putenschnitzel · 2 Zwiebeln · 1 rote
Paprikaschote · 1/2 frische Ananas (ca. 300 g
Fruchtfleisch) · 1 Banane · 4 EL Mandelblättchen · 2 EL Öl · 200 ml cremige Kokosmilch
1 TL Currypulver · 1 TL Tandooripulver
1 TL Speisestärke · Salz

Pro Portion: ca. 320 kcal/1340 kJ
20 g EW · 16 g F · 24 g KH

1 Das Fleisch kalt abwaschen, trocken tupfen und in schmale Streifen schneiden. Die Zwiebeln schälen und klein würfeln. Die Paprikaschote putzen, waschen und in feine Streifen schneiden. Die Ananas schälen, den Strunk entfernen, das Fruchtfleisch in mundgerechte Stücke schneiden. Banane schälen, in Scheiben schneiden.

2 Die Mandelblättchen im Wok bei schwacher Hitze ohne Fett goldbraun rösten, herausnehmen. Den Wok stärker erhitzen und 1 EL Öl hineingeben. Zwiebeln und Paprikastreifen darin 1 Min. pfannenrühren, an den Rand schieben. Das übrige Öl in den Wok geben und das Fleisch darin unter Rühren ca. 3 Min. braten. Mit den Zwiebeln und Paprikastreifen vermischen.

3 Ananasstückchen unterrühren, Kokosmilch angießen und unter Rühren aufkochen lassen, um den Bratensatz loszukochen. Die Banane, das Curry- und das Tandooripulver unterrühren und 1 Min. kochen lassen. Die Speisestärke in einer Tasse mit 2 EL kaltem Wasser anrühren, unter das Curry rühren und 1 Min. köcheln lassen, bis die Kokossauce sämig wird. Mit Salz würzen und mit den Mandelblättchen bestreut servieren.

 Gut zu wissen *Tandooripulver ist eine indische Würzmischung aus Knoblauch, Ingwer, Nelken, Kardamom, Pfeffer und vielem mehr. Es wird – wie auch Tandoori-Paste aus dem Glas – v. a. für Marinaden verwendet.*

30 Min. · chinesisch inspiriert

Pute mit Thai-Spargel und Pakchoi

Für 4 Personen
300 g Putenschnitzel · 250 g Pakchoi
250 g Thai-Spargel · 1 Knoblauchzehe
1 Stück frischer Ingwer (ca. 2 cm)
1–2 kleine rote Chilischoten
10 Thai-Schalotten (oder 5 europäische)
100 ml Geflügelbrühe · 3 EL helle Sojasauce
1 EL dunkle Sojasauce · 1 TL Zucker
3 EL Reiswein (oder Sherry medium) · 4 EL Öl

Pro Portion: ca. 255 kcal/1070 kJ
20 g EW · 16 g F · 7 g KH

1 Das Putenfleisch kalt abwaschen, trocken tupfen und in Streifen schneiden. Den Pakchoi putzen, waschen, gut abtropfen lassen und in 1 cm breite Streifen schneiden. Den Spargel waschen, die Enden abschneiden und die dünnen Stangen in 2–3 Stücke teilen.

2 Den Knoblauch und den Ingwer schälen und fein würfeln. Die Chilis waschen und in dünne Ringe schneiden. Die Schalotten schälen, längs halbieren und in feine Spalten schneiden.

3 Die Geflügelbrühe in einem Schüsselchen mit den beiden Sojasaucen, dem Zucker und dem Reiswein verrühren.

4 Den Wok erhitzen und 2 EL Öl hineingeben. Die Schalotten darin in ca. 2 Min. unter Rühren knusprig braun braten. Herausnehmen und auf Küchenpapier abtropfen lassen. Wieder 1 EL Öl in den Wok geben und den Knoblauch, den Ingwer, die Chilis und das Fleisch darin ca. 3 Min. pfannenrühren, dann an den Wokrand schieben.

5 Das übrige Öl in den Wok geben und den Spargel und den Pakchoi darin 2–3 Min. pfannenrühren. Das Fleisch untermischen und die Würzsauce angießen. 2 Min. bei starker Hitze einkochen lassen. Mit den gebratenen Schalotten bestreut servieren.

30 Min. + 30 Min. Schmoren
thailändisch inspiriert

Puten-Bambus-Curry

Für 4 Personen
500 g Putenschnitzel · 2 EL Fischsauce
400 g Bambussprossen (vakuumverpackt oder aus der Dose) · 1 dünne Stange Lauch
2 kleine Möhren · je 1 rote und grüne Paprikaschote · 4 Kaffirlimettenblätter · 6 EL Öl
2 TL rote Currypaste · 1 EL Erdnussbutter (aus dem Glas) · 400 ml Kokosmilch
Salz · Zucker

Pro Portion: ca. 415 kcal/1750 kJ
33 g EW · 26 g F · 12 g KH

1 Die Putenschnitzel kalt abwaschen, trocken tupfen und in Streifen schneiden. In einer Schüssel mit der Fischsauce mischen.

2 Bambussprossen in einem Sieb kalt abbrausen und abtropfen lassen. Lauch putzen, längs halbieren, gründlich waschen und schräg in 1/2 cm breite Streifen schneiden. Möhren schälen und in streichholzdünne Stifte schneiden. Paprika putzen, waschen und in feine Streifen schneiden. Die Limettenblätter waschen, Blattrippen entfernen, die Blatthälften in haarfeine Streifen schneiden.

3 Den Wok erhitzen und jeweils 2 EL Öl hineingeben. Das Fleisch darin in zwei Portionen jeweils 2–3 Min. unter Rühren braten, herausnehmen und zugedeckt warm halten. Die restlichen 2 EL Öl in den Wok geben und die Currypaste darin 1 Min. bei mittlerer Hitze anrösten (nicht verbrennen lassen!). Die Erdnussbutter einrühren und schmelzen lassen. Die Kokosmilch und die Limettenblätter hinzufügen und 5 Min. bei mittlerer Hitze offen einkochen lassen.

4 Inzwischen die Bambussprossen in breite Streifen schneiden. Mit Lauch, Möhren, Paprikaschoten und dem Fleisch in die Kokossauce geben und unterrühren. 10 Min. bei schwacher Hitze zugedeckt köcheln lassen. Vor dem Servieren mit Salz und 1 Prise Zucker abschmecken.

Knusperente
auf Gemüse

1 Die Entenbrustfilets kalt abwaschen und trocken tupfen. 1 Möhre, den Sellerie und den Lauch putzen, waschen und grob schneiden. Den Ingwer schälen und in Scheiben scheiden, die Petersilie waschen. 1 l Wasser im Wok erhitzen, das Gemüse, den Ingwer und die Petersilie hineingeben und aufkochen lassen. Die Entenbrüste einlegen und 45 Min. bei schwacher Hitze kochen lassen (**Bild 1**).

2 Die Entenbrüste aus der Brühe nehmen und abkühlen lassen. Trocken tupfen, salzen, pfeffern und mit dem Honig bestreichen (**Bild 2**). An einem luftigen Ort 15–20 Min. trocknen lassen.

3 Die Entenbrühe durch ein feines Sieb gießen und 100 ml abmessen. Die übrigen Möhren schälen und in dünne Stifte schneiden. Die Paprikaschoten putzen, waschen und in feine Streifen schneiden. Die Frühlingszwiebeln putzen, waschen und in kleine Stücke schneiden.

4 Den Wok säubern und das Öl zum Frittieren erhitzen. Die Entenbrüste hineingeben und in 5–6 Min. goldbraun frittieren. Herausheben (**Bild 3**) und warm halten.

5 Das Öl bis auf einen dünnen Film abgießen. Die Möhrenstifte und die unaufgetauten Erbsen darin 2 Min. bei starker Hitze pfannenrühren, an den Rand schieben. Die Paprikastreifen, die Frühlingszwiebeln und die Cashewkerne in den Wok geben und 2 Min. unter Rühren braten (**Bild 4**). Die Entenbrühe angießen, die Würzsaucen, Sambal oelek und das Fünf-Gewürze-Pulver einrühren. Alles zusammenrühren und einmal aufkochen lassen.

6 Die Entenbrüste in Scheiben schneiden (**Bild 5**). Das Gemüse auf vier Teller verteilen und die Knusperente darauf anrichten.

Für 4 Personen
2 Entenbrustfilets (je ca. 300 g) · 2–3 Möhren (ca. 150 g) · 1 Stück Knollensellerie (ca. 100 g)
1 dünne Stange Lauch
1 Stück frischer Ingwer (50 g)
1/2 Bund Petersilie · Salz · Pfeffer
2 EL Honig · je 1 rote und gelbe Paprikaschote
1 Bund Frühlingszwiebeln
100 g TK-Erbsen · 100 g Cashewkerne
2 EL dunkle Sojasauce · 5 EL Austernsauce
2 EL Dipsauce für Pekingente (Fertigprodukt)
1 Msp. Sambal oelek
1/2 TL Fünf-Gewürze-Pulver
750 ml neutrales Pflanzenöl zum Frittieren

Pro Portion: ca. 545 kcal/2280 kJ
36 g EW · 31 g F · 28 g KH

1

2

3

4

5

Entenbrust mit knusprig-süßer Honig-kruste auf würzigem Wokgemüse mit feinen Cashewkernen – diese chinesische Spezialität macht wirklich was her. Damit werden Sie bei Ihren Gästen glänzen.

Gut zu wissen …

- Geben Sie die Entenbrüste in die kochende Ingwer-brühe, damit sich die Poren sofort schließen. Dann die Hitze reduzieren und die Entenbrüste bei schwacher Hitze ganz sanft, gerade eben am Siedepunkt, garen. So bleibt das Fleisch saftig und wird herrlich zart.

- Bevor Sie die Entenbrüste frittieren, muss der Honig eingetrocknet sein. Das gelingt am besten an einem kühlen Ort im Luftzug.

- Sie können die Entenbrüste auch schon am Vortag in der Brühe garen und über Nacht mit dem Honig bestrichen in den Kühlschrank geben. Vor dem Frittieren wieder Zimmertemperatur annehmen lassen.

- Nehmen Sie für das Wok-gemüse am besten unge-röstete Cashewkerne. Sie werden durch die Enten-brühe ein wenig weich und schmecken dann ganz mild und süß.

Tausch-Tipps *Sie kön-nen natürlich auch eine* **ganze Ente** *auf diese Weise zubereiten. Garen Sie sie ca. 1 Std. 30 Min. in der Brühe und hängen Sie sie dann, mit Honig bestrichen, 24 Std. an einem luftigen, kühlen Ort auf, damit sie trocknen kann. Vorsicht, der Honig zieht Flie-gen an! Die Ente am nächsten Tag frittieren.*
Statt Honig können Sie zum Lackieren der Entenbrüste ebenso gut eine Mischung aus **2 EL Rübenkraut** *und* **1 EL Balsamico-Essig** *nehmen – gibt dem Ganzen eine fein-säuerliche Note.*
Statt Gemüse mit Cashewker-nen können Sie auch das **Süß-scharfe Gemüse** *(Rezept S. 70) zur Knusperente reichen. Nehmen Sie die übrige Enten-brühe als Basis für ein* **feines Vorspeisensüppchen,** *zum Beispiel für die Glasnudelsuppe mit Seidentofu (Rezept S. 46) anstelle der Garnelenbrühe.*

123

Entenbrust *süßsauer*

Für 4 Personen
2 Entenbrustfilets (je ca. 300 g) · je 1 rote und
grüne Paprikaschote · 1/2 Ananas (ca. 600 g)
200 g Mungbohnensprossen · 1 große Zwiebel
2 Knoblauchzehen · 1 Stück frischer Ingwer
(ca. 2 cm) · 150 ml Geflügelfond (aus dem Glas)
3 EL Ketchup · 2 EL trockener Sherry
3 EL Weißweinessig · 3 EL helle Sojasauce
2 EL brauner Zucker · 1 TL Speisestärke
Salz · Pfeffer

Pro Portion: ca. 420 kcal/1750 kJ
32 g EW · 16 g F · 29 g KH

1 Entenbrustfilets kalt abwaschen und trocken
tupfen. Die Filets häuten (siehe S. 101), längs
teilen und in schmale Streifen schneiden. Ca. 50 g
Haut klein würfeln. Die Paprikaschoten putzen,
waschen und in feine Streifen schneiden. Ananas
schälen, Strunk entfernen und das Fruchtfleisch
in mundgerechte Stücke würfeln. Die Sprossen in
einem Sieb kalt abbrausen, gut abtropfen lassen.

2 Die Zwiebel schälen, halbieren und in dünne
Scheiben schneiden. Knoblauch und Ingwer
schälen, fein würfeln. Fond mit Ketchup, Sherry,
Essig, Sojasauce, Zucker und Stärke verquirlen.

3 Den Wok erhitzen und die Entenhautwürfel
ausbraten. Das Fleisch in zwei Portionen bei starker Hitze im heißen Entenfett jeweils ca. 3 Min.
unter Rühren anbraten, salzen und pfeffern,
herausnehmen. Ingwer und Knoblauch 1 Min.
im Wok anbraten. Zwiebeln und Paprika zufügen
und ca. 3 Min. pfannenrühren. Würzsauce angießen und aufkochen lassen. Ananas, Sprossen
und Fleisch dazugeben und weitere 2 Min. garen.

 Servier-Tipp *Sie können die Grieben der*
ausgebratenen Entenhaut *nach Belieben*
entfernen. Elegante Lösung: Die Grieben
herausnehmen und sie – nur für die Esser, die
sie mögen – auf das fertige Gericht streuen.

Ente *mit Spinat*

Für 4 Personen
2 Entenbrustfilets (je ca. 300 g) · Pfeffer
2 TL Speisestärke · 500 g Spinat
1 Stück frischer Ingwer (ca. 2 cm)
1 Knoblauchzehe
2 kleine rote Chilischoten
100 ml Geflügelbrühe · 2 EL helle Sojasauce
2 EL Reiswein (oder Sherry medium) · Salz

Pro Portion: ca. 295 kcal/1230 kJ
31 g EW · 16 g F · 4 g KH

1 Entenbrustfilets kalt abwaschen und trocken
tupfen. Die Filets häuten (siehe S. 101), 1 Haut
in Streifen schneiden, die andere wegwerfen. Die
Filets längs teilen und in dünne Scheiben schneiden. Pfeffern und mit 1 TL Stärke vermischen.

2 Den Spinat waschen, verlesen und in einem
Sieb abtropfen lassen. Den Ingwer und den
Knoblauch schälen und fein würfeln. Die Chili-
schoten waschen und in feine Ringe schneiden.
Die Brühe mit der Sojasauce, dem Reiswein und
der übrigen Stärke verrühren.

3 Die Entenhaut in den Wok geben und den
Wok erhitzen. Das Entenfett auslassen, die
Hautstreifen entfernen und wegwerfen. Das
Entenfleisch im heißen Fett in zwei Portionen
bei starker Hitze in jeweils 2–3 Min. knusprig
braun braten. Salzen und herausnehmen.

4 Knoblauch, Ingwer und Chilis in den Wok
geben und 1 Min. anbraten. Den Spinat nacheinander (ist im Rohzustand eine Riesenmenge)
hinzufügen und 1–2 Min. pfannenrühren.
Die Würzsauce angießen und aufkochen lassen.
Wenn der Spinat zusammengefallen ist, das
Fleisch wieder dazugeben, alles salzen und pfeffern und servieren.

VARIANTE

Statt Spinat passt auch ***Mangold*** *oder* ***Pakchoi***
zur Entenbrust.

40 Min. · würzig mariniert

Ente mit Babymais

Für 4 Personen
1 kleine rote Chilischote
2 Zweige Rosmarin · 1 EL Honig
4 EL dunkle Sojasauce · Saft von 1 Limette
2 kleine Entenbrustfilets (je ca. 250 g)
250 g Kirschtomaten · 200 g Zuckerschoten
150 g Babymaiskölbchen (frisch oder aus
dem Glas) · 1 rote Zwiebel · 2 EL Öl
Salz · 100 ml Gemüsebrühe · Pfeffer

Pro Portion: ca. 320 kcal/1340 kJ
26 g EW · 18 g F · 13 g KH

1   Die Chilischote waschen, längs aufschneiden, entkernen und fein würfeln. Den Rosmarin waschen und trocken schütteln, die Nadeln abstreifen und fein hacken. Beides mit dem Honig, 2 EL Sojasauce und dem Limettensaft verrühren. Die Entenbrustfilets kalt abwaschen und trocken tupfen. Die Filets häuten (siehe S. 101), dann längs teilen und in schmale Streifen schneiden. Diese mit der Marinade mischen und bei Zimmertemperatur durchziehen lassen, bis die übrigen Zutaten vorbereitet sind.

2   Die Kirschtomaten waschen und je nach Größe vierteln oder sechsteln. Die Zuckerschoten waschen, putzen (ev. entfädeln) und schräg halbieren. Die Maiskölbchen waschen, abtropfen lassen und schräg halbieren oder dritteln. Die Zwiebel schälen, längs halbieren und in Spalten schneiden.

3   Den Wok erhitzen und 1 EL Öl hineingeben. Die Entenstreifen darin unter Rühren 3–4 Min. braten, salzen und herausnehmen. Das übrige Öl in den Wok geben und die Zwiebeln darin anbraten. Mais und Zuckerschoten dazugeben und 2–3 Min. pfannenrühren. Die Tomaten unterrühren und 1 Min. mitgaren. Mit der Brühe ablöschen und die übrige Sojasauce hinzufügen. Aufkochen und 5 Min. zugedeckt bei schwacher Hitze schmoren lassen. Das Entenfleisch untermischen und mit Salz und Pfeffer abschmecken.

30 Min. · für Gäste

Glasierte Entenstreifen

Für 4 Personen
2 EL Honig · 3 EL Reiswein (oder Sherry medium) · 3 EL helle Sojasauce · 1 Sternanis
1 gestrichener TL Speisestärke · 2 Entenbrustfilets (je ca. 300 g) · 1 Stück frischer Ingwer (ca. 4 cm) · 2 Frühlingszwiebeln
300 g Brokkoliröschen · 100 g frische Sojabohnensprossen · 3 EL Öl · 1 TL Sesamöl · Salz

Pro Portion: ca. 400 kcal/1670 kJ
31 g EW · 24 g F · 10 g KH

1   Honig, Reiswein, Sojasauce und Sternanis in einem Pfännchen erhitzen, 1 Min. köcheln, dann abkühlen lassen. Speisestärke mit 1 EL Wasser glatt rühren und untermischen. Die Entenbrustfilets kalt abwaschen, trocken tupfen, häuten (siehe S. 101), längs teilen und in schmale Streifen schneiden. Mit der Marinade mischen und bei Zimmertemperatur durchziehen lassen.

2   Ingwer schälen, in feine Streifen schneiden. Frühlingszwiebeln putzen und waschen, weiße und grüne Teile getrennt in Ringe schneiden. Brokkoli waschen und abtropfen lassen, die Röschen längs in 3 mm dicke Scheiben schneiden. Die Sprossen kalt abbrausen, abtropfen lassen.

3   Entenstreifen in ein Sieb geben und abtropfen lassen, Marinade auffangen, Sternanis entfernen. Den Wok erhitzen und 2 EL Öl hineingeben. Ingwer und weiße Frühlingszwiebeln darin 1 Min. anbraten. Die Brokkolischeiben in den Wok geben und 3 Min. bei starker Hitze pfannenrühren. Herausnehmen und warm halten.

4   Übriges Öl und Sesamöl in den Wok geben. Die Entenstreifen darin in zwei Portionen jeweils 2–3 Min. braten (fertige Hälfte zwischendurch an den Wokrand schieben). Die Marinade dazugeben und einkochen lassen, bis das Fleisch einen glänzenden Überzug hat. Brokkoli, Sojabohnensprossen und Frühlingszwiebelgrün unterrühren und 1 Min. mitbraten. Mit Salz abschmecken.

Ente
in Orangen-Kokos-Sauce

Für 4 Personen
6 Orangen
2 Entenbrustfilets (je ca. 350 g)
Salz · Pfeffer · 1 Zwiebel
1 große rote Chilischote
150 ml trockener Weißwein
2 Zweige frischer Rosmarin
2 TL Speisestärke
200 ml cremige Kokosmilch
2 EL dunkle Sojasauce

Pro Portion: ca. 435 kcal/1820 kJ
34 g EW · 21 g F · 21 g KH

1 4 Orangen wie unten gezeigt bis ins Fruchtfleisch schälen, die Filets mit einem scharfen Messer herausschneiden. Arbeiten Sie beim Filetieren über einer Schüssel, in der Sie gleich den Saft auffangen. Die Orangenreste jeweils mit der Hand ausdrücken. Die übrigen Orangen auspressen; das ergibt zusammen ca. 250 ml Saft.

2 Die Entenbrüste kalt abwaschen und trocken tupfen. Die Haut rautenförmig einritzen. Rundherum mit Salz und Pfeffer einreiben. Die Zwiebel schälen und klein würfeln. Die Chilischote waschen, längs aufschneiden, entkernen und fein schneiden.

3 Den Wok erhitzen, die Entenbrüste bei mittlerer Hitze erst auf der Hautseite 6–7 Min. braten, bis das Fett austritt und die Haut goldbraun ist. Die Entenbrüste wenden und ca. 4–5 Min. weiterbraten. Dann herausnehmen, in Alufolie wickeln und warm stellen.

4 Das Entenfett bis auf eine dünnen Film aus dem Wok abgießen, den Wok wieder erhitzen. Zwiebeln und Chili darin 2–3 Min. unter Rühren anbraten. Mit Wein und Orangensaft ablösen und den Bratensatz damit unter Rühren loskochen. Die Rosmarinzweige waschen und dazugeben. 4–5 Min. köcheln lassen. Die Speisestärke mit 2 EL kaltem Wasser glatt rühren, in die Sauce einrühren und aufkochen lassen.

5 Kokosmilch und Sojasauce unterrühren und die Orangenfilets hinzufügen. Mit Salz und Pfeffer abschmecken. Die Entenbrüste quer in ca. 1/2 cm dicke Scheiben schneiden, in die Orangen-Kokos-Sauce legen und zugedeckt ca. 5 Min. ziehen lassen.

1. Jeweils oben und unten eine Kappe abschneiden, die Orange auf die Arbeitsfläche stellen.

2. Die Schale in breiten Streifen von oben nach unten abschneiden, die weiße Innenhaut mit entfernen.

3. Orange in die Hand nehmen und die Filets zwischen den Trennhäutchen herausschneiden.

Ente mit Mango

Für 4 Personen
2 Entenbrustfilets (je ca. 300 g) · Salz
Cayennepfeffer · 1 Bund dünne Frühlingszwiebeln · 2 rote Paprikaschoten · 1–2 große
rote Chilischoten · 2 Knoblauchzehen
1 große reife Mango · 50 g ungeröstete Cashewkerne · 6 EL Sherry medium · 2 EL Mango-
Chutney (Rezept S. 43 oder aus dem Glas)

Pro Portion: ca. 500 kcal/210 kJ
31 g EW · 32 g F · 18 g KH

1 Entenbrüste kalt abwaschen und trocken tupfen. Die Haut kreuzförmig einritzen. Rundum
mit Salz und Cayennepfeffer einreiben. Den Wok
erhitzen, die Entenbrüste bei mittlerer Hitze erst
auf der Hautseite 6–7 Min. sanft braten, bis das
Fett austritt und die Haut goldbraun ist. Entenbrüste wenden und ca. 4–5 Min. weiterbraten.

2 Inzwischen die Frühlingszwiebeln putzen,
waschen und, weiße und grüne Teile separat, in
3 cm lange Abschnitte schneiden. Paprikaschoten
putzen, waschen und in feine Streifen schneiden.
Chilischoten waschen und in feine Ringe schneiden. Den Knoblauch schälen und fein würfeln.
Die Mango schälen, das Fruchtfleisch vom Kern
und in ca. 1 cm große Würfel schneiden.

3 Sind die Entenbrüste gar (siehe S. 101), sie
herausnehmen und einzeln in Alufolie wickeln.
Entenfett bis auf eine dünnen Film abgießen, den
Wok wieder erhitzen. Weiße Frühlingszwiebeln,
Cashewkerne, Knoblauch und Chili darin 2 Min.
unter Rühren anbraten. Paprikastreifen hinzufügen und 2 Min. pfannenrühren. Mit Sherry
ablöschen, das Mango-Chutney unterrühren.
Mangowürfel und Frühlingszwiebelgrün untermischen und 1 Min. erwärmen. Mit Salz würzen.

4 Die Entenbrüste quer in Scheiben schneiden.
Mit dem Mango-Paprika-Gemüse auf vorge-
wärmten Tellern anrichten. Dazu schmecken
Reis oder auch Bandnudeln.

Ente mit Ananas und Mandeln

Für 4 Personen
100 g Mandeln · 1/2 Ananas · 2 Knoblauchzehen · 1 Stück frischer Ingwer (ca. 2 cm)
3 Frühlingszwiebeln · 150 ml Geflügelbrühe
je 2 EL helle und dunkle Sojasauce
1 EL Honig · 1 TL Speisestärke
2 Entenbrustfilets (je ca. 300 g)
1 TL Fünf-Gewürze-Pulver · Salz · Pfeffer

Pro Portion: ca. 575 kcal/2400 kJ
35 g EW · 40 g F · 19 g KH

1 Die Mandeln für 2 Min. in kochendes Wasser
geben, in ein Sieb abgießen und lauwarm abkühlen lassen. Die Mandeln aus den Häutchen
drücken und auf Küchenpapier trocknen lassen.
Die Ananas schälen, den Strunk entfernen und
in mundgerechte Stückchen schneiden.

2 Den Knoblauch und den Ingwer schälen
und fein würfeln. Die Frühlingszwiebeln putzen,
waschen und in 1 cm breite Stücke schneiden.
Die Brühe mit den Sojasaucen, dem Honig und
der Speisestärke verrühren.

3 Die Entenbrüste kalt abwaschen und trocken
tupfen. Die Haut kreuzförmig einritzen. Rundherum mit dem Fünf-Gewürze-Pulver und mit
Salz einreiben. Den Wok erhitzen, die Entenbrüste bei mittlerer Hitze erst auf der Hautseite
6–7 Min. sanft braten, bis das Fett austritt und
die Haut goldbraun ist. Die Entenbrüste wenden
und ca. 4–5 Min. weiterbraten. Herausnehmen
und in Alufolie wickeln.

4 Das Entenfett bis auf einen dünnen Film abgießen. Knoblauch, Ingwer und Mandeln darin
1 Min. bei starker Hitze pfannenrühren. Mit der
Würzbrühe ablöschen und aufkochen lassen.
Ananasstückchen und Frühlingszwiebeln unterrühren und mit Salz und Pfeffer abschmecken.
Die Entenbrüste quer in Scheiben schneiden,
in die Sauce legen und noch 3 Min. zugedeckt
ziehen lassen.

45 Min. · chinesisch

Ente mit Shiitake-Pilzen

Für 4 Personen
1 rote Zwiebel · 1 große Möhre · 1 Stange
Staudensellerie · 1 kleine Fenchelknolle
100 g frische Shiitake-Pilze · 2 Knoblauchzehen
1 Stück frischer Ingwer (ca. 2 cm)
2 kleine rote Chilischoten · 1 TL Speisestärke
2 Entenbrustfilets (je ca. 300 g) · Salz
Pfeffer · 1 EL schwarze Bohnenpaste
75 ml Geflügelbrühe · 1 1/2 EL helle Sojasauce

Pro Portion: ca. 380 kcal/1600 kJ
30 g EW · 26 g F · 6 g KH

1 Zwiebel schälen, längs halbieren, in schmale
Spalten schneiden. Möhre schälen und streich-
holzdünn stifteln oder hobeln. Sellerie waschen
und in Scheiben schneiden. Fenchel putzen,
waschen, vierteln, in feine Streifen schneiden.

2 Die Pilze putzen, trocken abreiben, harte
Stiele entfernen, Kappen in Scheiben schneiden.
Knoblauch und Ingwer schälen und fein würfeln.
Chilis waschen und fein schneiden. Die Stärke
in einer Tasse mit 2 EL kaltem Wasser anrühren.

3 Die Entenbrüste kalt abwaschen und trocken
tupfen. Die Haut kreuzförmig einritzen, mit
Salz und Pfeffer einreiben. Den Wok erhitzen,
die Entenbrüste bei mittlerer Hitze erst auf der
Hautseite 6–7 Min. sanft braten, bis das Fett austritt und die Haut goldbraun ist. Die Entenbrüste
wenden und ca. 4–5 Min. weiterbraten. Herausnehmen und in Alufolie wickeln.

4 Zwiebeln, Knoblauch, Ingwer und Chilis
1 Min. im Entenfett bei starker Hitze anbraten.
Das Gemüse und die Pilze dazugeben und 3 Min.
pfannenrühren. Die Bohnenpaste, die Brühe und
die Sojasauce unterrühren und aufkochen lassen.
Die angerührte Speisestärke unterrühren und
1 Min. schmoren lassen, bis die Sauce bindet.

5 Die Entenbrüste in Scheiben schneiden (eventuell die Haut vorher abschneiden) und unter
das Gemüse mischen. Noch 2 Min. ziehen lassen.

1 Std + 1 Std. Marinieren
chinesisch inspiriert

Gedämpfte Ente mit Gemüse

Für 2–3 Personen
1 großes Entenbrustfilet (ca. 400 g)
1 Knoblauchzehe · 3 EL helle Sojasauce
1 EL Reiswein (oder Sherry medium)
1/4 TL Fünf-Gewürze-Pulver · 300 g Möhren
1 Stange Lauch · 150 g Bambussprossen
(vakuumverpackt oder aus der Dose)
2 EL Öl · Salz · 4 EL Hühnerbrühe

Außerdem:
flache ofenfeste Form, die zum Dämpfen in
den Wok passt

Pro Portion: ca. 340 kcal/1430 kJ
28 g EW · 21 g F · 8 g KH

1 Die Entenbrust kalt abwaschen, trocken
tupfen und wie auf S. 101 gezeigt häuten. Längs
halbieren und in dünne Scheiben schneiden.
Den Knoblauch schälen und fein würfeln. Knoblauch mit Sojasauce, Reiswein und Fünf-Gewürze-Pulver in der ofenfesten Form verrühren.
Die Entenstreifen untermischen und darin 1 Std.
zugedeckt bei Zimmertemperatur marinieren.

2 Die Möhren schälen und schräg in dünne
Scheiben schneiden oder hobeln. Den Lauch in
dünne Ringe schneiden, gründlich waschen und
in einem Sieb abtropfen lassen. Die Bambussprossen abgießen, in einem Sieb kalt abbrausen
und in feine Stifte schneiden.

3 Den Wok erhitzen und das Öl hineingeben.
Erst die Möhren, dann den Lauch darin 2 Min.
bei starker Hitze unter Rühren braten. Bambussprossen hinzufügen und 1 Min. pfannenrühren.
Gemüse zum Fleisch in die Form geben und
untermischen. Salzen, mit der Brühe beträufeln.

4 Wok säubern, 5 cm hoch Wasser hineingeben
und aufkochen lassen. Das Dämpfgitter (oder
eine umgestülpte Tasse) hineingeben und die
Form mit Fleisch und Gemüse hineinstellen. Zugedeckt 25–30 Min. bei mittlerer Hitze dämpfen.

Fleisch

Schweine-, Rind- und Lammfleisch sind die Hauptdarsteller in diesem Kapitel. Mit reichlich Gemüse und superwürzigen Saucen werden daraus tolle Gerichte für den Alltag ebenso wie Festmenüs für Gäste.

Warenkunde & Küchenpraxis: Schweinefleisch

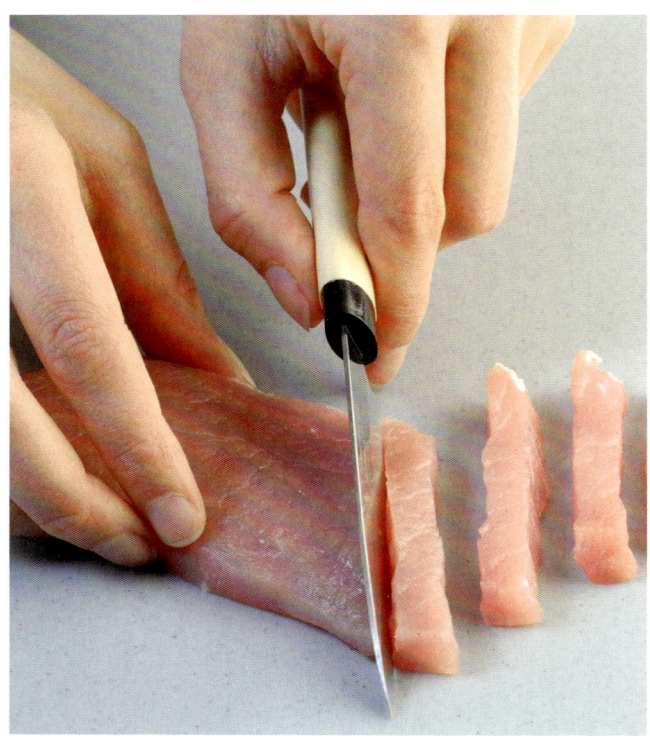

Schweinefilet und Schnitzelfleisch

Für den schnellen Pfannen-wirbel ist Schweinefilet die erste Wahl. Es ist superzart, feinfaserig und deshalb schnell durch. Ebenfalls gut geeignet sind Schweine-lende (das ausgelöste Kote-lettstück) und Schnitzel-fleisch aus der Ober- oder Unterschale. Schneiden Sie das Fleisch quer zur Faser in ca. 1/2 cm dicke und 4–5 cm lange Streifen. Da bei Asia-Gerichten immer reichlich Gemüse zum Ein-satz kommt, reichen kleinere Mengen Fleisch: Rechnen Sie mit 100–150 g pro Person.

Halsgrat und Hackfleisch

Die Asiaten ziehen einen mit vielen Fettadern durchzogenen Halsgrat dem mageren Filet meist vor. Er ist preiswert und überaus aromatisch. Das enthaltene Fett sorgt dafür, dass die Fleischstreifen beim Kurzbraten saftig bleiben. Wer also die Mehr-kalorien nicht scheut, kann Fleisch vom Halsgrat für alle pfannenge-rührten Gerichte verwenden. Ebenso preiswert und vielseitig in der Asia-Küche einsetzbar ist Hackfleisch. Auf S. 148 und 149 finden Sie sechs tolle Rezepte dafür.

Darauf kommt's an! *Das Auge isst mit*

In Asien achtet man bei den Gerichten nicht nur auf den Geschmack, sondern in besonderem Maße auch auf die Optik. Ein bunter Mix aus verschiedenfarbigen Gemüsesorten erfreut das Auge und den Gaumen gleichermaßen. Dazu werden alle Zutaten so schnell gegart, dass die frischen Farben erhalten bleiben. Frische Kräuter wie Koriandergrün oder Schnittknoblauch tun ein Übriges. Ebenfalls beliebt als frischfarbiges und würziges Topping ist das Grün der Frühlingszwiebeln.

Gebratene Schalotten

8–10 Thai-Schalotten (oder 5 europäische) schälen, längs halbieren und die Hälften in feine Spalten schneiden. Den Wok erhitzen und 4 EL Öl hineingeben. Die Schalotten darin bei mittlerer Hitze 2–3 Min. unter Rühren goldbraun braten. Herausnehmen und auf Küchenpapier abtropfen lassen. Das Öl kann im Wok bleiben und für pfannengerührte Gerichte aller Art weiterverwendet werden. Die krossen Schalotten vor dem Servieren über das Gericht streuen. Gibt es im Asienladen auch fertig zu kaufen.

Gerösteter Knoblauch

Für dieses würzige Topping 2 Knoblauchzehen schälen und fein hacken. 2 EL Öl im Wok erhitzen, den Knoblauch darin unter Rühren ca. 1 Min. braten. Vorsicht, er wird schnell zu dunkel und schmeckt dann bitter! Falls Sie keine Lust aufs Selbermachen haben: Gerösteten Knoblauch gibt es ebenfalls im Asienladen fertig zu kaufen. So oder so: Gerösteter Knoblauch schmeckt z. B. super zu Hackfleisch mit schwarzer Bohnensauce (Rezept S. 148), Schweinefleisch mit Wasserkastanien (Rezept S. 141) oder auch Phad Thai (Rezept S. 240).

Nüsse und Samen

Sesamsamen, Erdnüsse, Mandeln, Cashewkerne und Kokoschips bereichern viele Asia-Gerichte. Oft werden sie – ganz oder vorher im Mörser zerstoßen – mitgebraten und verleihen den Speisen ein nussiges Aroma. Sie eignen sich aber auch als Knuspertopping: Die Kerne ganz oder grob gehackt vor Beginn im Wok ohne Fett bei schwacher Hitze rösten, bis sie duften. Herausnehmen und vor dem Servieren über das Gericht streuen.

Rindfleisch

Ideal zum Pfannenrühren sind Rinderfilet und -lende. Schneiden Sie das Fleisch in schmale Streifen, und braten Sie es bei starker Hitze an. So schließen sich die Poren sofort, und das Fleisch wird saftig und zart. Fleisch aus der Schulter oder Keule bleibt beim schnellen Wokken zäh, es eignet sich besser zum langsamen Schmoren. Wie das funktioniert, lesen Sie rechts.

Kalbfleisch

Das zarte Fleisch vom jungen Rind wird in der Asia-Küche eher selten verwendet. Dabei eignet es sich prima zum Pfannenrühren, weil Streifen aus Lende oder Schnitzelfleisch ganz zart und saftig werden. Sie sollten nur mit Würzsaucen vorsichtig sein: allzu kräftige überdecken den feinen Fleischgeschmack. Da Kalbfleisch doch relativ teuer ist, können Sie stattdessen auch gut Putenbrust- oder Schweinefilet nehmen.

Darauf kommt's an *Die richtige Temperatur* Pfannenrühren und Schmoren im Wok ist ein Kinderspiel – wenn Sie den Dreh erst mal raus haben! Faustregel: Je zarter das Fleisch (z. B. Filet), desto schneller können Sie es bei stärkster Hitze pfannenrühren. Stücke mit längerer Garzeit sollten Sie in aller Ruhe bei etwas weniger starker Hitze rundherum anbraten, dann mit Flüssigkeit ablöschen und bei schwacher Hitze zugedeckt langsam und sanft weich garen.

Schmoren

Schneiden Sie das Fleisch aus Schulter oder Keule in Streifen oder Würfel. Den Wok erhitzen, das Öl hineingeben und das Fleisch darin, ggf. in mehreren Portionen, bei mittlerer Hitze rundherum anbraten. Dadurch bilden sich die Röstaromen, die der Sauce den Geschmack geben. Löschen Sie dann mit der Würzbrühe ab, und lassen Sie alles aufkochen. Dabei ständig rühren, damit sich der Bratensatz vom Wokboden löst. Nun legen Sie den Deckel auf und lassen das Gericht bei schwacher Hitze köcheln, bis das Fleisch weich ist. Wenn Sie das Fleisch vor dem Anbraten mit Speisestärke bestäuben, wird es noch zarter, und die Sauce erhält eine leichte Bindung.

In Kokosmilch vorgaren

In Thailand kocht man weniger edle Stücke vom Rind oder Lamm (mit eher langer Garzeit) in Kokosmilch vor: Das Fleisch in Streifen schneiden. Von der Kokosmilch die Kokossahne fürs spätere Curry abnehmen und zum Anbraten der Currypaste in den Wok geben. Die Kokosmilch in einem Topf aufkochen, das Fleisch dazugeben und bei schwacher Hitze 20–25 Min. zugedeckt köcheln lassen.

Marinaden

Ein weiterer Trick, um kompakteres Fleisch zarter zu machen, sind Marinaden. Die einfachste Variante: Die Fleischstreifen mit Fischsauce (Thailand) oder heller Sojasauce (China) oder Teriyaki-Sauce (Japan) beträufeln.

Warenkunde & Küchenpraxis: Lamm, Wild, Kaninchen

Lammfleisch

Dunkelrot, aromatisch und würzig ist es, das Fleisch vom Lamm. »Lamm« dürfen die Tiere nur bis zum Alter von 1 Jahr genannt werden, Fleisch von älteren Tieren heißt »Schaffleisch«. Dieses kann einen sehr strengen Eigengeschmack haben, der nicht jedermanns Sache ist. Zum schnellen Pfannenrühren sollten Sie das Rückenfilet verwenden. Das Fleisch von der Schulter und der Keule ist besser zum langsamen Schmoren geeignet. Für Thai-Currys können Sie es wie Rindfleisch in Kokosmilch vorgaren (siehe S. 135).

Wild und Kaninchen

Reh- und Hirschfleisch sind in der Asia-Küche nicht wirklich heimisch. Dennoch kann man sie in der modernen Wok-Küche verwenden: Rehrücken- und Hirschrückenfilet z. B. eignen sich gut fürs schnelle Wokken. Besonders in Kombination mit Kohl, Brokkoli und Pilzen ist es ein Hochgenuss. Für das Fleisch aus Schulter oder Keule gilt das Gleiche wie für Rind und Lamm: besser langsam schmoren. Wer Kaninchen mag, sollte einmal die Hähnchenrezepte von S. 111–115 damit ausprobieren.

Darauf kommt's an! *Feines Wildaroma*

Je älter das Tier, desto stärker ausgeprägt ist der Wildgeschmack bei Reh- und Hirschfleisch. Wer das nicht so gerne mag, legt das Fleisch im Ganzen für 24 Std. in Buttermilch ein.

Umgekehrt können Sie einem eher neutral schmeckenden Stallkaninchen durch eine Beize aus Rotwein, Zwiebeln, Lorbeerblatt und Wacholderbeeren ein zartes Wildaroma verleihen.

Zitrus-Koriander-Mix

Schmeckt gut als Topping zu Lamm- und Wildgerichten: Je 1 Bio-Limette und 1/2 Bio-Orange heiß abwaschen und abtrocknen. Die Schale mit dem Zestenreißer abziehen. 1/2 Bund Koriandergrün waschen und trocken schütteln, die Blätter und feinen Stängel grob hacken. 1–2 Knoblauchzehen schälen, falls vorhanden, den grünen Trieb entfernen und den Knoblauch etwas zerkleinern. Alles zusammen auf der Arbeitsfläche durchhacken. Wenn es zum Rezept passt, noch 1 EL Erdnüsse, Mandelstifte oder Cashewkerne dazugeben und mithacken.

Limetten-Chili-Dip

In Thailand serviert man diesen superscharfen Mix zum Nachwürzen bei Tisch – wie bei uns Pfeffer und Salz – zu allen Gerichten: 2–3 kleine rote Chilischoten fein hacken. Mit 2 EL Fischsauce, 1 EL Limettensaft und 1 TL fein gehacktem Koriandergrün verrühren.

Garam masala

Diese Gewürzmischung wird über viele indische Gerichte gestreut. Sie können sie im Asienladen fertig kaufen oder folgendermaßen selber machen: 10 schwarze Pfefferkörner, 1 EL Koriandersamen, 1 TL Kreuzkümmelsamen, 1 kleine Zimtstange, 10 Gewürznelken, 6 grüne Kardamomkapseln und 1/4 TL frisch gemahlene Muskatnuss im Mörser fein zerstoßen oder im Blitzhacker fein mahlen. Hält sich im Schraubglas 2–3 Monate.

Chop Suey

★

Für 4 Personen
150 g grüne Bohnen
2–3 Möhren (ca. 150 g)
200 g Sojabohnensprossen
1 Stange Staudensellerie
2 Frühlingszwiebeln
1 Zwiebel
1 Knoblauchzehe
400 g Schweinefilet
1/2 Bund Petersilie
3 EL Öl · 150 ml Geflügelbrühe
3 EL dunkle Sojasauce
1 TL Speisestärke
1 TL Zucker
Salz · Pfeffer

Pro Portion: ca. 255 kcal/1060 kJ
28 g EW · 11 g F · 11 g KH

1   Die Bohnen waschen, putzen und in kochendem Salzwasser 3–4 Min. blanchieren. Abgießen, eiskalt abschrecken und gut abtropfen lassen.

2   Die Möhren schälen und in feine Stifte schneiden oder hobeln. Die Sprossen in einem Sieb kalt abbrausen und gut abtropfen lassen.

3   Den Sellerie putzen, waschen und ohne das Grün in ca. 1 cm lange, dünne Stifte schneiden. Die Frühlingszwiebeln putzen, waschen und schräg in ca. 1 cm lange Stücke schneiden.

4   Die Zwiebel und den Knoblauch schälen und fein würfeln. Das Fleisch trocken tupfen und in feine Streifen schneiden. Die Petersilie waschen und trocken schütteln, die Blätter fein schneiden.

5   Den Wok erhitzen und 1 EL Öl hineingeben. Die Möhren und Bohnen darin ca. 2 Min. bei starker Hitze pfannenrühren, dann an den Rand schieben. Wieder 1 EL Öl erhitzen, Sojasprossen, Sellerie und Frühlingszwiebeln 1 Min. pfannenrühren, ebenfalls an den Rand schieben.

6   Das restliche Öl in den Wok geben und die Zwiebeln und den Knoblauch darin ca. 1 Min. anbraten. Das Fleisch hinzufügen und ca. 3 Min. pfannenrühren. Die Brühe angießen und die Sojasauce hinzufügen.

7   Die Stärke in einer Tasse mit 2 EL kaltem Wasser verrühren und unterrühren. Das Chop Suey mit Zucker, Salz und Pfeffer würzen. Aufkochen und 1 Min. schmoren lassen, bis die Sauce bindet. Das Gemüse vom Wokrand unterrühren und das Chop Suey mit der Petersilie bestreuen.

VARIANTEN

*Statt des Schweinefilets können Sie auch etwas fettreicheres Fleisch vom **Schweinehals** oder aber das magere **Hähnchenbrustfilet** verwenden. Und statt mit frischen grünen Bohnen können Sie das Gericht auch mit **TK-Bohnen** zubereiten (diese vor dem Wokken auf einem Teller auftauen lassen); so ersparen Sie sich das Blanchieren.*

Ingwerfleisch
mit Shiitake-Pilzen

Für 2 Personen
250 g Schweinefilet · 1 Stück frischer Ingwer
(ca. 4 cm) · 2 Knoblauchzehen · 1 TL Sesamöl
200 g frische kleine Shiitake-Pilze · 1/2 Bund
chinesischer Schnittknoblauch · 100 ml Gemüsebrühe · 2 EL helle Sojasauce · 1 gestrichener
TL Speisestärke · 3 EL Öl · 1 TL Szechuanpfeffer · Salz · 1–2 TL Zitronensaft

Pro Portion: ca. 330 kcal/1390 kJ
29 g EW · 20 g F · 9 g KH

1   Das Fleisch trocken tupfen, erst in 1/2 cm
dicke Scheiben und diese in 1/2 cm dicke Streifen
schneiden. Den Ingwer schälen, die Hälfte davon
in feine Streifen schneiden, den Rest fein würfeln. Den Knoblauch schälen und fein würfeln.
Das Fleisch mit dem gehackten Ingwer, der Hälfte des Knoblauchs und dem Sesamöl vermischen.

2   Pilze putzen und trocken abreiben, die harten
Stiele entfernen. Den Schnittknoblauch waschen,
in 2–3 cm lange Abschnitte schneiden. Gemüsebrühe mit Sojasauce und Speisestärke verrühren.

3   Den Wok erhitzen und 2 EL Öl hineingeben.
Den Szechuanpfeffer darin 1 Min. anrösten. Das
Fleisch zufügen, 3 Min. bei starker Hitze pfan-
nenrühren, an den Rand schieben. Das übrige Öl
in den Wok geben. Restlichen Knoblauch und die
Ingwerstreifen darin 1 Min. unter Rühren braten.
Die Pilze zufügen und 3–4 Min. pfannenrühren.

4   Die Würzbrühe angießen, aufkochen, 3 Min.
bei schwacher Hitze kochen lassen. Das Fleisch
vom Wokrand und den Schnittknoblauch unterrühren. Mit Salz und Zitronensaft abschmecken.

FLEISCH- UND PILZ-VARIANTEN

*Das Gericht schmeckt auch mit **Schweine- oder
Kalbsleber**. Die Shiitake-Pilze können Sie durch
Austerpilze und/oder Pfifferlinge ersetzen.*

Schweinefilet
mit dicken Bohnen

Für 2 Personen
175 g Dicke Bohnen (TK)
3 getrocknete Mu-Err-Pilze
150 g Schweinefilet
2 EL helle Sojasauce
2 EL Reiswein · 1 1/2 TL Speisestärke
2 TL brauner Zucker
1 Frühlingszwiebel
1 Stück frischer Ingwer (ca. 2 cm)
2 Knoblauchzehen · 2 EL Öl

Pro Portion: ca. 305 kcal/1270 kJ
24 g EW · 13 g F · 21 g KH

1   Die Bohnen auf einen Teller geben und antauen lassen. Die Pilze 15 Min. in heißem Wasser
einweichen. Das Filet trocken tupfen, längs halbieren und quer in dünne Scheiben schneiden.
Mit 1/2 EL Sojasauce, 1 EL Reiswein und 1/2 TL
Speisestärke vermischen. Die übrige Stärke mit
dem Zucker, der übrigen Sojasauce, dem übrigen
Reiswein und 50 ml kaltem Wasser verrühren.

2   Die Bohnenkerne aus ihren ledrigen Häutchen drücken. Die Pilze aus dem Wasser nehmen, ausdrücken und in Streifen schneiden.

3   Die Frühlingszwiebel putzen, waschen und
die hellen Teile in feine Ringe schneiden, die
grünen Teile schneiden und für die Deko beiseite
legen. Ingwer und Knoblauch schälen und in
feine Würfel schneiden.

4   Den Wok erhitzen und das Öl hineingeben.
Das Fleisch darin bei starker Hitze 2 Min. unter
Wenden leicht braun braten. Bohnen, Ingwer,
Frühlingszwiebel und Knoblauch dazugeben und
1 Min. unter Rühren mitbraten.

5   Die Pilze unterrühren und mit der Würzbrühe ablöschen. Aufkochen und 1 Min. kochen
lassen, bis die Sauce bindet. Vor dem Servieren
mit dem Frühlingszwiebelgrün bestreuen.

35 Min. · scharf

Schweinefleisch *mit Rettich*

Für 2 Personen
150 g Schweinefleisch (Lende oder Filet)
1 TL Speisestärke
je 1 TL helle Sojasauce und Fischsauce
1 große Zwiebel
3 Möhren
100 g Chinakohl
1 Stück weißer Rettich (ca. 75 g)
2 EL Öl · 1–4 TL grüne Currypaste
1–2 EL helle Sojasauce zum Abschmecken

Pro Portion: ca. 255 kcal/1080 kJ
19 g EW · 13 g F · 15 g KH

1 Das Fleisch trocken tupfen und in dünne Scheiben schneiden. Mit der Speisestärke, der Soja- und der Fischsauce vermischen und 10 Min. durchziehen lassen.

2 Inzwischen die Zwiebel schälen, längs halbieren und in feine Spalten schneiden. Die Möhren schälen, längs in dünne Scheiben schneiden oder hobeln und diese in kleine Rauten schneiden. Den Chinakohl waschen, die Blätter abtropfen lassen und in Streifen schneiden. Den Rettich schälen und grob raspeln.

3 Den Wok erhitzen und das Öl hineingeben. Das Fleisch darin bei starker Hitze ca. 3 Min. pfannenrühren. Zwiebeln, Möhren und Chinakohl dazugeben und 2–3 Min. unter Rühren mitbraten.

4 Die Currypaste unterrühren und 150 ml Wasser angießen. Aufkochen und 1 Min. bei schwacher Hitze köcheln lassen. Mit Sojasauce abschmecken und auf Teller verteilen. Mit den Rettichraspeln bestreut servieren.

Praxis-Tipp *Vorsicht: Die **grüne Thai-Currypaste ist höllisch scharf!** Wer daran (noch) nicht gewöhnt ist, beginnt besser erst einmal mit 1–2 TL davon und steigert langsam die Dosis.*

---

30 Min. · würzig-süß

Schweinefleisch
mit Wasserkastanien

★

Für 2 Personen
200 g Schweinefilet · 1 EL helle Sojasauce
1/2 TL Speisestärke · 1 Zwiebel
2 Knoblauchzehen · 1 Möhre
1 kleiner Zucchino · 10 Wasserkastanien
(aus der Dose) · 3 EL Öl · 1 TL Zucker
2 EL Austernsauce · Pfeffer
2 TL gerösteter Knoblauch (Rezept S. 133)
oder Schnittknoblauchröllchen nach Belieben

Pro Portion: ca. 340 kcal/1420 kJ
25 g EW · 17 g F · 20 g KH

1 Das Filet trocken tupfen, längs halbieren und in dünne Scheiben schneiden. Mit der Sojasauce und der Speisestärke vermischen.

2 Zwiebel und Knoblauch schälen und fein würfeln. Möhre schälen und in feine Scheiben schneiden oder hobeln. Zucchino waschen, längs halbieren und in dünne Scheiben schneiden. Die Wasserkastanien in einem Sieb kalt abbrausen, abtropfen lassen und in Scheiben schneiden.

3 Den Wok erhitzen und 2 EL Öl hineingeben. Das Fleisch darin bei starker Hitze ca. 3 Min. pfannenrühren, an den Wokrand schieben. Übriges Öl in den Wok geben, Zwiebeln, Knoblauch und Zucker zufügen, 1 Min. pfannenrühren. Möhren-, Zucchini- und Wasserkastanienscheiben zugeben und 2 Min. unter Rühren braten.

4 Die Austernsauce und 4 EL Wasser dazugeben und das Fleisch unterrühren. Mit Pfeffer abschmecken. Nach Belieben mit geröstetem Knoblauch oder mit Schnittknoblauch bestreuen.

Praxis-Tipp *Übrige Wasserkastanien in einer Frischhaltedose mit Wasser bedecken und im Kühlschrank aufbewahren: z. B. für die Goldsäckchen (Rezept S. 38) oder das Asia-Gemüse mit Wasserkastanien (S. 74).*

Schweinerippchen
in Kokosmilch

Für 4 Personen
1 Stück frischer Ingwer (ca. 2 cm)
2 Knoblauchzehen
1 EL Erdnüsse (oder Cashewkerne)
3 TL gemahlener Koriander
1/2 TL Fenchelsamen
Pfeffer · 6 EL Öl
1,2 kg Spareribs (vom Metzger in
5 cm lange Stücke hacken lassen)
500 g Zucchini · Salz
400 ml Kokosmilch
125 ml Geflügelfond (aus dem Glas)
1 Stängel Zitronengras
1 kleine Zimtstange
1 TL Speisestärke
1 EL Zitronensaft
1 Bund Koriandergrün (oder Petersilie)

Pro Portion: ca. 340 kcal/1420 kJ
26 g EW · 19 g F · 12 g KH

1　Den Ingwer und den Knoblauch schälen
und fein würfeln. Die Nüsse ebenfalls hacken.
Mit dem Koriander, den Fenchelsamen, 1/2 TL
frisch gemahlenem Pfeffer und 2 EL Öl im Mixer
oder Blitzhacker fein zerkleinern.

2　Die Spareribs kalt abwaschen, um mögliche
Knochensplitter zu entfernen, und gut trocken
tupfen. Mit der Würzpaste einreiben und 1 Std.
zugedeckt bei Zimmertemperatur marinieren.

3　Die Zucchini waschen und schräg in 1 cm
dicke Scheiben schneiden. Den Wok erhitzen
und 2 EL Öl hineingeben. Die Zucchini darin in
zwei Portionen in jeweils 3–4 Min. unter Rühren
braten. Herausnehmen, salzen und pfeffern.

4　Das restliche Öl in den Wok geben. Die Rippchen mit Salz würzen und im Öl portionsweise
in je 10–12 Min. bei mittlerer Hitze rundherum
braun braten (jeweils herausnehmen und warm

halten). Alle Rippchen zurück in den Wok geben
und die Kokosmilch und den Fond angießen.
Das Zitronengras von den äußeren harten Blättern befreien, den Stängel mit dem Mörserstößel
weich klopfen und verknoten. Mit der Zimtstange in den Wok geben und alles zugedeckt bei
schwacher Hitze 25 Min. schmoren lassen.

5　Die Zucchini zu den Rippchen geben und
bei starker Hitze noch 5–7 Min. offen einkochen
lassen. Die Speisestärke mit 2 EL kaltem Wasser
anrühren, unter die Kokossauce rühren und
aufkochen lassen. Mit dem Zitronensaft, Salz
und Pfeffer abschmecken. Das Koriandergrün
waschen und trocken schütteln, Blätter und zarte
Stängel fein schneiden und darüberstreuen.

Wie wär's mal …

MIT SCHWEINERIPPCHEN
MIT KNOBLAUCH UND PFEFFER

Die Rippchen wie beschrieben vom Metzger in
fingerlange Stücke hacken lassen, waschen und
trocken tupfen. 8 Knoblauchzehen schälen und
etwas zerkleinern. Mit 1/2 TL schwarzen Pfefferkörnern im Mörser (oder Blitzhacker) fein zerstoßen. 2 EL braunen Zucker untermischen und
die Rippchen damit einreiben. In einer Schüssel
zugedeckt 1 Std. durchziehen lassen.
Den Wok erhitzen und jeweils 1 EL Öl hineingeben. Die Rippchen mit Salz würzen und in
3 Portionen im Öl jeweils 5–6 Min. bei starker
Hitze anbraten. Alle Rippchen in den Wok geben,
die Marinierschüssel mit ca. 125 ml Wasser aus-
schwenken und die Rippchen damit ablöschen.
Bei mittlerer Hitze zugedeckt 30 Min. schmoren
lassen, gelegentlich durchrühren. Dann noch
offen ca. 15 Min. garen, bis die Flüssigkeit voll-
kommen einreduziert ist. Die Schweinerippchen
auf einer Platte anrichten und schwarzen Pfeffer
darübermahlen.

Schweinefleisch in Sojasauce

Für 4 Personen
600 g Schweineschnitzel
3 Knoblauchzehen
1 Stück frischer Ingwer (ca. 5 cm)
3 EL helle Sojasauce
1/4–1/2 TL Sambal oelek
1 Bund Frühlingszwiebeln
1 rote Paprikaschote · 3 EL Öl
5 EL süße Sojasauce (Kecap manis)
2 TL Palmzucker (oder brauner Zucker)
1 EL Kokosraspel

Pro Portion: ca. 280 kcal/1180 kJ
35 g EW · 12 g F · 8 g KH

1 Die Schnitzel trocken tupfen, längs halbieren und in dünne Streifen schneiden. Den Knoblauch und den Ingwer schälen und fein würfeln. Alles in einer Schüssel mit der Sojasauce und dem Sambal oelek (Menge nach gewünschtem Schärfegrad) vermischen und zugedeckt bei Zimmertemperatur 1 Std. durchziehen lassen.

2 Die Frühlingszwiebeln putzen, waschen und den weißen Teil in feine Ringe, den grünen Teil in 4 cm lange Abschnitte schneiden. Die Paprikaschote putzen, waschen und in feine Streifen schneiden.

3 Den Wok erhitzen und das Öl hineingeben. Das Fleisch samt Marinade, die weißen Frühlingszwiebeln und die Paprikastreifen darin 5 Min. bei starker Hitze pfannenrühren.

4 Die Hitze reduzieren. Die süße Sojasauce und den Palmzucker hinzufügen und mit 100 ml Wasser ablöschen. 8 Min. bei schwacher Hitze schmoren lassen, bis die Sauce ganz reduziert ist.

5 Das Frühlingszwiebelgrün unterrühren und noch 2 Min. ziehen lassen. Dann mit den Kokosraspeln bestreut servieren.

Schweinefleisch mit Currylinsen

Für 4 Personen
1 Knoblauchzehe · 2 EL Öl
400 g Schweinefilet
3 dünne Stangen Lauch
1 große rote Paprikaschote
1–2 EL Currypulver
gut 500 ml Fleischbrühe
200 g rote Linsen
Salz · Pfeffer
1 Bund Schnittlauch

Pro Portion: ca. 310 kcal/1310 kJ
35 g EW · 6 g F · 29 g KH

1 Den Knoblauch schälen und fein würfeln, in einer Schüssel mit dem Öl verrühren. Das Fleisch trocken tupfen, in 1 cm große Würfel schneiden und im Knoblauchöl wenden. Zugedeckt 1 Std. bei Zimmertemperatur durchziehen lassen.

2 Den Lauch längs aufschneiden, gründlich waschen und in schmale Streifen schneiden. Die Paprikaschote putzen, waschen und in feine Streifen schneiden.

3 Den Wok erhitzen. Das Fleisch samt Marinade darin 3–4 Min. bei starker Hitze anbraten. Den Lauch und die Paprikastreifen dazugeben und 2 Min. unter Rühren mitbraten. Das Currypulver darüberstäuben und 1 Min. weiter pfannenrühren. Mit der Brühe ablöschen und die roten Linsen einrühren. Aufkochen lassen und zugedeckt bei schwacher Hitze 6–8 Min. garen. Die Linsen sollen noch bissfest sein und nicht zerfallen. Mit Salz und Pfeffer abschmecken.

4 Den Schnittlauch waschen und trocken schütteln, in Röllchen schneiden und darüberstreuen.

 **Praxis-Tipp** *Rote Linsen haben eine sehr kurze Garzeit, deshalb können Sie sie direkt in den Wok geben. Grüne oder braune Linsen vorher in Wasser knapp gar kochen und erst dann zufügen.*

1 Std. 15 Min. · fruchtig

Asia-Gulasch

Für 4 Personen
15 g getrocknete Mu-Err-Pilze
2 Zwiebeln · 2 Knoblauchzehen
600 g Schweinegulasch
3 EL Öl · 1 EL Speisestärke
375 ml Fleischbrühe · Pfeffer
3 EL helle Sojasauce · 1 große Mango
150 g Mungbohnensprossen · 150 g TK-Erbsen
4 EL Reiswein (oder Sherry medium) · Salz

Pro Portion: ca. 360 kcal/1510 kJ
39 g EW · 12 g F · 22 g KH

1   Die Pilze in einer Schüssel mit heißem Wasser übergießen und 15 Min. quellen lassen. Die Zwiebeln schälen, längs halbieren und die Hälften in Spalten schneiden. Den Knoblauch schälen und fein würfeln.

2   Das Fleisch trocken tupfen, die Stücke eventuell kleiner schneiden. Den Wok erhitzen und jeweils 1 EL Öl hineingeben. Das Fleisch darin in zwei Portionen jeweils 3–4 Min. bei starker Hitze anbraten, herausnehmen. Das übrige Öl in den Wok geben, Zwiebeln und Knoblauch darin 1 Min. pfannenrühren.

3   Das Fleisch dazugeben und mit der Speisestärke bestäuben. 1 Min. pfannenrühren, dann mit der Brühe ablöschen. Mit Pfeffer und 2 EL Sojasauce würzen und zugedeckt bei schwacher Hitze 30 Min. schmoren lassen.

4   Die Pilze abgießen, kurz abtropfen lassen und in Streifen schneiden. Zum Gulasch geben und weitere 15 Min. schmoren lassen.

5   Die Mango schälen, das Fruchtfleisch vom Stein und in 1 cm große Würfel schneiden. Dazugeben und weitere 10 Min. garen. Inzwischen die Sprossen in einem Sieb kalt abbrausen und abtropfen lassen. Mit den Erbsen in den Wok geben, unterrühren und noch 5 Min. mitgaren. Mit der übrigen Sojasauce, dem Reiswein und bei Bedarf Salz und Pfeffer abschmecken.

30 Min. + 1 Std. Schmoren · exotisch

Karibischer Fleischtopf

Für 4 Personen
1 Gemüsezwiebel
3 Knoblauchzehen
300 g Möhren · 500 g Süßkartoffeln
600 g Schweinegulasch
4 EL Öl · 1 TL gemahlene Kurkuma
1/2 TL gemahlener Piment
400 ml Kokosmilch
Salz · Pfeffer
1/2 Ananas (ca. 500 g)
1/2 Bund Koriandergrün

Pro Portion: ca. 455 kcal/1910 kJ
37 g EW · 14 g F · 45 g KH

1   Die Zwiebel und den Knoblauch schälen und fein würfeln. Die Möhren und Süßkartoffeln schälen und in 1 cm große Würfel schneiden. Das Fleisch trocken tupfen und die Stücke eventuell kleiner schneiden.

2   Den Wok erhitzen und jeweils 1 EL Öl hineingeben. Das Fleisch darin in zwei Portionen jeweils 3–4 Min. bei starker Hitze anbraten und herausnehmen.

3   Das übrige Öl in den Wok geben, Zwiebeln und Knoblauch darin 1 Min. pfannenrühren. Die Möhren und die Süßkartoffeln dazugeben und 2 Min. unter Rühren anbraten. Kurkuma und Piment dazugeben und kurz mitbraten. Das Fleisch wieder in den Wok geben und die Kokosmilch angießen. Mit Salz und Pfeffer würzen, aufkochen und zugedeckt 50 Min. bei schwacher Hitze schmoren lassen.

4   Die Ananas schälen, den Strunk entfernen und das Fruchtfleisch in kleine Stückchen schneiden. Unter den Fleischtopf rühren und weitere 10 Min. schmoren lassen. Mit Salz und Pfeffer abschmecken. Das Koriandergrün waschen und trocken schütteln. Die Blättchen abzupfen, grob hacken und vor dem Servieren darüberstreuen.

Schweinefleisch
süßsauer

1 Die Schnitzel trocken tupfen, längs halbieren und in 1/2 cm breite Streifen schneiden (**Bild 1**). Die Stärke darüberstäuben und das Fleisch damit gut vermischen.

2 Die Ananas schälen und den Strunk entfernen, das Fruchtfleisch in mundgerechte Stückchen schneiden (**Bild 2**). Die Zwiebeln schälen, längs sechsteln und die Sechstel in der Mitte teilen. Die Zwiebelstücke auseinanderlösen (**Bild 3**). Die Frühlingszwiebeln waschen und in 3 cm lange Abschnitte teilen.

3 Die Tomaten waschen und halbieren. Die Gurke schälen und längs halbieren, die Kerne herauskratzen und die Gurkenhälften in Halbmonde schneiden.

4 Den Wok erhitzen und 3 EL Öl hineingeben. Das Fleisch darin in zwei Portionen bei starker Hitze in jeweils 3 Min. goldbraun braten, herausnehmen und auf einen Teller legen (**Bild 4**).

5 Das restliche Öl in den Wok geben. Die Zwiebelstücke, die weißen Frühlingszwiebelabschnitte sowie den Zucker hinzufügen und alles 2 Min. unter Rühren braten. Ananas, Tomaten und Gurken unterrühren (**Bild 5**). Den Ketchup und 5 EL Wasser untermischen und das Ganze 2 Min. schmoren lassen.

6 Das Fleisch samt dem Saft, der sich abgesetzt hat, wieder hinzufügen und alles mit Sojasauce, Essig, Salz und Pfeffer süßsäuerlich abschmecken. Das Frühlingszwiebelgrün untermischen und das Gericht servieren.

Für 4 Personen
400 g Schweineschnitzel
2 EL Speisestärke · 1/2 Ananas (ca. 500 g)
2 mittelgroße Zwiebeln
1/2 Bund Frühlingszwiebeln
10–12 Kirschtomaten
1/2 Salatgurke · 6 EL Öl
2 EL brauner Zucker
3 EL Ketchup · 4 EL helle Sojasauce
2–3 EL Reisessig · Salz · weißer Pfeffer

Pro Portion: ca. 370 kcal/1550 kJ
24 g EW · 17 g F · 29 g KH

Goldbraun angebratenes Schweinefleisch in süß-säuerlicher Sauce – dieser Asia-Klassiker schmeckt auch Kindern. Ananas sorgt für fruchtige Süße, Ketchup verleiht dem Ganzen eine appetitliche Farbe.

Gut zu wissen …

- Sie kennen Salatgurken nur – wie es der Name schon sagt – als Salat? Sie schmecken auch gut als knackig-saftige Zutat in diesem Wokgericht. Besonders aromatisch sind übrigens kleine Schmorgurken.

- In Asia-Rezepten wird oft Palmzucker oder brauner Zucker empfohlen. Beide haben ein leichtes Karamellaroma, das die Sauce fein abrundet. Wenn Sie keinen zur Hand haben, können Sie auch weißen Zucker nehmen und mit den Zwiebeln langsam (in ca. 5 Min. bei mittlerer Hitze) unter Rühren zu hellem Karamell schmelzen.

- Braten Sie das Fleisch in zwei Portionen an, denn nur so bleibt der Wok ordentlich heiß und die Fleischstückchen werden schnell goldbraun und knusprig. Die Speisestärke sorgt zusätzlich für eine schöne Kruste und dafür, dass der Saft im Fleisch bleibt.

Tausch-Tipps
Wer nicht gerne Schweinefleisch isst, kann das Rezept auch mit **Hähnchenbrust- oder Putenbrustfilet** *zubereiten. Auch das ausgelöste Fleisch vom* **Kaninchen** *schmeckt vorzüglich auf süßsaure Art!*
Statt der frischen Ananas können Sie auch **Ananasstückchen aus der Dose** *verwenden (in einem Sieb gut abtropfen lassen). Zusätzlich fruchtiges Aroma verleihen* **1–2 EL MangoChutney** *(Rezept S. 43 oder aus dem Glas).*
Die Kirschtomaten sehen besonders hübsch aus, Sie können stattdessen aber auch **1–2 Fleischtomaten** *1 cm groß würfeln und hinzufügen.*
Wer keinen Reisessig zu Hause hat, nimmt milden **Weißweinessig.**

Aus Hackfleisch zaubern Sie im Nu die leckersten Wokgerichte für zwei. Ob thailändisch, indisch, chinesisch oder orientalisch gewürzt: Alles geht schnell und einfach, und preiswert ist's obendrein!

Die sechs besten Asia-Hackfleisch-Gerichte

1 Lauwarmer Hackfleischsalat

250 g Schweinehackfleisch in eine Schüssel geben und mit 2 EL Limettensaft und 1 TL Zucker gut vermischen. 1 Stängel Zitronengras von äußeren harten Blättern befreien und das untere weiche Drittel in sehr feine Scheiben schneiden. 1 Knoblauchzehe schälen und fein würfeln. 2–3 kleine grüne Thai-Chilischoten waschen und sehr fein schneiden. 3 EL Fischsauce mit 2 EL Limettensaft und 1 TL Zucker verrühren. Zitronengras, Knoblauch und Chilis unterrühren.

Das Hackfleisch samt dem Saft, der sich in der Schüssel abgesetzt hat, ohne Fett in den mäßig warmen Wok geben und bei mittlerer Hitze unter Rühren 4–5 Min. garen (es soll dabei nicht braun werden). Zur vorbereiteten Marinade geben und 5 Min. durchziehen und lauwarm abkühlen lassen.

Inzwischen 2 kleine Tomaten waschen, halbieren, entkernen und das Fruchtfleisch in dünne Spalten schneiden. 1 Stück Salatgurke (ca. 10 cm) schälen, längs aufschneiden, die Kerne herauskratzen und die Gurkenhälften in dünne Halbmonde schneiden. 1/2 Bund Minze (oder Koriandergrün) waschen und trocken schütteln, die Blätter abzupfen und grob hacken. Alles unter das Hackfleisch mischen und servieren.

2 Indisches Pfannen-Hackfleisch

100 g TK-Erbsen zum Antauen auf einen Teller geben. 1 Zwiebel schälen und fein würfeln. 2 Knoblauchzehen und 1 Stück frischen Ingwer (2–3 cm) schälen und fein würfeln. 1 große grüne Chilischote waschen, längs aufschneiden, entkernen und in feine Streifen schneiden. 1/2 Bund Minze waschen und trocken schütteln, die Blätter abzupfen und fein schneiden.

Den Wok erhitzen und 1 EL Öl hineingeben. Zwiebeln, Knoblauch, Ingwer und Chili darin 2 Min. unter Rühren anbraten. 250 g Lammhackfleisch dazugeben und in 2–3 Min. krümelig braten. Die Erbsen, 1 EL Currypulver, die gehackte Minze (ein wenig davon für die Deko zurückbehalten) und 5 EL Wasser hinzufügen. Das Gericht salzen und 10 Min. zugedeckt bei mittlerer Hitze schmoren lassen. Mit 1 EL Zitronensaft und eventuell noch etwas Salz abschmecken. Mit der zurückbehaltenen Minze bestreut servieren.

3 Hackfleisch mit Spinat

1 Päckchen TK-Blattspinat in einem Sieb auftauen und abtropfen lassen. 200 g Schweinehackfleisch in eine Schüssel geben. 1 Knoblauchzehe schälen, fein würfeln und dazugeben. Salz und 1 TL rosenscharfes Paprikapulver dazugeben und gut vermengen. Den Spinat leicht ausdrücken und etwas zerzupfen.

Den Wok erhitzen und 1 EL Öl hineingeben. Das Fleisch darin unter Rühren bei starker Hitze in 2–3 Min. krümelig braten. Mit 2 EL Sojasauce würzen. Den Spinat untermischen, 2 Min. unter Rühren erhitzen und mit Salz und Pfeffer abschmecken. Je nach Belieben kann man vorher gebratene Schalotten (Rezept S. 133) zubereiten und kurz vor dem Servieren über das fertige Gericht streuen.

4 Hackfleisch mit schwarzer Bohnensauce

100 g TK-Erbsen auf einen Teller geben und antauen lassen. 1/2 gelbe Paprikaschote putzen, waschen und in feine Streifen schneiden. 100 g Chinakohl putzen, waschen und in Streifen

1 2 3 4 5 6

schneiden. 50 g Sojabohnensprossen in einem
Sieb kalt abbrausen und gut abtropfen lassen.
1 Zwiebel schälen und fein würfeln. 2 Knoblauchzehen schälen und fein würfeln.
Den Wok erhitzen und 2 EL Öl hineingeben.
Zwiebel- und Knoblauchwürfel darin 1 Min.
unter Rühren anbraten. 250 g Schweinehackfleisch dazugeben und bei starker Hitze unter
Rühren in 2–3 Min. krümelig braten. 3 EL schwarze Bohnensauce (aus dem Glas) unterrühren
und 1 Min. weiterbraten. Paprikastreifen, Chinakohl und Sojabohnensprossen dazugeben und
2–3 Min. weiter pfannenrühren. Mit Pfeffer und
1–2 TL heller Sojasauce abschmecken.
Wer möchte, bereitet vorher gerösteten Knoblauch zu (Rezept S. 133) und streut ihn über das
fertige Gericht.

5 *Hackfleisch mit Austernsauce*

250 g Schweine- oder Rinderhackfleisch in eine
Schüssel geben und mit 1 TL Sesamöl, 1 EL heller
Sojasauce und 1/2 TL geröstetem Chilipulver
vermischen. 100 g Zuckerschoten waschen, putzen (eventuell entfädeln) und schräg halbieren.
1 Dose Maiskölbchen (225 g Abtropfgewicht)
in ein Sieb abgießen, kalt abbrausen, abtropfen
lassen und längs halbieren. 1 Möhre schälen und
in feine Stifte schneiden oder hobeln. 1 Knoblauchzehe schälen und fein würfeln.
Den Wok erhitzen und 1 EL Öl hineingeben.
Den Knoblauch und das Hackfleisch darin bei
starker Hitze 3–4 Min. unter Rühren braten,
an den Rand schieben. Wieder 1 EL Öl in den
Wok geben. Zuckerschoten, Möhrenstifte und
Maiskölbchen darin 2–3 Min. pfannenrühren.
2 EL Austernsauce dazugeben, das Hackfleisch
untermischen und in 1 Min. fertig garen. Mit

ca. 1 EL heller Sojasauce und 1–2 TL Limettensaft abschmecken. Jede Portion mit 1 TL grob
gehackten gerösteten Erdnüssen bestreuen.

6 *Hackfleisch mit Kichererbsen*

1 kleine Zwiebel und 2 Knoblauchzehen schälen
und in feine Würfel schneiden. 1 Stange Staudensellerie putzen, waschen und in Scheiben
schneiden. 1 Möhre schälen und in feine Stifte
schneiden oder hobeln. 2 Frühlingszwiebeln putzen, waschen und die weißen und grünen Teile
getrennt in feine Scheiben schneiden. 1/2 Bund
Petersilie waschen und trocken schütteln, die
Blätter fein schneiden. 100 g Kichererbsen (aus
der Dose) in einem Sieb kalt abbrausen und abtropfen lassen.
Den Wok erhitzen und 1 EL Öl hineingeben.
Zwiebeln und Knoblauch darin 1 Min. bei starker Hitze anbraten. 200 g Rinder- oder Lamm-
hack dazugeben und in 3–4 Min. krümelig
braten. 1/2 TL geröstetes Chilipulver und 1 TL
Baharat (orientalische Gewürzmischung, siehe
S. 111) unterrühren, salzen und alles an den
Wokrand schieben. Wieder 1 EL Öl in den Wok
geben. Möhrenstifte, Sellerie und weiße Frühlingszwiebeln darin 2 Min. pfannenrühren. Die
Kichererbsen und 5 EL Wasser hinzufügen, das
Hackfleisch untermischen und 2–3 Min. weiter
pfannenrühren. Vor dem Servieren Frühlingszwiebelgrün und Petersilie untermischen.
Dazu schmecken Fladenbrot und cremig gerühr-
ter Joghurt, der mit etwas Salz, gemahlenem
Kreuzkümmel und Zitronensaft gewürzt ist.

Teriyaki-Rindfleisch
mit Austernpilzen

★
★

Für 4 Personen
400 g Rinderfilet
Pfeffer
1 Stück frischer Ingwer (ca. 3 cm)
4 EL Teriyaki-Sauce
1 TL Zucker
400 g Austernpilze
2 kleine Zucchini
1 Bund Frühlingszwiebeln
2 Knoblauchzehen
1/2 Bund Petersilie
4 EL Öl
6 EL Weißwein (oder Gemüsebrühe)
Salz

Pro Portion: ca. 295 kcal/1230 kJ
26 g EW · 15 g F · 10 g KH

1 Das Rinderfilet trocken tupfen, längs vierteln und in dünne Scheiben schneiden. Die Scheiben kräftig mit Pfeffer würzen. Den Ingwer schälen und fein reiben. Teriyaki-Sauce, Zucker und Ingwer in einer Schale verrühren, das Fleisch darin wenden und 1 Std. zugedeckt bei Zimmertemperatur durchziehen lassen.

2 Inzwischen die Pilze putzen, trocken abreiben (nicht waschen!) und in mundgerechte Stücke schneiden. Die Zucchini waschen, längs halbieren und in dünne Scheiben schneiden.

3 Die Frühlingszwiebeln putzen und waschen, die weißen Teile in feine Scheiben, die grünen Teile in 3 cm lange Stücke schneiden. Den Knoblauch schälen und fein würfeln. Die Petersilie waschen und trocken schütteln, die Blätter abzupfen und fein schneiden.

4 Den Wok erhitzen und jeweils 1 EL Öl hineingeben. Das Fleisch samt Marinade darin in zwei Portionen jeweils 3–4 Min. unter Rühren bei starker Hitze braten, herausnehmen. Das übrige

Öl in den Wok geben. Knoblauch und weiße Frühlingszwiebeln 1 Min. anbraten. Die Austernpilze dazugeben und 3 Min. bei starker Hitze pfannenrühren. Die Zucchini unterrühren und 2 Min. mitbraten.

5 Mit dem Weißwein ablöschen und das Fleisch und das Frühlingszwiebelgrün untermischen. Nochmal 1 Min. pfannenrühren. Die gehackte Petersilie untermischen und das Ganze mit Salz und Pfeffer abschmecken.

VARIANTE
Statt der Austernpilze und Zucchini schmecken auch Shiitake-Pilze und Brokkoli:

250 g frische Shiitake-Pilze putzen, trocken abreiben, die harten Stiele entfernen und die Kappen je nach Größe halbieren oder vierteln. 250 g Brokkoliröschen putzen, waschen und in 3 mm dünne Scheiben schneiden (Wer sehr knapp gegarten Brokkoli nicht mag oder schlecht verträgt, blanchiert ihn vorher 3 Min. in Salzwasser oder nimmt TK-Brokkoli.) Zuerst das Fleisch, dann Knoblauch und weiße Frühlingszwiebeln, schließlich Brokkoli und Shiitake-Pilze pfannenrühren. Statt der Petersilie 1 Handvoll gewaschenen Babyspinat unterrühren und in 1–2 Min. zusammenfallen lassen.

35 Min. · sehr scharf

Rinderfilet *mit Auberginen*

Für 4 Personen
500 g Rinderfilet · 3 EL Fischsauce
1 große Aubergine · 1 kleine rote Paprikaschote
30 Blätter Thai-Basilikum (Bai horapha)
3 Stängel Zitronengras
5 kleine rote Thai-Chilischoten · 5 EL Öl
3 EL Austernsauce · 1 EL Zucker

Pro Portion: ca. 320 kcal/1330 kJ
29 g EW · 18 g F · 10 g KH

1 Fleisch trocken tupfen und in mundgerechte Streifen schneiden. Mit 1 EL Fischsauce mischen.

2 Aubergine waschen und 2 cm groß würfeln. Die Auberginenstücke in kaltes Wasser einlegen. Die Paprikaschote putzen, waschen und in feine Streifen schneiden. Das Thai-Basilikum waschen und trocken schütteln, die Blätter abzupfen.

3 Das Zitronengras von harten äußeren Blättern befreien und das untere Drittel in feine Scheiben schneiden. Die Chilis waschen und in feine Ringe schneiden. Zitronengras und Chilis zusammen im Mörser fein zerstampfen. Die Auberginen in ein Sieb abgießen, gut abtropfen lassen und mit Küchenpapier trocken tupfen.

4 Den Wok erhitzen und das Öl hineingeben. Die Chili-Zitronengras-Mischung aus dem Mörser darin 1 Min. anbraten. Das Rinderfilet dazugeben und bei starker Hitze unter Rühren 2–3 Min. braten. Auberginen, Paprika, restliche Fischsauce, Austernsauce und Zucker dazugeben und 3 Min. unter Rühren weiterbraten. Die Basilikumblätter unterrühren und das Gericht eventuell noch einmal mit etwas Fischsauce und Zucker abschmecken.

VARIANTE

*Wer kein Thai-Basilikum bekommt, kann stattdessen auch die Blätter von 1 Bund **europäischem Basilikum** verwenden. Schmeckt völlig anders, aber ebenfalls lecker!*

50 Min. · chinesisch

Rindfleisch *mit Austernsauce*

Für 4 Personen
12 getrocknete Shiitake-Pilze (ca. 15 g)
400 g Rumpsteak · Salz · Pfeffer
2 TL Speisestärke · 500 g grüne Bohnen
2 Schalotten · 1 Knoblauchzehe
125 ml Fleischbrühe · 2 EL Austernsauce
2 EL Reiswein · 1 EL helle Sojasauce · 3 EL Öl

Pro Portion: ca. 235 kcal/990 kJ
25 g EW · 10 g F · 11 g KH

1 Pilze mit kochendem Wasser übergießen und 30 Min. einweichen. Fleisch trocken tupfen und in feine Streifen schneiden. Mit Salz und Pfeffer würzen und mit 1 TL Speisestärke vermischen.

2 Die Bohnen putzen, die Enden abknipsen und eventuell entfädeln und halbieren. In einem Topf Wasser aufkochen, salzen und die Bohnen darin 5 Min. blanchieren. In ein Sieb abgießen, kalt abschrecken und abtropfen lassen.

3 Die Schalotten und den Knoblauch schälen und fein würfeln. Brühe, Austernsauce, Reiswein, Sojasauce und übrige Stärke verquirlen. Die Pilze abgießen, die Stiele entfernen, die Kappen in Scheiben schneiden und zur Würzbrühe geben.

4 Den Wok erhitzen und jeweils 1 EL Öl hineingeben. Das Fleisch in zwei Portionen darin jeweils 2 Min. bei starker Hitze anbraten, herausnehmen. Das übrige Öl in den Wok geben und die Schalotten und den Knoblauch darin 1 Min. anbraten. Die Bohnen dazugeben und 2 Min. pfannenrühren. Die Würzbrühe mit den Pilzen angießen, aufkochen und 2 Min. köcheln lassen. Das Fleisch untermischen und noch 1–2 Min. bei schwacher Hitze ziehen lassen.

 **Topping-Tipp** *Rösten Sie, bevor Sie die übrigen Zutaten vorbereiten,* **1 EL Sesamsamen** *ohne Fett bei schwacher Hitze im Wok und streuen sie diese vor dem Servieren über das fertige Gericht.*

★
★

45 Min. · macht was her

Rindfleisch *mit Cashewkernen*

Für 4 Personen
400 g Rumpsteak · 2 TL Speisestärke
2 Bund Frühlingszwiebeln
4 kleine Möhren · 4 Stangen Staudensellerie
4 rote Thai-Chilischoten · 4 Knoblauchzehen
4 EL Ketchup · 2 EL dunkle Sojasauce
1 knapper TL Sambal oelek · 4 EL Öl
50 g ungeröstete Cashewkerne · Salz

Pro Portion: ca. 340 kcal/1420 kJ
27 g EW · 18 g F · 19 g KH

1   Fleisch trocken tupfen, in dünne Streifen
schneiden und mit der Speisestärke mischen.
Frühlingszwiebeln putzen, waschen und schräg in
Ringe schneiden. Die Möhren schälen und in feine Stifte schneiden oder hobeln. Die Selleriestangen putzen, waschen und in Scheiben schneiden.

2   Die Chilis waschen und in feine Ringe schneiden, in kaltes Wasser legen, um die Kerne zu
entfernen. Wieder herausholen und auf Küchenpapier abtropfen lassen. Den Knoblauch schälen
und fein würfeln. Ketchup, Sojasauce und Sambal oelek mit 150 ml Wasser verrühren.

3   Den Wok erhitzen und das Öl hineingeben.
Die Cashewkerne darin bei starker Hitze 2–3 Sek.
goldbraun rösten. Mit einem Schaumlöffel
herausheben, auf Küchenpapier abtropfen lassen.

4   Das Fleisch in zwei Portionen im verbliebenen Öl jeweils 2–3 Min. bei starker Hitze anbraten, die erste Portion zwischenzeitlich an
den Wokrand schieben. Das Gemüse hinzufügen
und mit dem Fleisch 3 Min. pfannenrühren.

5   Die Ketchupmischung angießen und aufkochen lassen. Das Ganze salzen und mit den
Cashewkernen bestreut servieren.

NUSS-VARIANTE

*Statt der Cashewkerne schmecken auch frisch im
Öl geröstete* **Erdnüsse** *als Knuspertopping.*

---

40 Min. · für Gäste

Pikantes *Rindfleisch*

Für 4 Personen
1 rote Paprikaschote · 2 kleine Zucchini
200 g Bambussprossen in Streifen (aus dem
Glas/der Dose) 1/2 Bund Koriandergrün
300 g Rinderfilet · 2 EL Öl · Pfeffer
200 ml Kokosmilch · 1/2–1 EL Sambal manis
2 TL gemahlener Koriander
1 TL gemahlener Kreuzkümmel
1/2 TL gemahlene Kurkuma · Salz

Pro Portion: ca. 175 kcal/740 kJ
19 g EW · 9 g F · 6 g KH

1   Paprika putzen, waschen und in feine Streifen
schneiden. Zucchini waschen, in Stifte schneiden.
Die Bambussprossen in ein Sieb abgießen und
abtropfen lassen. Das Koriandergrün waschen
und trocken schütteln, Blätter und zarte Stängel
fein hacken. Das Filet trocken tupfen, längs
halbieren und in dünne Scheiben schneiden.

2   Den Wok erhitzen und 1 EL Öl hineingeben.
Paprikaschote und Zucchini darin 2–3 Min.
bei starker Hitze pfannenrühren, an den Rand
schieben. Wieder 1 EL Öl in den Wok geben.
Die Fleischscheiben darin verteilen und ohne
Rühren 1–2 Min. anbraten. Mit Pfeffer würzen.
Die Fleischscheiben wenden (geht am besten
mit einer Zange) und 1–2 Min. weiterbraten.

3   Die Kokosmilch angießen und den Bratensatz
unter Rühren loskochen. Die Bambussprossen
dazugeben, das Gemüse vom Wokrand untermischen. Mit Sambal manis, gemahlenen Koriander, Kreuzkümmel, Kurkuma und Salz würzen
und 3 Min. bei schwacher Hitze köcheln lassen.
Mit dem Koriandergrün bestreut servieren.

Was ist denn ... *Sambal manis?*
*Das ist eine leicht scharfe, süße Würzsauce.
Wer sie nicht hat, ersetzt sie durch 1 EL
helle Sojasauce, 1/4 TL Sambal oelek und
1 TL Zucker.*

Rindfleisch
im Papier

★
★

Für 4 Personen
1 Stück frischer Ingwer (ca. 5 cm)
2 EL helle Sojasauce
Salz · Pfeffer
1 TL Sesamöl
2 EL Reiswein
4 Scheiben Rinderlende (je ca. 150 g)
2 Frühlingszwiebeln
250 g Bambussprossen (vakuumverpackt oder aus der Dose)
125 ml Öl
1 EL schwarze Bohnenpaste (aus dem Glas)
1/2 TL Zucker
etwas Öl für das Papier

Außerdem:
4 Stücke Pergamentpapier (ca. 25 x 25 cm)

Pro Portion: ca. 330 kcal/1380 kJ
36 g EW · 18 g F · 4 g KH

1 Den Ingwer schälen und fein reiben. Mit der Sojasauce, 1 kräftigen Prise frisch gemahlenem Pfeffer, dem Sesamöl und 1 EL Reiswein verrühren. Die Lendensteaks trocken tupfen, in der Marinade wenden und zugedeckt bei Zimmertemperatur 20 Min. marinieren.

2 Inzwischen die Frühlingszwiebeln putzen und waschen, in 5 cm lange Stücke und diese längs in dünne Streifen schneiden. Die Bambussprossen in einem Sieb kalt abbrausen, abtropfen lassen und in dünne Scheiben schneiden.

3 Die Pergamentstücke auf der Arbeitsfläche ausbreiten und leicht einölen. Die Fleischscheiben salzen. Jeweils 1 Fleischscheibe und einige Frühlingszwiebelstreifen auf jedes Pergamentstück geben (**Bild 1**). Das Pergament wie unten gezeigt wie einen Briefumschlag von allen Seiten zusammenfalten (**Bild 2**).

4 Das Öl im Wok erhitzen und die Päckchen darin von beiden Seiten jeweils 5 Min. bei mittlerer Hitze braten (**Bild 3**). Dann auf eine vorgewärmte Platte legen.

5 Das Öl bis auf ca. 3 EL abgießen. Die übrigen Frühlingszwiebelstreifen und die Bohnenpaste darin 1 Min. bei starker Hitze unter Rühren anbraten. Den Zucker und die Bambussprossen dazugeben und 3 Min. pfannenrühren. Den übrigen Reiswein darüberträufeln und zu den Fleischpäckchen servieren.

1. Pergamentstücke mit der Spitze nach vorne auf die Arbeitsfläche legen. Das Fleisch mittig darauflegen.

2. Die vordere Papierspitze darüberlegen, die Seiten einschlagen und das Fleisch einwickeln.

3. Mit der gefalteten Seite nach unten zuerst braten, so halten die Päckchen besser zusammen.

1 Std. 20 Min. · indonesische Spezialität

Geschmortes Rindfleisch

Für 4 Personen
40 g gepresste Tamarinde · 750 g Rindergulasch
1 große Zwiebel · 3 Knoblauchzehen
1 Stück frischer Ingwer (ca. 5 cm)
1/4 TL getrocknete Krabbenpaste
(Terasi; ersatzweise 2 EL Fischsauce)
4 EL Öl · 1/2–1 TL Sambal oelek
je 1 TL gemahlener Kreuzkümmel
und Koriander · 1/2 TL gemahlene Kurkuma
3 TL Palmzucker (oder brauner Zucker)
Salz · 400 ml Kokosmilch

Pro Portion: ca. 355 kcal/1480 kJ
41 g EW · 14 g F · 16 g KH

1 Die Tamarinde 10 Min. in 250 ml lauwarmem
Wasser einweichen, dann gut durchkneten und
den Saft durch ein Sieb in ein Schüsselchen abgießen, die Fasern und Kerne gut ausdrücken
und wegwerfen (siehe S. 67).

2 Inzwischen das Fleisch trocken tupfen und
die Stücke eventuell kleiner schneiden. Die Zwiebel schälen und fein würfeln. Den Knoblauch
schälen und fein würfeln. Den Ingwer schälen
und fein raspeln. Die Krabbenpaste mit einem
Löffelrücken zerdrücken.

3 Wok erhitzen und jeweils 2 EL Öl hineingeben. Fleisch, Zwiebeln, Knoblauch und Ingwer
darin in zwei Portionen jeweils 3–4 Min. bei starker Hitze anbraten, die erste Portion zwischenzeitlich an den Wokrand schieben. Sambal oelek
(Menge nach gewünschtem Schärfegrad), Kreuzkümmel, Koriander, Kurkuma und Palmzucker
unterrühren. Weiterbraten, bis das Fleisch rundherum schön gebräunt ist. Mit Salz würzen.

4 Den Tamarindensaft und die Kokosmilch
angießen und die Krabbenpaste dazugeben.
Aufkochen und zugedeckt 1 Std. bei schwacher
Hitze schmoren lassen. In Indonesien wird dieser
berühmte Klassiker heiß oder auch kalt mit Reis
oder Fladenbrot serviert.

1 Std. · sehr aromatisch

Masaman-Curry

Für 4 Personen
20 g gepresste Tamarinde · 2 EL ungesalzene
Erdnüsse · 600 g Rindergulasch · 2 Zwiebeln
2 EL Öl · 1 Dose Kokosmilch (400 ml,
ungeschüttelt) · 2 mittelgroße festkochende
Kartoffeln (ca. 200 g) · 2 EL Masaman-
Currypaste · 3 EL Fischsauce · 2 EL Zucker
1 Zimtstange · 2 Lorbeerblätter

Pro Portion: ca. 335 kcal/1390 kJ
35 g EW · 11 g F · 23 g KH

1 Tamarinde wie im Rezept links beschrieben
vorbereiten. Inzwischen die Erdnüsse im Wok
ohne Fett bei schwacher Hitze goldbraun rösten,
abkühlen lassen und im Mörser grob zerstoßen.

2 Das Fleisch trocken tupfen, eventuell kleiner
schneiden. Zwiebeln schälen, längs sechsteln, die
Sechstel quer halbieren und auseinanderlösen.

3 Wok erhitzen, jeweils 1 EL Öl zugeben. Das
Fleisch in zwei Portionen jeweils ca. 3–4 Min.
unter Rühren anbraten, in einen Topf umfüllen.

4 4 EL Kokossahne (die dicke Creme, die sich
in der ungeschüttelten Kokosmilchdose oben absetzt) in den Wok geben, die übrige Kokosmilch
verrühren, zum Fleisch geben. Alles bei schwacher Hitze zugedeckt ca. 25 Min. köcheln lassen.

5 Kartoffeln schälen und ca. 3 cm groß würfeln.
Die Kokossahne im Wok aufkochen, die Currypaste darin anbraten (siehe S. 159). Zwiebeln zufügen und 1 Min. braten. Kartoffeln, Fleisch samt
Kokosmilch, Erdnüsse, Fischsauce, Tamarindensaft, Zucker, Zimt und Lorbeer zugeben und in
20 Min. zugedeckt weich garen.

 Gut zu wissen *Masaman-Curry ist
ein berühmtes Rezept aus Thailands Süden.
Die Currypaste dafür ist vergleichsweise
mild und durch Zimt, Nelken und Piment
besonders würzig.*

50 Min. · raffiniert

Rinder-Curry *mit grünem Pfeffer*

Für 4 Personen
600 g Rindergulasch · 2 EL Öl
1 Dose Kokosmilch (400 ml, ungeschüttelt)
200 g grüne Bohnen
6 Kaffirlimettenblätter
1 Rispe grüner Pfeffer (oder 1 EL aus dem Glas)
1–2 EL grüne Currypaste
3 EL helle Sojasauce
1 TL Zucker

Pro Portion: ca. 255 kcal/1070 kJ
34 g EW · 9 g F · 11 g KH

1 Das Fleisch trocken tupfen, die Stücke eventuell kleiner schneiden. Den Wok erhitzen und jeweils 1 EL Öl hineingeben. Das Fleisch darin in zwei Portionen jeweils ca. 3–4 Min. unter Rühren anbraten, dann in einen Topf umfüllen.

2 4 EL Kokossahne (die dicke Creme, die sich in der ungeschüttelten Kokosmilchdose oben absetzt) in den Wok geben, die übrige Kokosmilch verrühren, zum Fleisch geben und bei schwacher Hitze zugedeckt ca. 25 Min. köcheln lassen.

3 Inzwischen die Bohnen waschen, putzen und in Stücke schneiden. Die Limettenblätter waschen, aufrollen und in haarfeine Streifen schneiden. Den grünen Pfeffer waschen, die Körner abzupfen.

4 Die Kokossahne im Wok aufkochen und die Currypaste darin anbraten (siehe S. 159). Das Fleisch samt Kokosmilch, Sojasauce und Zucker hinzufügen und 10 Min. bei mittlerer Hitze zudeckt kochen lassen.

5 Die Bohnen, den grünen Pfeffer und die Limettenblattstreifen unterrühren und das Curry in 5 Min. fertig garen.

VARIANTE

Dieses scharfe Curry schmeckt auch sehr gut mit **Lammfleisch** *statt Rindergulasch.*

10 Min. + 1 Std. 10 Min. Schmoren
macht kaum Arbeit

Rindfleisch-Curry *mit Zwiebeln*

★
★

Für 4 Personen
600 g Rindergulasch
1 Dose Kokosmilch (400 ml, ungeschüttelt)
2 EL rote Currypaste
4 EL brauner Zucker
4 EL Reiswein (oder Sherry medium)
60 g geröstete gesalzene Erdnüsse
4 Zwiebeln
1–2 EL helle Sojasauce
2 EL Limettensaft

Pro Portion: ca. 240 kcal/1430 kJ
37 g EW · 11 g F · 21 g KH

1 Das Fleisch trocken tupfen und eventuell etwas kleiner schneiden. 4–5 EL Kokossahne (die dicke Creme, die sich in der ungeschüttelten Kokosmilchdose oben absetzt) in den Wok geben und aufkochen lassen. Die Currypaste einrühren und anbraten (siehe S. 159).

2 Das Fleisch nach und nach dazugeben und 2 Min. unter Rühren anbraten, dann die übrige Kokosmilch verrühren und angießen. Zucker, Reiswein und Erdnüsse unterrühren. Ca. 125 ml Wasser dazugeben, aufkochen und bei schwacher Hitze 50 Min. zugedeckt schmoren lassen.

3 Die Zwiebeln schälen, längs halbieren und in 2 cm breite Spalten schneiden. Zum Curry geben und alles 20 Min. weiterschmoren lassen. Mit der Sojasauce und dem Limettensaft abschmecken.

VARIANTEN

Das Curry schmeckt ebenso lecker mit gerösteten **Cashewkernen.** *Wer dem Ganzen noch einen farblichen Akzent verpassen will, nimmt nur 1 EL Currypaste und gibt stattdessen mit den Zwiebeln noch 1–2 in nicht zu dünne Ringe geschnittene große* **rote Chilischoten** *dazu.*

Grünes Curry
mit Thai-Auberginen

Für 2 Personen
300 g Rinderfilet
2–3 EL Fischsauce
6–8 pflaumengroße gelbe
oder hellgrüne Thai-Auberginen
6 Kaffirlimettenblätter
3 Zweige Thai-Basilikum (Bai horapha)
1 große grüne Chilischote
1 Dose Kokosmilch (400 ml; ungeschüttelt)
1–2 EL grüne Currypaste
1 EL Palmzucker (oder brauner Zucker)
1–2 EL Limettensaft

Pro Portion: ca. 315 kcal/1320 kJ
36 g EW · 8 g F · 25 g KH

1 Das Fleisch trocken tupfen und in schmale Streifen schneiden. In eine Schüssel geben und mit 2 EL Fischsauce vermischen. Bei Zimmertemperatur 10 Min. durchziehen lassen.

2 Inzwischen die Auberginen waschen, vom Stielansatz befreien, längs in Sechstel schneiden (**Bild 1**) und diese in kaltes Wasser einlegen. Limettenblätter, Basilikum und Chilischote waschen. Vom Basilikum die Blätter abzupfen. Die Chilischote längs aufschneiden, entkernen und in feine Streifen schneiden.

3 Von der Kokossahne, d. h. dem dicken Teil, der sich in der ungeschüttelten Kokosmilchdose oben abgesetzt hat, 4 EL abnehmen und in den Wok geben (**Bild 2**). Bei mittlerer Hitze erwärmen, bis die Kokossahne sprudelnd kocht.

4 Die Currypaste sorgfältig unter die Kokossahne rühren. Die Mischung bei mittlerer Hitze ca. 2 Min. ohne Umrühren braten, bis sich an der Oberfläche kleine Löchlein bilden, aus denen grünes Öl austritt (**Bild 3**). Die übrige Kokosmilch in der Dose verrühren, vom Rand her 3 EL Kokosmilch angießen (**Bild 4**) und sorgfältig unterrühren. 1 Min. weiterbraten, bis eine homogene, cremige Masse entsteht.

5 Das Fleisch hinzufügen und unter Rühren 2–3 Min. anbraten. Übrige Kokosmilch, Limettenblätter und Palmzucker hinzufügen und das Ganze wieder zum Kochen bringen. Die Auberginen abgießen, abtropfen lassen und dazugeben (**Bild 5**). Ca. 5 Min. bei mittlerer Hitze offen kochen lassen, bis die Auberginen weich sind. Vor dem Servieren Chilistreifen und Thai-Basilikumblätter untermischen. Mit Limettensaft und eventuell der übrigen Fischsauce abschmecken.

BEILAGEN Dazu schmeckt thailändischer Duftreis oder indischer Basmatireis und Gurkensalat.

Zartes Rinderfilet und fein-bittere Thai-Auberginen sind die Haupt-zutaten für diesen superscharfen Thai-Klassiker. Kokosmilch und Kaffirlimettenblätter sorgen für sah-nige Fülle und zitrusfrisches Aroma.

Gut zu wissen …

● Das Wasser entzieht den Thai-Auberginen einen Teil der Bitter-stoffe und sorgt dafür, dass sie hell bleiben. Wer das bittere Aroma liebt, kann die Auber-ginen auch frisch aufschneiden und so hinzufügen. Gesund sind sie allemal, denn die Bitterstoffe sorgen für optimale Verdauung.

● Wer an die extreme Schärfe eines echten Thai-Currys (noch) nicht gewöhnt ist, beginnt erst einmal mit 1 knappen EL grüner Currypaste und lässt die frische grüne Chilischote weg!

● Thaiköche hantieren schnell und geschickt mit einem schau-felförmigen Pfannenwender. Einfacher geht es für uns Westler mit einem Teigschaber aus Sili-kon, der sich der Rundung des Woks optimal anpasst.

● Reißen Sie die Ränder der Kaffirlimettenblätter vor dem Mitgaren mehrfach ein, dann geben sie ihr feines Zitrusaroma noch besser an das Curry ab. Die Blätter werden übrigens mitserviert – aber nur zur Deko.

Tausch-Tipps

Thai-Auberginen lassen sich geschmack-lich nicht mit unseren Auberginen verglei-chen, sind deshalb auch nicht dadurch zu ersetzen. Sie können das Curry aber nach Lust und Laune mit **Austernpilzen, Zucchini** *oder* **grünen Bohnen** *ab-wandeln.*
Rinderfilet ist feinfasrig und besonders zart – aber auch ganz schön teuer. Wenn Sie weniger edles **Rindfleisch aus der Schulter oder Hüfte** *verwenden möchten, garen Sie die mit Fisch-sauce marinierten Streifen 20 Min. in der Kokosmilch vor (Kokossahne vorher ab-schöpfen und in den Wok geben!).*
Thai-Basilikum verleiht dem Curry sein typisches würzig-scharfes Anisaroma. Wer das Würzkraut nicht bekommt, lässt es einfach weg oder ersetzt es durch **Koriandergrün.**

30 Min. · würzig

Kaninchen-Kohlrabi-Wok

Für 4 Personen
400 g Kaninchenrückenfilet · 2 TL Speisestärke
4 EL helle Sojasauce · 5 EL Öl · 2 Kohlrabi
250 g Möhren · 4 Frühlingszwiebeln
100 g Rucola · 150 ml Geflügelfond (aus dem
Glas) · 1–2 EL Zitronensaft · Salz · Pfeffer

Pro Portion: ca. 345 kcal/1440 kJ
24 g EW · 21 g F · 11 g KH

1 Das Fleisch kalt abwaschen, trocken tupfen
und in dünne Scheiben schneiden. 1 TL Stärke,
2 EL Sojasauce und 1 EL Öl mischen und das
Fleisch darin wenden.

2 Kohlrabi schälen, vierteln und in dünne
Scheiben schneiden. Möhren schälen und schräg
in feine Scheiben schneiden. Die Frühlingszwiebeln putzen, waschen und in feine Ringe schneiden. Die Rucola waschen, verlesen, von groben
Stielen befreien und die Blätter grob hacken.

3 Geflügelfond mit übriger Sojasauce, 1 EL Zitronensaft und übriger Speisestärke verquirlen.

4 Den Wok erhitzen und 2 EL Öl hineingeben.
Das Fleisch darin portionsweise 2–3 Min. braten,
herausnehmen und warm halten. Das übrige
Öl in den Wok geben. Die Kohlrabi darin 2 Min.
pfannenrühren. Die Möhren dazugeben und
2 Min. unter Rühren mitbraten. Die Frühlingszwiebeln und das Fleisch dazugeben und weitere
3 Min. rührbraten.

5 Würzfond angießen, aufkochen lassen und
bei starker Hitze 1 Min. einkochen lassen. Salzen,
pfeffern und die Rucola untermischen. Eventuell
noch mit etwas Zitronensaft abschmecken.

 Topping-Tipp *Rösten Sie in einem
Pfännchen oder, bevor Sie zu braten begin-
nen, im Wok* **2 EL Pinienkerne** *bei schwacher
Hitze ohne Fett goldbraun an und streuen sie
diese über das fertige Gericht.*

40 Min. + 1 Std. Marinieren · für Gäste

Rehrückenfilet
mit scharfem Weißkraut

Für 4 Personen
2 kleine Rehrückenfilets (je ca. 300 g)
1 Knoblauchzehe
1 Stück frischer Ingwer (ca. 2 cm)
2 TL Zucker · 4 EL Teriyaki-Sauce
1 Stück Weißkraut (ca. 500 g)
1 Möhre · 1 Bund Frühlingszwiebeln
1–2 große rote Chilischoten
4 EL Öl · 1 EL Sesamöl · 3–4 EL helle Sojasauce

Pro Portion: ca. 365 kcal/1520 kJ
36 g EW · 18 g F · 13 g KH

1 Fleisch kalt abwaschen, trocken tupfen. Knoblauch und Ingwer schälen und fein würfeln. Beides mit 1/2 TL Zucker unter die Teriyaki-Sauce
mischen. Filets darin wenden und zugedeckt bei
Zimmertemperatur 1 Std. durchziehen lassen.

2 Weißkraut fein hobeln, waschen, in einem
Sieb gut abtropfen lassen. Die Möhre schälen
und in feine Stifte schneiden oder hobeln. Die
Frühlingszwiebeln putzen, waschen und in feine
Ringe schneiden. Chilischoten waschen, längs
aufschneiden, entkernen und fein hacken.

3 Ofen auf 120° vorheizen. Wok erhitzen und
2 EL Öl hineingeben. Fleisch darin beidseitig bei
mittlerer Hitze je 3 Min. braten. Herausnehmen,
in Alufolie wickeln und in den Ofen legen.

4 Wok säubern, übriges Öl und Sesamöl darin
erhitzen. Das Weißkraut mit den Chilischoten
und dem übrigen Zucker darin 3 Min. pfannenrühren. Die Möhrenstifte und die Frühlingszwiebeln dazugeben und 2 Min. mitbraten. 3 EL Sojasauce und 4 EL Wasser dazugeben und zugedeckt
5 Min. bei schwacher Hitze schmoren lassen.

5 Die Filets auswickeln, quer in 1/2 cm dicke
Scheiben schneiden. Das Weißkraut eventuell
mit Sojasauce und Zucker abschmecken. Auf
Teller verteilen und das Fleisch darauf anrichten.

★
★

30 Min. + 45 Min. Schmoren · scharf

Reh-Curry *mit Möhren*

Für 4 Personen
600 g Rehgulasch · Pfeffer
4 EL helle Sojasauce
400 g Möhren · 2 Strauchtomaten
1 große rote Chilischote
1 Dose Kokosmilch (400 ml, ungeschüttelt)
1 EL Panaeng-Currypaste (ersatzweise rote)
je 1/2 TL gemahlener Koriander
und Kreuzkümmel
1 EL Palmzucker (oder brauner Zucker)
2 Lorbeerblätter · 1/2 Bund Koriandergrün
1–2 EL Limettensaft

Pro Portion: ca. 310 kcal/880 kJ
34 g EW · 3 g F · 13 g KH

1 Das Fleisch trocken tupfen und eventuell kleiner schneiden. Pfeffern, in einer Schüssel mit 2 EL Sojasauce vermischen und bei Zimmertemperatur 10 Min. durchziehen lassen.

2 Inzwischen die Möhren schälen und schräg in dicke Scheiben schneiden. Die Tomaten überbrühen, häuten, entkernen und in Stücke schneiden. Die Chilischote waschen, längs aufschneiden, entkernen und in feine Streifen schneiden.

3 4 EL Kokossahne (die dicke Creme, die sich in der ungeschüttelten Kokosmilchdose oben absetzt) in den Wok geben und aufkochen lassen. Die Currypaste darin 2 Min. anbraten (siehe S. 159). Das Fleisch hinzufügen und 2–3 Min. unter Rühren braten.

4 Die übrige Kokosmilch verrühren und angießen. Übrige Sojasauce, Koriander, Kreuzkümmel, Zucker und Lorbeerblätter dazugeben und das Ganze zugedeckt bei schwacher Hitze 30 Min. schmoren lassen, gelegentlich umrühren.

5 Möhren und Tomaten zufügen und 15 Min. mitgaren. Koriandergrün waschen und trocken schütteln, die Blätter abzupfen und grob hacken. Mit Chilistreifen untermischen. Mit Limettensaft, Sojasauce und Zucker abschmecken.

30 Min. + 45 Min. Schmoren · fruchtig

Hirsch-Curry *mit Orange*

Für 4 Personen
600 g Hirschgulasch
2 Orangen (davon eine Bio-Orange)
1 TL Cayennepfeffer · 1 TL Zucker
4 EL Öl · 2 Zwiebeln · 4 Knoblauchzehen
1 Stück frischer Ingwer (ca. 3 cm)
1 Zimtstange · 4 Gewürznelken
1 Lorbeerblatt · 250 ml Wildfond
(aus dem Glas) · 400 g Süßkartoffeln
(oder festkochende Kartoffeln)

Pro Portion: ca. 425 kcal/1830 kJ
34 g EW · 17 g F · 29 g KH

1 Fleisch trocken tupfen und eventuell kleiner schneiden. Die Bio-Orange heiß abwaschen und die Schale in feinen Spänen abreiben. Beide Orangen auspressen. Das Fleisch in einer Schüssel mit dem Cayennepfeffer, der Orangenschale, dem Zucker und 1 EL Öl mischen und 10 Min. bei Zimmertemperatur durchziehen lassen.

2 Inzwischen die Zwiebeln schälen, grob würfeln. Knoblauch und Ingwer schälen und fein würfeln. Den Wok erhitzen und das übrige Öl hineingeben. Zwiebeln, Knoblauch und Ingwer darin bei mittlerer Hitze 3–4 Min. unter Rühren anbraten. Zimtstange, Nelken und Lorbeerblatt dazugeben und 1 Min. mitbraten.

3 Das Fleisch nach und nach dazugeben und in 3–4 Min. rundherum braun braten. Mit dem Orangensaft und dem Fond ablöschen und zugedeckt 30 Min. bei schwacher Hitze schmoren lassen. Ab und zu umrühren.

4 Inzwischen die Süßkartoffeln schälen und in 2 cm große Würfel schneiden. Zum Fleisch geben und weitere 15 Min. zugedeckt schmoren lassen.

VARIANTEN

Statt Hirschgulasch können Sie auch Fleisch vom **Wildschwein** *oder* **Lamm,** *jeweils aus der Schulter oder von der Keule, verwenden.*

Lamm
mit Spinat

Für 4 Personen
600 g Lammfleisch (Schulter oder Keule)
600 g Spinat
5 Zwiebeln
1 Stück frischer Ingwer (ca. 3 cm)
4 Knoblauchzehen · 8 EL Öl
1/4 TL schwarze Pfefferkörner
5 Gewürznelken
2 Lorbeerblätter
5 grüne Kardamomkapseln
2 TL gemahlener Kreuzkümmel
1/4 TL Chilipulver
1 1/2 TL gemahlene Kurkuma
2 TL edelsüßes Paprikapulver
1 1/2 EL Bockshornkleeblätter (siehe S. 171)
Salz · 1 TL Garam masala · 100 g Sahne

Pro Portion: ca. 350 kcal/2730 kJ
32 g EW · 55 g F · 6 g KH

1   Das Fleisch trocken tupfen und in ca. 2 cm
große Würfel schneiden. Den Spinat gründlich
waschen, verlesen, die groben Stiele entfernen
und die Blätter klein schneiden (**Bild 1**). Die
Zwiebeln schälen und fein würfeln. Den Ingwer
und den Knoblauch schälen und fein reiben.

2   Den Wok erhitzen und das Öl hineingeben.
Alle ganzen Gewürze (Pfefferkörner, Nelken,
Lorbeer und Kardamom) im Öl 1 Min. anbraten.
Die Zwiebeln dazugeben und dunkelbraun
braten (**Bild 2**). Den Knoblauch und den Ingwer
hinzufügen und unter ständigem Rühren weitere
2 Min. braten.

3   Das Fleisch nach und nach dazugeben und
3 Min. anbraten. Die gemahlenen Gewürze
(Kreuzkümmel, Chilipulver, Kurkuma und
Paprika) und die Bockshornkleeblätter dazugeben und 2 Min. unter Rühren braten.

4   Den Spinat nach und nach unterrühren, bis
er ganz zusammengefallen ist (**Bild 3**). Salzen
und bei schwacher Hitze zugedeckt ca. 50 Min
schmoren lassen, bis das Fleisch weich ist. Garam
masala und Sahne hinzufügen und offen weitere
5 Min. köcheln lassen, bis ein dicke hellgrüne
Sauce entstanden ist.

Praxis-Tipp   *Keine Lust, Spinat zu
waschen? Dann nehmen Sie **450 g auf-
getauten TK-Blattspinat**, drücken Sie
ihn gut aus und hacken Sie ihn klein.*

1. Den frischen Blattspinat erst
in Streifen schneiden, dann
mit einem großen, schweren
Messer oder einem Wiegemesser
durchhacken.

2. Die Zwiebeln bei mittlerer
Hitze 8–10 Min. richtig
dunkelbraun braten.
Dadurch entsteht das ge-
wünschte süßliche Aroma.

3. Die Riesenmenge gehackten Spinat nach und nach
unter das Fleisch mischen
und unter Rühren zusam-
menfallen lassen.

Lammgeschnetzeltes mit Minze

Für 4 Personen
500 g Lammrückenfilet
150 g Staudensellerie
je 1 rote und gelbe Paprikaschote
1 kleine rote Zwiebel
1 Stück frischer Ingwer (ca. 2 cm)
2 TL Öl
1 EL Currypulver
Salz · Pfeffer
150 ml Gemüsebrühe
1/2 Bund Minze

Pro Portion: ca. 190 kcal/800 kJ
27 g EW · 7 g F · 4 g KH

1 Das Lammrückenfilet trocken tupfen und quer zur Faser in ca. 1/2 cm dicke Streifen schneiden.

2 Den Sellerie waschen und in dünne Scheiben schneiden. Die Paprikaschoten putzen, waschen, vierteln, entkernen und in kleine Rauten schneiden. Die Zwiebel schälen, längs halbieren und in feine Spalten schneiden. Den Ingwer schälen und fein reiben.

3 Den Wok erhitzen und 1 TL Öl hineingeben. Die Lammstreifen darin bei mittlerer Hitze in 2–3 Min. rosa anbraten. Herausnehmen und zugedeckt warm halten.

4 Das restliche Öl in den Wok geben und den Sellerie, die Paprikarauten und die Zwiebeln darin 3 Min. bei starker Hitze pfannenrühren. Mit dem Currypulver, dem Ingwer, Salz und Pfeffer würzen. Die Gemüsebrühe angießen, aufkochen und alles zugedeckt bei schwacher Hitze 8 Min. schmoren lassen.

5 Inzwischen die Minze waschen und trocken schütteln, die Blätter abzupfen und fein schneiden. Mit dem Fleisch unter das Gemüse rühren, einmal aufkochen lassen und servieren.

Lammfilet mit Pilzen

Für 4 Personen
400 g Zuckerschoten · 400 g Austernpilze
2 rote Zwiebeln · 1 Stängel Zitronengras
1 Knoblauchzehe · 4 TL Öl · 40 g Buchweizen
4 EL Gemüsebrühe (bei Bedarf) · Salz
Pfeffer · 8 Lammfilets (je 50–60 g; siehe Tipp)
4 EL dunkle Sojasauce

Pro Portion: ca. 280 kcal/1170 kJ
30 g EW · 10 g F · 18 g KH

1 Zuckerschoten waschen, putzen und eventuell entfädeln. Pilze putzen, trocken abreiben, dicke Stiele entfernen und die Kappen in mundgerechte Stücke teilen. Die Zwiebeln schälen, längs halbieren und in feine Spalten schneiden. Das Zitronengras von äußeren harten Blättern befreien und das untere weiche Drittel fein schneiden. Den Knoblauch schälen und fein würfeln.

2 Den Wok erhitzen und 2 TL Öl hineingeben. Zwiebeln und Buchweizen darin bei mittlerer Hitze in 3 Min. glasig anbraten. Die Pilze dazugeben und 3 Min. pfannenrühren. Die Zuckerschoten dazugeben und unter Rühren 2 Min. mitbraten. Bei Bedarf etwas Gemüsebrühe dazugeben. Salzen und pfeffern. In eine vorgewärmte Schüssel umfüllen und zugedeckt warm halten.

3 Den Wok säubern, wieder erhitzen und das übrige Öl hineingeben. Knoblauch und Zitronengras darin verteilen. Die Lammfilets darin von allen Seiten bei mittlerer Hitze 4 Min. braten. Die Sojasauce hinzufügen, den Wok rütteln, damit die Filets mit der Sauce umhüllt werden. Von der Kochstelle nehmen, zugedeckt 4 Min. ziehen lassen. Das Gemüse untermischen.

 Einkaufs-Tipp *Lammfilets sind kleiner und zarter als die ausgelösten Lammrückenfilets! Sie sollten sie beim Metzger vorbestellen. Man bekommt sie auch in gut sortierten Supermärkten als TK-Ware aus Neuseeland.*

35 Min. + 1 Std. Einweichen + 1 Std. Schmoren
ungewöhnlich

Lamm *mit Aprikosensauce*

Für 4 Personen
100 g getrocknete Aprikosen · 2 grüne
Kardamomkapseln · 1 kleine Zimtstange
2 Gewürznelken · 1 Muskatblüte (Macis)
1 TL schwarze Pfefferkörner · 3 Zwiebeln
1 Stück frischer Ingwer (ca. 3 cm)
4 Tomaten · 600 g Lammfleisch aus der Keule
4 EL Öl · Salz · Chilipulver nach Belieben
einige Koriander- oder Minzeblättchen

Pro Portion: ca. 515 kcal/2160 kJ
29 g EW · 37 g F · 15 g KH

1 Die Aprikosen mit kochendem Wasser übergießen und mind. 1 Std. einweichen.

2 Kardamom, Zimt, Nelken, Macis und Pfeffer
bei schwacher Hitze ohne Fett im Wok rösten,
bis die Gewürze duften. Im Mörser fein zerstoßen (oder in einer Mühle mahlen). Zwiebeln und
Ingwer schälen und fein schneiden. Die Tomaten
waschen, ohne Stielansätze 1 cm groß würfeln.

3 Das Fleisch kalt abwaschen, trocken tupfen
und in ca. 2 cm große Würfel schneiden. Die
Aprikosen abgießen, etwas zerkleinern und mit
250 ml kaltem Wasser im Mixer oder mit dem
Pürierstab pürieren.

4 Den Wok erhitzen und 3 EL Öl hineingeben.
Das Fleisch darin portionsweise in jeweils
3–4 Min. rundherum anbraten, herausnehmen.
Das übrige Öl in den Wok geben und die Zwie-
beln und den Ingwer darin 5 Min. bei mittlerer
Hitze unter Rühren braten. Die zerstoßenen
Gewürze unterrühren und 1 Min. mitbraten.

5 Die Tomaten und das Aprikosenpüree einrühren und salzen. Das Fleisch hinzufügen und
zugedeckt 1 Std. bei schwacher Hitze schmoren
lassen. Gelegentlich umrühren und bei Bedarf
ein wenig Wasser hinzufügen. Mit Salz und nach
Belieben mit Chilipulver abschmecken und mit
den Kräuterblättchen garnieren.

30 Min. + 1 Std. Schmoren · ganz mild

Lamm *mit Cashewsauce*

★
★

Für 4 Personen
800 g Lammfleisch aus der Keule
2 Zwiebeln
4 Knoblauchzehen
50 g ungeröstete Cashewkerne
3 EL Ghee (oder Butterschmalz)
4 grüne Kardamomkapseln
1 kleine Zimtstange · 2 Gewürznelken
je 1 TL gemahlener Koriander und Kreuzkümmel
1 Prise Cayennepfeffer
1 Döschen gemahlener Safran (0,1 g)
100 g Sahne · Salz

Pro Portion: ca. 695 kcal/2920 kJ
39 g EW · 57 g F · 7 g KH

1 Das Lammfleisch kalt abwaschen, trocken
tupfen und in ca. 2 cm große Würfel schneiden.
Die Zwiebeln schälen, etwas zerkleinern und
im Mixer oder mit dem Pürierstab pürieren.
Den Knoblauch schälen und fein würfeln.
Die Cashewkerne grob hacken.

2 Den Wok erhitzen und das Ghee darin schmelzen. Die Gewürze bis auf den Safran hinzufügen
und 1–2 Min. bei mittlerer Hitze unter Rühren
rösten. Das Zwiebelpüree und den Knoblauch
dazugeben und 5 Min. unter Rühren braten.

3 Das Fleisch dazugeben und 2 Min. mitbraten.
Den Safran in 125 ml heißem Wasser auflösen
und hinzufügen. Die Cashewkerne dazugeben.
Alles zugedeckt bei schwacher Hitze 30 Min.
schmoren lassen, gelegentlich umrühren.

4 Die Sahne dazugeben, mit Salz würzen und
weitere 30 Min. schmoren lassen, bis das Fleisch
ganz weich ist.

 Topping-Tipp *Rösten Sie zusätzlich*
2 EL Cashewkerne *in einem Pfännchen bei*
schwacher Hitze ohne Fett an. Die Kerne
dann im Mörser grob zerstoßen und etwas
davon über jede Portion streuen.

Lammhackbällchen
mit Gemüse-Couscous

★
★

Für 4 Personen
1 Zwiebel
2 Knoblauchzehen
2 Möhren
je 1 rote und gelbe Paprikaschote
1 Bund Frühlingszwiebeln
10 getrocknete Datteln
400 g Lammhackfleisch
je 1 TL gemahlener Koriander
und Kreuzkümmel
Salz · Pfeffer
4 EL Öl
250 ml Gemüsebrühe
1/2 TL Sambal oelek
200 g Couscous
1 EL Butter

Pro Portion: ca. 585 kcal/2440 kJ
26 g EW · 31 g F · 49 g KH

1 Die Zwiebel und den Knoblauch schälen und fein würfeln. Die Möhren schälen und in dünne Stifte schneiden oder hobeln. Die Paprikaschoten putzen, waschen und in feine Streifen schneiden. Die Frühlingszwiebeln putzen, waschen und schräg in feine Ringe schneiden. Die Datteln entkernen und klein würfeln.

2 Das Lammhackfleisch mit Koriander, Kreuzkümmel, Salz und Pfeffer verkneten und daraus walnussgroße Bällchen formen.

3 Den Wok erhitzen und 2 EL Öl hineingeben. Zwiebeln und Knoblauch darin 2 Min. anbraten. Die Möhrenstifte und die Paprikastreifen dazugeben und 3 Min. pfannenrühren. Die Gemüsebrühe hinzufügen, aufkochen lassen und das Sambal oelek untermischen.

4 Datteln und Frühlingszwiebeln dazugeben und den Couscous einstreuen. Nach Packungsangabe zugedeckt 7–10 Min. quellen lassen.

5 Inzwischen in einer großen beschichteten Pfanne das übrige Öl erhitzen und die Hackbällchen darin von allen Seiten in 4–5 Min. bei mittlerer Hitze braun braten.

6 Den Couscous mit einer Gabel auflockern und die Butter untermischen. Die Hackbällchen darauf anrichten.

Wie wär's mal …

MIT LAMMSPIESSEN ZUM GEMÜSE-COUSCOUS

Lassen Sie die Datteln im Couscous weg. Für die Spieße 500 g Lammrückenfilet in 2–3 cm große Würfel schneiden. 2 EL Öl mit 1 gehackten Knoblauchzehe sowie je 1/2 TL gemahlenem Koriander und Kreuzkümmel verrühren und das Fleisch damit vermischen. 16 Datteln entkernen und mit je 1/2 Speckstreifen (Bacon) umwickeln. 8 lange Holzspieße einölen und die Fleischwürfel im Wechsel mit den Speckdatteln aufstecken. In heißem Öl in einer Pfanne rundherum ca. 6 Min. braten. Mit 4 EL Sherry medium ablöschen und weiterbraten, bis der Sherry verdampft ist. Salzen und pfeffern.

MIT KICHERERBSEN-COUSCOUS

Den Couscous können Sie, wenn Sie mögen, noch durch 1 kleine Dose Kichererbsen (265 g Abtropfgewicht) bereichern (in die kochende Gemüsebrühe geben, bevor Sie den Couscous einstreuen).

VARIANTE

Als Alternative zum Couscous können Sie zu den Lammspießen auch sehr gut **Gewürzreis** *(Rezept S. 213) reichen.*

Lamm mit Pakchoi

Für 4 Personen
600 g Lammfleisch aus der Keule
400 g Pakchoi · 1 kleine Zwiebel · 6 Knoblauchzehen · 1 Stück frischer Ingwer (ca. 4 cm)
1–2 große rote Chilischoten
1/2 Bund Koriandergrün
2 EL Öl · 400 ml Kokosmilch
1–2 EL mittelscharfer Senf
je 1 EL gemahlener Koriander und Kreuzkümmel
1–2 EL helle Sojasauce · Salz · Pfeffer

Pro Portion: ca. 460 kcal/1920 kJ
30 g EW · 33 g F · 10 g KH

1   Das Fleisch trocken tupfen und 1–2 cm groß
würfeln. Den Pakchoi waschen, abtropfen lassen
und in 1 cm breite Streifen schneiden. Zwiebel,
Knoblauch und Ingwer schälen und fein würfeln.
Die Chilischoten waschen, längs aufschneiden,
entkernen und in feine Streifen schneiden. Das
Koriandergrün waschen und trocken schütteln,
die Blätter und zarten Stängel fein hacken.

2   Den Wok erhitzen und das Öl hineingeben.
Zwiebeln, Knoblauch und Ingwer darin 1 Min.
anbraten. Das Fleisch und die Chilis nach und
nach dazugeben und von allen Seiten 4–5 Min.
anbraten. Die Hälfte der Kokosmilch angießen
(Dose vor dem Öffnen schütteln), den Senf, die
Gewürze und die Sojasauce unterrühren und
alles zugedeckt bei schwacher Hitze ca. 30 Min.
schmoren lassen, bis das Fleisch weich ist.

3   Den Pakchoi und die übrige Kokosmilch
unterrühren, mit Sojasauce, Salz und Pfeffer
abschmecken. 2 Min. köcheln lassen und mit
dem Koriandergrün bestreut servieren.

Lamm-Curry mit Kichererbsen

Für 4 Personen
400 g Zwiebeln · 3 Knoblauchzehen
1 grüne Chilischote
600 g Lammfleisch (aus der Schulter oder Keule)
1 Dose Kichererbsen (265 g Abtropfgewicht)
3 EL Ghee (oder Butterschmalz)
2 EL Currypulver
1 TL Zimtpulver
1 EL Mehl · 400 ml Lammfond (aus dem Glas)
1 Bund Koriandergrün
1 TL Sesamöl · Salz · Pfeffer

Pro Portion: ca. 765 kcal/3210 kJ
43 g EW · 42 g F · 41 g KH

1   Die Zwiebeln schälen, längs halbieren und
in Streifen schneiden. Den Knoblauch schälen
und fein würfeln. Die Chilischote waschen,
längs aufschneiden, entkernen und fein hacken.
Das Fleisch trocken tupfen und in 3 cm große
Würfel schneiden. Die Kichererbsen in ein Sieb
abgießen, kalt abbrausen und abtropfen lassen.

2   Den Wok erhitzen und das Ghee hineingeben.
Das Fleisch darin portionsweise anbraten und
herausnehmen. Zwiebeln und Knoblauch im
Bratfett bei mittlerer Hitze 2–3 Min. anbraten.
Curry, Zimt und Chili dazugeben und kurz
mitbraten. Kichererbsen und Fleisch dazugeben.
Mit dem Mehl bestäuben und mit dem Fond
ablöschen. Aufkochen und 45 Min. zugedeckt
bei schwacher Hitze schmoren lassen.

3   Das Koriandergrün waschen und trocken
schütteln, die Blätter fein hacken. Das Lamm-
Curry mit dem Sesamöl, Salz und Pfeffer abschmecken, mit dem Koriandergrün bestreuen.

Was ist denn ... Pakchoi? *Das Blattgemüse wird auch Paksoi
oder chinesischer Senfkohl genannt. Es hat weißstielige grüne Blätter
und schmeckt frisch-herb, mit leichtem Senfaroma. Sie bekommen
Pakchoi im Asienladen oder in gut sortierten Gemüsegeschäften. Als Ersatz
können Sie Mangold verwenden.*

1 Std. + 50 Min. Schmoren · indisch würzig

Roter *Lammfleischtopf*

Für 6 Personen
1 kg Lammfleisch (aus der Schulter)
1 Stück frischer Ingwer (ca. 4 cm)
4 Knoblauchzehen · 6 Zwiebeln
6 EL Ghee (oder Butterschmalz)
8 grüne Kardamomkapseln
6 Gewürznelken · 3 Lorbeerblätter
8 schwarze Pfefferkörner
2 Zimtrinden (je ca. 5 cm)
4 TL edelsüßes Paprikapulver
1/2 TL Chilipulver · je 2 TL gemahlener
Koriander und Kreuzkümmel
Salz · 6 EL Vollmilchjoghurt

Pro Portion: ca. 300 kcal/1260 kJ
35 g EW · 16 g F · 4 g KH

1   Das Fleisch kalt abwaschen, trocken tupfen und in ca. 2 cm große Würfel schneiden. Ingwer und Knoblauch schälen und mit 4 EL Wasser im Mixer oder mit dem Pürierstab pürieren. Die Zwiebeln schälen und fein würfeln.

2   Den Wok erhitzen und jeweils 2 EL Ghee darin schmelzen. Das Fleisch in drei Portionen darin in jeweils 4–5 Min. bei mittlerer Hitze anbraten, herausnehmen. Kardamom, Nelken, Lorbeerblätter, Pfeffer und Zimt ins verbliebene Bratfett geben und 1 Min. anrösten.

3   Die Zwiebelwürfel zu den Gewürzen in den Wok geben und in 8–10 Min. braun braten. Die Ingwermischung unterrühren und 1 Min. mitbraten. Die gemahlenen Gewürze (Paprika, Chilipulver, Koriander und Kreuzkümmel) und 1 kräftige Prise Salz dazugeben und 1 weitere Min. unter Rühren braten.

4   Das Fleisch wieder in den Wok geben, den Joghurt unterrühren und alles ca. 5 Min. erwärmen. 300 ml Wasser angießen, aufkochen und alles 50 Min. zugedeckt bei schwacher Hitze schmoren lassen. Gelegentlich umrühren und bei Bedarf noch ein wenig Wasser dazugeben.

30 Min. + 45 Min. Schmoren · indisch scharf

Lammfleisch mit *Kartoffeln*

★
★

Für 4 Personen
600 g Lammfleisch (aus der Schulter)
2 Zwiebeln
2 Knoblauchzehen
2 große grüne Chilischoten
1 große Fleischtomate
4 EL Ghee (oder Butterschmalz)
1 TL Kreuzkümmelsamen
1 TL gemahlener Koriander
1 TL gemahlene Kurkuma
1 Stück Zimtrinde (ca. 5 cm) · Salz
2 mittelgroße festkochende
Kartoffeln (ca. 200 g)

Pro Portion: ca. 300 kcal/1250 kJ
32 g EW · 15 g F · 8 g KH

1   Das Fleisch kalt abwaschen, trocken tupfen und in ca. 2 cm große Würfel schneiden. Zwiebeln und Knoblauch schälen und fein würfeln. Die Chilischoten waschen, längs aufschneiden, entkernen und fein schneiden. Die Tomate waschen und in 1 cm große Würfel schneiden.

2   Den Wok erhitzen und das Ghee darin schmelzen. Zwiebeln, Knoblauch und Chilis darin 4–5 Min. bei mittlerer Hitze unter Rühren anbraten. Das Fleisch nach und nach dazugeben und in weiteren 4–5 Min. rundherum anbraten.

3   Kreuzkümmel, Koriander, Kurkuma, Zimt und 1 kräftige Prise Salz hinzufügen und 1 Min. mitbraten. Die Tomaten untermischen und 10 Min. zugedeckt bei schwacher Hitze schmoren lassen. Gelegentlich umrühren, damit nichts anbrennen kann.

4   Inzwischen die Kartoffeln schälen und in 2 cm große Würfel schneiden. 400 ml Wasser in den Wok gießen und die Kartoffeln dazugeben. Alles wieder aufkochen und zugedeckt weitere 35 Min. schmoren lassen, bis das Fleisch schön weich ist.

1 Std. + 45 Min. Schmoren · säuerlich-scharf

Lamm »Vindaloo«

Für 6 Personen
Für die Vindaloo-Paste:
1/2 EL grüne Kardamomkapseln
2 getrocknete Chilischoten
2 TL Kreuzkümmelsamen
1 TL schwarze Pfefferkörner
1 TL schwarze Senfsamen
2 Zimtrinden (je 5–6 cm)
1 TL Bockshornkleesamen
4 EL Weißweinessig
2 TL brauner Zucker · Salz

Für das Fleisch:
1 kg Lammfleisch (aus der Keule)
4 Zwiebeln · 6 Knoblauchzehen
1 Stück frischer Ingwer (ca. 4 cm)
6 EL Ghee (oder Butterschmalz oder Öl)
1 TL gemahlener Koriander
2 TL gemahlene Kurkuma
2 TL edelsüßes Paprikapulver
1 TL Chilipulver
2 EL Tomatenmark · Salz

Pro Portion: ca. 515 kcal/2150 kJ
31 g EW · 41 g F · 7 g KH

1 Für die Würzpaste die schwarzen Samen aus den Kardamomkapseln lösen, die Kapseln wegwerfen. Samen mit den Chilischoten, Kreuzkümmel, Pfefferkörnern, Senfsamen, Zimt und Bockshornkleesamen in einer elektrischen Kaffeemühle fein mahlen.

2 Die gemahlenen Gewürze in eine Schüssel geben, den Essig, den Zucker, 2 EL Wasser und 1 TL Salz dazugeben, verrühren und beiseite stellen.

3 Das Lammfleisch kalt abwaschen, trocken tupfen und in 2 cm große Würfel schneiden. Die Zwiebeln schälen, grob zerkleinern und im Mixer oder mit dem Pürierstab pürieren.

4 Knoblauch und Ingwer schälen, grob zerkleinern und mit 4 EL Wasser ebenfalls pürieren.

5 5 EL Ghee in einem Topf schmelzen. Das Zwiebelpüree darin bei mittlerer Hitze in ca. 10 Min. unter Rühren dunkelbraun anbraten. Die Vindaloo-Paste dazugeben, untermischen und von der Kochstelle nehmen.

6 Den Wok erhitzen, das übrige Ghee hineingeben. Die Fleischstücke darin nach und nach bei starker Hitze anbraten und herausnehmen.

7 Die Ingwer-Knoblauch-Mischung in den Wok geben und bei mittlerer Hitze 1 Min. anbraten. Koriander, Kurkuma, Paprika, Chilipulver und Tomatenmark unterrühren und unter ständigem Rühren 1 Min. anbraten.

8 Das Fleisch und die Vindaloo-Mischung aus dem Topf dazugeben und 300 ml Wasser angießen. Aufkochen und alles zugedeckt bei schwacher Hitze ca. 45 Min. schmoren lassen, bis das Fleisch weich ist. Gelegentlich umrühren, damit nichts anbrennt.

Gut zu wissen *Vindaloo-Gerichte sind meist sehr scharf. Wer das nicht so mag, kann die **Chili-Menge reduzieren**. In jedem Fall sollten Sie außer Basmatireis cremig gerührten **Vollmilchjoghurt** dazureichen, den jeder bei Tisch individuell untermischen kann.*

Was ist denn ... *Bockshornklee?*
Die Bockshornkleepflanze sieht ähnlich aus wie Feldsalat. In der indischen Küche werden sowohl die hellbraunen Samen als auch die getrockneten Blätter verwendet. Die Blätter schmecken bitter, sind aber sehr gut für die Verdauung. Die Samen verleihen indischen Currymischungen ein feines, exotisches Aroma. Sie bekommen beides im Asienladen.

Fisch
und Meeresfrüchte

Wolfsbarsch, Riesengarnelen, Venusmuscheln
& Co. lassen Fisch- und Meeresfrüchtefans
das Wasser im Mund zusammenlaufen.
In diesem Kapitel werden Sie fündig. Zumindest
was die Rezepte betrifft. Und dann nichts wie ab
in den nächsten Asienladen!

Warenkunde & Küchenpraxis: Fisch

Frisch aus dem Meer

Es ist ganz einfach: Je frischer der Fisch, desto besser schmeckt er! Wenn Sie ihn doch einmal (max. 1 Tag!) aufbewahren müssen, lassen Sie ihn vom Fischhändler auf Eis packen, und legen Sie ihn in der Verpackung in den kältesten Teil des Kühlschranks (auf die Platte über dem Gemüsefach). Wenn Sie den Fisch länger lagern müssen, sollten Sie besser auf TK-Fisch zurückgreifen. Und lassen Sie die Kühlkette nie abreißen: Fisch ist generell sehr leicht verderblich!

TK-Fischfilets richtig auftauen

Legen Sie die gefrorenen Fischfilets nebeneinander auf einen Teller, und lassen Sie sie am besten ganz langsam über Nacht zugedeckt im Kühlschrank auftauen. Wenn es dafür schon zu spät ist, ist die zweitbeste Methode, sie wie beschrieben ausgelegt, bei Zimmertemperatur auftauen zu lassen (dauert ca. 2 Std.). Vor der Zubereitung das Auftauwasser abgießen, die Filets vorsichtig kalt abspülen und mit Küchenpapier trocken tupfen. Sie dann je nach Rezept marinieren oder würzen.

Darauf kommt's an *Frische ist das A und O* *Fischkauf ist Vertrauenssache. Gehen Sie deshalb für frischen Fisch zu einem guten Fischhändler. Ganze Fische müssen klare Augen und kräftig rote Kiemen haben. Fischfilets müssen festes, leicht glasig schimmerndes* *Fleisch aufweisen. Beide dürfen – genau wie das Fischgeschäft – nicht fischig, sondern sollten einfach nur frisch und zart nach Meerwasser riechen. Bei Thunfisch und Lachs ist Sushi-Qualität die beste Wahl – dieses Fischfleisch kann man auch roh essen.*

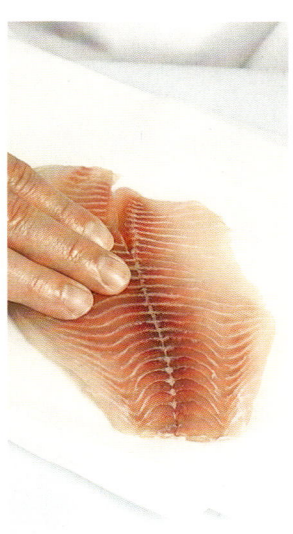

Fisch frittieren

Wenden Sie Fischfilets oder -würfel vor dem Frittieren in Mehl. Dadurch bleibt der Fisch beim Garen schön saftig und bekommt außerdem eine appetitlich goldbraune Kruste. In Asien nimmt man dazu feines Tapiokamehl. Das können Sie gegebenenfalls durch Speisestärke ersetzen.

Dämpfen im Wok

Geben Sie 5 cm hoch Wasser, nach Belieben mit Lorbeerblättern, Kräutern, Pfefferkörnern etc. in den Wok, und lassen Sie es aufkochen. Den gewürzten Fisch, Gemüse etc. in den Dämpfeinsatz geben, diesen in den Wok setzen und den Wok zudecken. Das Dämpfgut darf nicht in der Flüssigkeit stehen! Es gart einzig durch den Dampf über dem im Wok kochenden Wasser. Wer für den Wok keinen Dämpfeinsatz hat, bekommt im Asienladen für wenig Geld stattdessen Bambuskörbchen.

Grätentest

TK-Fischfilets sind so gut wie immer fast grätenfrei. Frische Filets dagegen sollten Sie besser kritisch untersuchen: Waschen Sie sie zuerst kurz unter dem fließenden kalten Wasser ab, und tupfen Sie sie mit Küchenpapier trocken. Streichen Sie dann mit den Fingerspitzen sanft über die Innenseite. Wenn Sie Gräten entdecken, ziehen Sie diese mit einer Pinzette heraus. Anschließend das Fischfilet wie im jeweiligen Rezept angegeben weiterverarbeiten.

Warenkunde & Küchenpraxis: Meeresfrüchte

Tintenfisch

Große Oktopusse bleiben beim Wokken ziemlich zäh. Sie eignen sich darum nicht so gut. Was aber vorzüglich gelingt, sind Mini-Tintenfische und Tintenfischtuben, also die Körperhüllen kleiner bis mittelgroßer Tintenfische. Beides wird küchenfertig vorbereitet angeboten. Sie können die Tuben in Ringe oder, wie auf S. 203 gezeigt, in mit Rautenmuster versehene Stücke schneiden.

Muscheln

Miesmuscheln wachsen in Muschelbänken heran, mit denen sie durch körpereigene Haftfäden verbunden sind. Wenn Sie gepflückt werden, werden diese »Bärte« abgerissen. Der Rest lugt aus der Muschel hervor. Weil das nicht sehr appetitlich ist, sollten Sie die Bärte so weit es geht herausziehen und abschneiden. Die Muscheln außerdem unter fließendem kaltem Wasser gründlich abbürsten und von Verkrustungen befreien.

Darauf kommt's an *Muscheln nur in Monaten mit »r«, also in der kühlen Jahreszeit. So hieß es früher. Das lag zum einen an mangelnden Kühlmöglichkeiten für die leicht verderblichen Meeresfrüchte. Zum anderen besteht in den warmen Monaten (ohne »r«)* *immer die Gefahr, dass sich im Meerwasser für den Menschen giftige Algenstoffwechselprodukte befinden, die die Muschen anreichern. In den Zuchten, aus denen die hier im Handel erhältlichen Muscheln heute fast ausschließlich stammen, wird das Wasser allerdings ständig daraufhin kontrolliert.*

Shrimps und Riesengarnelen

Kleinere Garnelen (auch Crevetten oder Shrimps genannt) werden meist geschält und vorgegart angeboten. Die sollten Sie nicht allzu lange bei starker Hitze braten, sonst werden sie leicht hart. Riesengarnelen gibt es roh oder vorgegart, geschält oder ungeschält. Mehr Aroma haben die rohen ungeschälten, die aber ein wenig mehr Arbeit machen. Frische Garnelen sind meist teuer. Sie können für die Rezepte dieses Buches gut auf TK-Garnelen zurückgreifen, die es z. B. im Asienladen in allen Größen gibt. Sie stammen aus Aquakulturen in Südostasien. Wer den dort oft reichlich verabreichten Antibiotika ausweichen möchte, wird im Bioladen fündig.

Garnelen im Glasnudelgespinst

Raffiniert und einfach zugleich: Glasnudeln mit einer Schere in 3–4 cm große Abschnitte schneiden. Geschälte rohe Riesengarnelen (das dekorative Schwänzchen dranlassen) erst durch verquirltes Eiweiß ziehen, dann in den Glasnudeln wälzen. Beim Frittieren im heißen Öl (3–4 Min.) plustern sich die Glasnudeln auf und werden ganz knusprig.

Frittierte Garnelen

Garnelen schmecken frittiert ganz köstlich, und das umso mehr, wenn sie von einem luftig-zarten Teig umhüllt sind. Der Tempurateig von S. 29 und der zarte Ausbackteig von S. 192 sind eine gute Wahl. Ebenfalls lecker: Wantan-Teigblätter (Fertigprodukt) auftauen lassen und in sehr feine Streifen schneiden. Geschälte rohe Garnelen durch verquirltes Ei ziehen und mit den Teigfäden umhüllen. Diese gut andrücken und die umhüllten Garnelen frittieren.

Sesam-Thunfisch
mit Thai-Spargel

Für 2 Personen
2 Thunfischsteaks (je ca. 150 g)
Salz · Pfeffer
2 EL Sesamsamen
250 g Thai-Spargel
6 Kirschtomaten
1 Knoblauchzehe
2 EL Öl
1 EL Butter
Zitronenschnitze zum Beträufeln

Pro Portion: ca. 550 kcal/2310 kJ
37 g EW · 43 g F · 5 g KH

1 Die Thunfischsteaks kalt abwaschen und trocken tupfen. Mit Salz und Pfeffer würzen. Die Sesamsamen auf einen Teller geben und die Thunfischsteaks mit einer Seite fest hineindrücken, damit der Sesam gut haftet.

2 Den Spargel waschen und gut abtropfen lassen. Die Enden abschneiden und die Stangen schräg teilen. Die Kirschtomaten waschen und vierteln. Die Knoblauchzehe ungeschält mit dem Messerrücken zerdrücken.

3 Den Wok erhitzen, 1 EL Öl und die Knoblauchzehe hineingeben. Die Thunfischsteaks mit der Sesamseite darin 1 Min. bei starker Hitze scharf anbraten. Wenden, 1 Min. braten und an den Wokrand schieben.

4 Das übrige Öl und den Thai-Spargel in den Wok geben und 2 Min. pfannenrühren. Die Kirschtomaten, die Butter und 2 EL Wasser hinzufügen, zudecken und 3 Min. bei mittlerer Hitze dünsten.

5 Das Gericht mit Salz und Pfeffer würzen und (ohne die Knoblauchzehe) auf zwei Teller verteilen. Die Sesam-Thunfischsteaks darauf anrichten. Mit Zitronenschnitzen und knusprigem Baguette servieren.

VARIANTE MIT GARNELEN

*Statt Thunfisch schmecken auch **Chili-Garnelen** vorzüglich zum grünen Thai-Spargel: **1 große rote Chilischote** waschen, längs aufschneiden, entkernen und fein schneiden. **1 Knoblauchzehe** schälen und fein würfeln. Mit **1 TL Sesamöl** unter **250 g rohe Garnelen** (küchenfertig geschält und vom Darm befreit) mischen. 1 Min. unter Rühren scharf anbraten und dann am Rand sanft fertig garen, während Sie den Spargel zubereiten.*

Gut zu wissen **Der Wok ist an den Wänden weniger heiß als am Boden.** *Das lässt sich für dieses Schnellgericht für zwei prima nutzen. Braten Sie den Thunfisch keinesfalls länger, das nimmt er übel; er wird faserig und trocken. Idealerweise sollte er noch einen rosigen Kern haben.*
*Die **Frische des Zitronensaftes** passt gut zum Spargel. Träufeln Sie ihn aber erst bei Tisch darüber. Tun Sie das bereits im Wok, verliert der Spargel nach und nach seine kräftige Farbe.*

Goldbarsch *in Zwiebelsauce*

Für 2 Personen
350 g Goldbarschfilet
3 Zwiebeln
1 Stück frischer Ingwer (ca. 3 cm)
2 Tomaten
1 große rote Chilischote
1 EL Ghee (oder Butterschmalz)
je 1 TL gemahlene Kurkuma, gemahlener
Koriander und edelsüßes Paprikapulver
3 EL Naturjoghurt · Salz

Pro Portion: ca. 265 kcal/1120 kJ
34 g EW · 12 g F · 6 g KH

1   Das Goldbarschfilet kalt abwaschen, trocken
tupfen und in ca. 3 cm große Würfel schneiden.

2   Die Zwiebeln schälen, die Hälfte in Ringe
schneiden, die andere Hälfte fein reiben oder
würfeln. Den Ingwer schälen und fein reiben.
Die Tomaten waschen und achteln, dabei die
Stielansätze entfernen. Die Chilischoten waschen
und in Ringe schneiden.

3   Den Wok erhitzen und das Ghee darin schmelzen. Die Zwiebelringe darin bei mittlerer Hitze
in 4–5 Min. schön braun braten, herausnehmen
und auf Küchenpapier abtropfen lassen.

4   Die Chiliringe und die Gewürze im verbliebenen Bratfett 1 Min. anrösten. Die geriebenen
oder gehackten Zwiebeln, den geriebenen Ingwer, die Tomatenachtel und den Joghurt mit
8 EL Wasser dazugeben und salzen. Aufkochen
lassen und 2 Min. schmoren lassen.

5   Die Fischwürfel einlegen und zugedeckt
bei schwacher Hitze 8–10 Min. ziehen lassen.
Die gebratenen Zwiebelringe darübergeben.

VARIANTEN

*Statt Goldbarsch können Sie auch anderen fest-
fleischigen Fisch wie **Kabeljau** oder **Viktoria-
barsch** nehmen.*

Seelachs *in Senfsauce*

Für 2 Personen
400 g Seelachsfilet
2 Tomaten
1 große rote Chilischote
2 TL helles Senfmehl · 2 EL Öl
je 1 TL gemahlene Kurkuma,
edelsüßes Paprikapulver und
gemahlener Kreuzkümmel
4 EL Naturjoghurt · Salz

Pro Portion: ca. 285 kcal/1190 kJ
38 g EW · 12 g F · 5 g KH

1   Das Seelachsfilet kalt abwaschen, trocken
tupfen und in ca. 2 cm große Würfel schneiden.

2   Die Tomaten überbrühen, häuten, entkernen
und ohne Stielansätze achteln. Die Chilischote
waschen, längs aufschneiden, entkernen und fein
hacken. Das Senfmehl mit 4 EL Wasser anrühren.

3   Den Wok erhitzen und das Öl hineingeben.
Gehackte Chili und die Gewürze (Kurkuma,
Paprikapulver und Kreuzkümmel) einrühren
und 1–2 Min. anrösten. Den Joghurt und die
Tomaten dazugeben und das Ganze 5 Min.
schmoren lassen.

4   Die Senfmischung und 5 EL Wasser gründlich unterrühren. Den Fisch einlegen und salzen.
Mit geschlossenem Deckel bei schwacher Hitze
ca. 5 Min. ziehen lassen.

Gut zu wissen   *Senf, wie wir ihn kennen,
ist eine Paste aus gemahlenen Senfsamen
und Traubenmost oder -saft (und oft vielen
weiteren Würzzutaten). Sie können gemahlene **weiße Senfsamen** aber auch pur im
Asienladen kaufen und das Pulver zum Kochen
verwenden oder mal selber Senf daraus anrühren.*

30 Min. + 2 Std. Marinieren
frisch und leicht

Lachs *in Zitronensauce*

Für 2 Personen
300 g Lachsfilet
2 EL Zitronensaft
1 kleiner Zucchino (ca. 100 g)
3 Frühlingszwiebeln
1 Stängel Zitronengras
2 EL Öl
200 ml Kokosmilch
2 EL Austernsauce

Pro Portion: ca. 450 kcal/1890 kJ
32 g EW · 31 g F · 11 g KH

1   Das Lachsfilet kalt abwaschen, mit Küchenpapier trocken tupfen und in 1 cm große Würfel
schneiden. Mit 1 EL Zitronensaft beträufeln und
zugedeckt 2 Std. kalt stellen.

2   Den Zucchino waschen und in feine Stifte
schneiden. Die Frühlingszwiebeln putzen,
waschen und schräg in 2 cm lange Abschnitte
teilen. Das Zitronengras von äußeren harten
Blättern befreien und das untere weiche Drittel
in ganz feine Scheiben schneiden.

3   Den Wok erhitzen und 1 EL Öl hineingeben.
Zucchinistifte, Frühlingszwiebeln und Zitronengras darin 2 Min. bei starker Hitze pfannenrühren, an den Rand schieben.

4   Das übrige Öl in den Wok geben und die
Lachswürfel darin 2 Min. pfannenrühren.
Die Kokosmilch und die Austernsauce dazugeben. Das Gemüse vom Wokrand unterrühren
und aufkochen lassen. Mit Salz und Pfeffer
und dem übrigen Zitronensaft abschmecken.

20 Min. · sehr scharf

Pangasius *mit* Chili-Ingwer-Sauce

Für 2 Personen
1 Stück frischer Ingwer (ca. 4 cm)
2 Knoblauchzehen
2–4 kleine rote Thai-Chilischoten
3 Zweige Koriandergrün
2 Pangasiusfilets (je ca. 150 g)
2 EL Tapiokamehl (oder Speisestärke)
3 EL Öl · Salz · 3 EL Fischsauce
5 EL Limettensaft · 1 TL Zucker

Pro Portion: ca. 395 kcal/1650 kJ
37 g EW · 20 g F · 17 g KH

1   Den Ingwer schälen und fein reiben. Den
Knoblauch schälen und fein würfeln. Die Chilis
waschen und fein hacken. Das Koriandergrün
waschen und trocken schütteln, die Blätter und
zarten Stängel fein hacken.

2   Die Pangasiusfilets kalt abspülen und trocken
tupfen, dann im Tapiokamehl wenden und den
Überschuss abklopfen. Den Wok erhitzen und
2 EL Öl hineingeben. Die Fischfilets darin von
jeder Seite 3 Min. bei mittlerer Hitze goldbraun
braten. Leicht salzen, auf vorgewärmte Teller
heben und warm halten.

3   Das übrige Öl in den Wok geben. Ingwer,
Knoblauch und Chilis darin 1 Min. anbraten.
Fischsauce, Limettensaft, Zucker und 3 EL Wasser einrühren. Aufkochen lassen, von der Kochstelle nehmen und das Koriandergrün unterrühren. Mit einem Esslöffel über den Fisch verteilen.

Gut zu wissen *Tapiokamehl wird aus
der stärkehaltigen Maniokwurzel gewonnen
und in Asien vielfach zum Mehlieren von
Frittiergut oder zum Binden von Saucen
verwendet. Es hat eine sehr feine Textur,
die sich am ehesten mit **Speisestärke** vergleichen
lässt, die Sie auch als Ersatz verwenden können.*

Brassen
mit Tomaten-Chili-Sauce

Für 2 Personen
20 g gepresste Tamarinde
150 g Kirschtomaten
6 Knoblauchzehen
3–4 kleine rote Chilischoten
1 Zwiebel
1 EL rote Currypaste
1 TL Zucker
1/2 TL Salz
2 kleine Meerbrassen (je ca. 350 g)
2 EL Tapiokamehl (oder Speisestärke)
6 EL Öl
2–3 EL Fischsauce

Pro Portion: ca. 450 kcal/3130 kJ
53 g EW · 47 g F · 28 g KH

1 Die Tamarinde in 100 ml lauwarmem Wasser einweichen. Die Tomaten waschen und klein würfeln. Den Knoblauch schälen, die Chilis waschen und beides in Scheiben schneiden.

2 Die Zwiebel schälen und fein würfeln. Mit der Currypaste, Zucker und Salz in den Mörser geben und grob zerstoßen. Die Tomaten untermischen und etwas zerstampfen.

3 Die Brassen innen und außen gründlich kalt abwaschen und trocken tupfen. Auf beiden Seiten – mit ca. 2 cm Abstand – rautenförmig einschneiden und im Tapiokamehl wenden.

4 Den Wok erhitzen und das Öl hineingeben. Knoblauch- und Chilischeiben darin 1 Min. unter Rühren anbraten, herausnehmen und beiseite stellen. Die Fische im aromatisierten Öl von jeder Seite in 5–6 Min. bei mittlerer Hitze goldbraun braten. Vorsichtig auf eine vorgewärmte Platte heben und warm stellen.

5 Die Mischung aus dem Mörser in den Wok geben. Die Tamarinde gut durchkneten und den Saft durch ein feines Sieb zur Sauce geben, die

Kerne und Fasern wegwerfen. Unter Rühren 5 Min. sämig einkochen lassen. Die Sauce mit Fischsauce abschmecken und über die Brassen verteilen. Mit geröstetem Knoblauch und Chilis bestreuen.

Wie wär's mal ...

MIT INDONESISCHEN BRASSEN MIT KOKOSSAUCE

Die Meerbrassen waschen, trocken tupfen und auf beiden Seiten im Abstand von ca. 2 cm einige Male mit dem Messer einkerben. Innen und außen salzen. 2 Zwiebeln und 2 Knoblauchzehen schälen und fein würfeln. 2 große rote Chilischoten waschen, längs aufschneiden, entkernen und in feine Streifen schneiden. 1/2 Bund Koriandergrün waschen und trocken schütteln, die Blätter und zarten Stängel fein schneiden.
750 ml Öl im Wok zum Frittieren erhitzen. Die Brassen darin in ca. 10 Min. bei mittlerer Hitze braun frittieren. Herausnehmen und auf Küchenpapier abtropfen lassen.
Das Öl bis auf einen dünnen Film abgießen und den Wok wieder erhitzen. Zwiebeln, Knoblauch und Chilis darin 2–3 Min. pfannenrühren. 400 ml Kokosmilch angießen, 3 EL Zitronensaft, 2/3 des Koriandergrüns und 2 TL Palmzucker (oder braunen Zucker) dazugeben. Aufkochen lassen und die Brassen einlegen. 15 Min. bei schwacher Hitze zugedeckt in der Sauce ziehen lassen. Vor dem Servieren mit Salz abschmecken und mit 2 EL Kokosraspeln und dem übrigen Koriandergrün bestreuen.

★

Thailändisches *Fisch-Curry*

Für 4 Personen
600 g Fischfilet (z. B. Kabeljau oder Rotbarsch)
2–3 EL Fischsauce · 400 g Wachskürbis
1 große rote Chilischote · 6 Kaffirlimettenblätter · 3 Zweige Thai-Basilikum (Bai horapha)
1 Dose Kokosmilch (400 ml, ungeschüttelt)
2 EL gelbe Currypaste · 1 EL Palmzucker
(oder brauner Zucker) · 3 EL Limettensaft

Pro Portion: ca. 180 kcal/750 kJ
28 g EW · 2 g F · 13 g KH

1 Den Fisch kalt abwaschen und trocken tupfen. In 3 cm große Würfel schneiden und mit 2 EL Fischsauce beträufeln. Den Kübis schälen, entkernen und 3 cm groß würfeln. Chilischote waschen und in feine Ringe schneiden. Limettenblätter waschen und am Rand einreißen, damit sie ihr Aroma besser abgeben. Thai-Basilikum waschen, trocken schütteln, die Blätter abzupfen.

2 4 EL Kokossahne (die dicke Creme, die sich in der ungeschüttelten Kokosmilchdose oben absetzt) in den Wok geben und aufkochen lassen. Currypaste gut unterrühren und wie auf S. 159 gezeigt anbraten. Kürbisstücke hinzufügen. Die restliche Kokosmilch verrühren und angießen. Offen 5 Min. bei mittlerer Hitze kochen lassen.

3 Fischwürfel, Chiliringe, Limettenblätter und Zucker untermischen und 3–4 Min. bei mittlerer Hitze garen. Das Basilikum vorsichtig unterheben. Das Curry mit dem Limettensaft und eventuell noch etwas Fischsauce abschmecken.

Warum heißt der Wachskürbis *eigentlich … Wachskürbis? Der reife Wachskürbis, auch Chinesische Wintermelone genannt, ist von Natur aus mit einer Wachsschicht überzogen, die ihn besonders haltbar macht. Er gehört in Asien zu den Grundnahrungsmitteln, ist bei uns aber nur in gut sortierten Asienläden zu bekommen. Ersatz: Butternut-Kürbis, Zucchini.*

Indisches *Fisch-Curry*

Für 4 Personen
600 g Fischfilet (z. B. Lachsforelle, Kabeljau, Goldbarsch, Seelachs) · Salz · 1 1/2 TL gemahlene Kurkuma · 3 Zwiebeln · 2 Knoblauchzehen · 1 Stück frischer Ingwer (ca. 2 cm)
3 Tomaten · 2 große rote Chilischoten
3 EL Öl · 2 Lorbeerblätter · 1/2 TL gemahlener Kreuzkümmel · 2 EL Vollmilchjoghurt
Salz · 1 TL Garam masala

Pro Portion: ca. 210 kcal/870 kJ
28 g EW · 9 g F · 3 g KH

1 Den Fisch abwaschen, trocken tupfen und in 6 cm große Stücke schneiden. Mit 1/2 TL Salz und 1/2 TL Kurkuma bestreuen und auf einem Teller beiseite stellen.

2 Die Zwiebeln und den Knoblauch schälen und fein würfeln. Den Ingwer schälen und fein reiben. Die Tomaten waschen und vierteln, die Stielansätze dabei entfernen. Die Chilischoten waschen und längs einritzen.

3 Den Wok erhitzen und das Öl hineingeben. Die Lorbeerblätter darin kurz anbraten, die Zwiebeln hinzufügen und bei mittlerer Hitze dunkelbraun braten. Unter Rühren den Ingwer, den Knoblauch, die ganzen Chilischoten, die übrige Kurkuma und den Kreuzkümmel dazugeben und 2 Min. mitbraten. Tomaten und Joghurt untermischen, 150 ml Wasser angießen, salzen und aufkochen lassen.

4 Die Hitze reduzieren, die Fischstücke einlegen und gut mit der Sauce bedecken. Zugedeckt bei schwacher Hitze 10 Min. garen. Mit Garam masala bestreut servieren.

VARIANTE MIT KARTOFFELN

3 mittelgroße festkochende Kartoffeln schälen und in dünne Scheiben schneiden. Mit den geviertelten Tomaten untermischen, alles 5 Min. köcheln lassen, dann den Fisch einlegen.

★
★

25 Min. + 2 Std. Marinieren · gut vorzubereiten

Kabeljau mit Gemüse

Für 4 Personen
400 g Kabeljaufilet
Pfeffer
3 EL helle Sojasauce
1/2 TL gelbe Currypaste
1 Stange Lauch
150 g Bambussprossen in Streifen
(aus dem Glas/der Dose)
2 EL Öl · 150 ml Gemüsebrühe
150 ml Kokosmilch
3 EL Austernsauce
1/2 TL Fünf-Gewürze-Pulver · Salz

Pro Portion: ca. 160 kcal/680 kJ
20 g EW · 6 g F · 7 g KH

1   Die Kabeljaufilets kalt abwaschen, trocken tupfen und in 2 cm große Würfel schneiden. Mit Pfeffer würzen. 2 EL Sojasauce mit 1/4 TL Currypaste verrühren, die Fischwürfel darin wenden und zugedeckt 2 Std. kalt stellen.

2   Den Lauch putzen, längs aufschneiden und gründlich waschen. Die Hälften schräg in 2–3 cm große Abschnitte teilen, sodass kleine Rauten entstehen. Die Bambussprossen in ein Sieb abgießen und abtropfen lassen.

3   Den Wok erhitzen und 1 EL Öl hineingeben. Den Lauch darin 2 Min. bei starker Hitze pfannenrühren, an den Rand schieben. Das übrige Öl in den Wok geben und die Fischwürfel darin 1 Min. anbraten, an den Rand schieben.

4   Die Gemüsebrühe und die Kokosmilch angießen und den Bratensatz unter Rühren loskochen. Die übrige Sojasauce und Currypaste, die Austernsauce und das Fünf-Gewürze-Pulver einrühren und die Bambussprossen hinzufügen.

5   Alles zusammenrühren, einmal aufkochen lassen und das Gericht eventuell noch einmal mit Salz und Pfeffer abschmecken.

25 Min. · thailändisch scharf

Fischbällchen
in grüner Currysauce

Für 4 Personen
600 g Fischfilet (z. B. Kabeljau, Seelachs, Goldbarsch) · 4 EL Fischsauce 1/2 TL frisch gemahlener Pfeffer · 5 Krachaiwurzeln
1 großes Bund Thai-Basilikum (Bai horapha; ca. 50 Blätter) · 1 rote Paprikaschote
1 Dose Kokosmilch (400 ml, ungeschüttelt)
2 EL grüne Currypaste · Zucker

Pro Portion: ca. 175 kcal/730 kJ
29 g EW · 2 g F · 10 g KH

1   Fisch kalt abwaschen, trocken tupfen, grob in Stücke schneiden. Mit 1 EL Fischsauce und Pfeffer mischen und 10 Min. mit den Händen durchkneten. Aus der Masse kleine Bällchen formen.

2   Krachaiwurzeln waschen und mit einem Messer abschaben, erst in Scheiben, dann in Stifte schneiden. Basilikum waschen, trocken schütteln, die Blätter abzupfen. Die Paprikaschote putzen, waschen und in feine Streifen schneiden.

3   4 EL Kokossahne (die dicke Creme, die sich in der ungeschüttelten Kokosmilchdose oben absetzt) in den Wok geben und aufkochen lassen. Currypaste sorgfältig unterrühren, wie auf S. 159 gezeigt, anbraten. Übrige Kokosmilch verrühren und angießen, Fischsauce und Zucker zugeben und 2 Min. bei starker Hitze einkochen lassen.

4   Fischbällchen einlegen, 2 Min. bei schwacher Hitze köcheln lassen. Krachaistifte und Paprikastreifen dazugeben und 2 Min mitgaren. Vor dem Servieren die Basilikumblätter untermischen.

Was sind denn … *Krachaiwurzeln?*
Die mit dem Ingwer verwandte Wurzel verleiht Suppen und Thai-Currys ein pfeffrig-würziges Aroma. Sie bekommen sie in gut sortierten Asienläden. Als Ersatz finden Sie Krachaiwurzeln dort auch eingelegt im Glas.

Gedämpfter Zitronengras-Wolfsbarsch

1 Die Fische gründlich innen und außen unter fließendem Wasser abspülen. Mit Küchenpapier trocken tupfen. Mit einem scharfen Messer auf jeder Seite drei- bis viermal schräg einschneiden (**Bild 1**), innen und außen leicht salzen.

2 Das Zitronengras von äußeren harten Blättern befreien und das untere weiche Drittel in feine Scheiben schneiden (**Bild 2**). Jeweils 1 TL davon in jeden Fischbauch geben, den Rest im Dämpfeinsatz des Woks verteilen und die Wolfsbarsche darauflegen.

3 Im Wok ca. 5 cm hoch Wasser aufkochen. Die übrigen Zitronengrasstücke mit dem Mörserstößel flach klopfen (**Bild 3**) und dazugeben. Sobald das Wasser kocht, den Dämpfeinsatz hineinsetzen und die Fische zugedeckt bei mittlerer Hitze ca. 15 Min. dämpfen.

4 Inzwischen für die Sauce die Chilis waschen und in feine Scheiben schneiden. Den Knoblauch schälen und fein würfeln. Den Ingwer schälen und fein reiben. Das Koriandergrün waschen und trocken schütteln. Die Blättchen abzupfen und für die Deko beiseite legen, die Stängel fein schneiden. Chilis, Knoblauch, Ingwer, Korianderstängel, Limettensaft, Fischsauce und Zucker verrühren. Die Limette abwaschen, abtrocknen und in dünne Scheiben schneiden.

5 Den Deckel vom Wok abheben und prüfen, ob die Wolfsbarsche fertig sind (siehe rechts). Wenn ja, ohne das Zitronengras mit einem Pfannenwender auf vorgewärmte Teller heben und sofort die Sauce mit einem Esslöffel darüber verteilen. Mit den Limettenscheiben und den Korianderblättchen garniert servieren.

Für 2 Personen
2 kleine Wolfsbarsche (je ca. 350 g, küchenfertig vorbereitet)
Salz · 4 Stängel Zitronengras
4 kleine grüne Thai-Chilischoten
2 Knoblauchzehen
1 Stück frischer Ingwer (ca. 2 cm)
4 Zweige Koriandergrün
5 EL Limettensaft · 3 EL Fischsauce
2 TL Zucker · 1 Bio-Limette

Pro Portion: ca. 290 kcal/1220 kJ
57 g EW · 2 g F · 10 g KH

1

2

3

4

5

Feiner Wolfsbarsch, im Ganzen in würzigem Zitronengrasdampf gegart und mit aromatischer Limetten-Ingwer-Sauce beträufelt – ein Hochgenuss für alle Freunde der feurig-scharfen Thai-Küche.

★

Gut zu wissen ...

- So erkennen Sie, ob ein Fisch gar ist: Die Augen sind milchig-weiß und treten deutlich hervor? Das ist schon ein Indiz. Ziehen Sie nun an der kleinen Rückenflosse (**Bild 4**). Die geht ganz leicht raus? Dann ist der Fisch fertig.

- Wenn Ihr Gast den Fisch selber filetieren kann, servieren Sie die Wolfsbarsche im Ganzen. Falls nicht, legen Sie beide Fische auf einer Platte auf ein Bett aus in feine Streifen geschnittenem Eisbergsalat. Gießen Sie nur die Hälfte der Sauce darüber, und reichen Sie den Rest in einer Schale separat dazu. Filetieren Sie die Fische bei Tisch und geben Ihrem Gast die Filets auf den Teller.

- Lösen Sie zuerst die Haut von der Oberseite ab. Dann mit einem Fischmesser zwischen den beiden Filets längs bis zur Mittelgräte einschneiden (**Bild 5**) und die beiden Filets mit Fischmesser und Gabel herausheben. Die Mittelgräte in einem Stück herausziehen und die beiden unteren Filets herauslösen.

Tausch-Tipps *Statt Wolfsbarsch können Sie auch* **Forellen** *auf diese Weise zubereiten. Ebenfalls fein schmecken Doraden. Nehmen Sie dazu* **1 Dorade** *von ca. 750 g für zwei. Die Garzeit verlängert sich dadurch auf ca. 25 Minuten. Statt der superscharfen Thai-Sauce können Sie auch ein samtig-herbes* **Limetten-Sabayon** *zu den Fischen reichen: 1 Bio-Limette heiß abwaschen und abtrocknen, die Schale mit einem Zestenreißer abziehen, den Saft auspressen. Ein heißes Wasserbad aus Topf und passender Metallschüssel vorbereiten. 2 sehr frische Eigelbe mit 3 EL Limettensaft in der Schüssel verrühren. Mit dem Schneebesen in ca. 3 Min. schaumig aufschlagen. Mit Salz, Cayennepfeffer und 1 Prise Zucker würzen. 2 EL geschlagene Sahne und die Limettenzesten unterrühren.*

Tomaten-Fisch mit Sesam

Für 4 Personen
600 g Viktoriabarschfilet (oder Kabeljau)
Salz · Pfeffer · 1 EL Zitronensaft
400 g kleine feste Tomaten
3 Frühlingszwiebeln
1 Knoblauchzehe
4 EL Fischfond (aus dem Glas)
2 EL helle Sojasauce · 1 TL Honig
1 EL Sesamöl · 2 TL Sesamsamen

Außerdem:
Gratinform, die in den Wok passt

Pro Portion: ca. 170 kcal/700 kJ
27 g EW · 5 g F · 4 g KH

1　Fischfilets kalt abwaschen, trocken tupfen und in große Stücke schneiden. Mit Salz und Pfeffer würzen und mit dem Zitronensaft beträufeln. In eine Gratinform (die in den Wok passt) legen.

2　Die Tomaten waschen und achteln. Die Frühlingszwiebeln putzen, waschen und in dünne Scheiben schneiden. Den Knoblauch schälen und fein würfeln. Die Tomaten, zwei Drittel der Frühlingszwiebeln und den Knoblauch in der Form verteilen. Fond, Sojasauce, Honig, Sesamöl, etwas Salz und Pfeffer verrühren und darüberträufeln.

3　Im Wok 5 cm hoch Wasser aufkochen lassen, das Dämpfgitter einsetzen und die Gratinform daraufstellen. Den Tomaten-Fisch zugedeckt bei mittlerer Hitze 20 Min. dämpfen.

4　Inzwischen die Sesamsamen in einem Pfännchen ohne Fett rösten, bis sie duften. Vor dem Servieren die übrigen Frühlingszwiebeln und den Sesam über den Tomaten-Fisch streuen.

Praxis-Tipp *Ihr Wok hat kein Dämpfgitter? Dann behelfen Sie sich mit einem Kuchengitter. Zur Not geht auch eine umgedrehte Tasse oder kleine ofenfeste Schale als Untersatz für die Gratinform.*

Gedämpfter Lachs

Für 4 Personen
4 Lachskoteletts (je ca. 150 g)
Salz · weißer Pfeffer
2 EL Limettensaft
4 Chinakohlblätter
1–2 Möhren (ca. 100 g)
100 g Knollensellerie
1/2 Stange Lauch
4 Kaffirlimettenblätter

Pro Portion: ca. 320 kcal/1340 kJ
31 g EW · 21 g F · 3 g KH

1　Die Lachskoteletts kalt abwaschen und trocken tupfen, mit Salz und weißem Pfeffer würzen und mit dem Limettensaft beträufeln.

2　Die Chinakohlblätter waschen und trocken tupfen. Die Möhren und den Sellerie schälen und beides in hauchdünne Streifen hobeln. Den Lauch längs aufschneiden, gründlich waschen und in sehr feine Streifen schneiden. Die Limettenblätter waschen.

3　Die Chinakohlblätter im Dämpfeinsatz auslegen, die Lachskoteletts daraufgeben und auf jedes 1 Kaffirlimettenblatt legen.

4　Im Wok 5 cm hoch Wasser aufkochen lassen, den Dämpfeinsatz einsetzen und die Lachskoteletts darin ca. 10 Min. dämpfen.

5　Inzwischen in einem Topf Wasser aufkochen, salzen und die Gemüsestreifen darin 3 Min. blanchieren. In ein Sieb abgießen und abtropfen lassen. Mit Salz und Pfeffer würzen und auf einer vorgewärmten Servierplatte verteilen. Die Lachskoteletts darauf anrichten.

Praxis-Tipp *Die Lachskoteletts haben nur in einem großen Wokeinsatz Platz. Falls Sie sie reinquetschen müssten, besser in zwei Portionen dämpfen und die ersten bei 70° mit dem Gemüse im Backofen warm halten.*

30 Min. · raffiniert

Fischfilets mit Mangold

Für 4 Personen
400 g Mangold
200 g Sojabohnensprossen
1 Bund Frühlingszwiebeln
150 ml Gemüsebrühe
1 TL Öl
4 Weißfischfilets
(z. B. Kabeljau oder Seelachs)
Salz · Pfeffer

Pro Portion: ca. 175 kcal/730 kJ
32 g EW · 4 g F · 4 g KH

1 Den Mangold putzen und waschen. Die Stiele herausschneiden und würfeln, die Blätter in dünne Streifen schneiden. Die Sprossen in einem Sieb kalt abbrausen und gut abtropfen lassen. Die Frühlingszwiebeln putzen und waschen, den weißen Teil in feine Scheiben schneiden, den grünen Teil längs halbieren.

2 Die Brühe im Wok aufkochen. Das Frühlingszwiebelgrün darin 1 Min. blanchieren, herausnehmen und auf Küchenpapier abtropfen lassen. Den Wok von der Kochstelle nehmen. Die Sprossen zu vier gleich großen Bällchen häufen und mit Frühlingszwiebelstreifen zu Päckchen binden. Den Dämpfeinsatz mit Öl einpinseln und die Sprossenbällchen hineinsetzen.

3 Die Fischfilets kalt abwaschen und trocken tupfen, dann mit Salz und Pfeffer würzen. Jeweils 1 Fischfilet auf ein Sprossenbällchen setzen.

4 Die Gemüsebrühe im Wok wieder erhitzen und den Mangold und die weißen Frühlingszwiebelringe dazugeben. Den Dämpfeinsatz darüber einsetzen und alles 10 Min. zugedeckt bei mittlerer Hitze dämpfen.

5 Den Mangold salzen und pfeffern und mit etwas Brühe auf vier Teller verteilen. Die Sprossenbällchen mit den Fischfilets vorsichtig mit einem Pfannenwender herausheben und auf dem Mangold anrichten.

25 Min. · kräuterwürzig

Gedämpfte Forellenfilets

Für 4 Personen
4 frische Forellenfilets (je ca. 80 g)
Salz · Pfeffer
2 rote Zwiebeln · 1 TL Öl
150 ml Gemüsebrühe
je 1 Bund Petersilie, Schnittlauch
und Koriandergrün
300 ml Buttermilch
Saft von 1/2 Zitrone

Pro Portion: ca. 135 kcal/570 kJ
19 g EW · 4 g F · 5 g KH

1 Forellenfilets kalt abspülen und trocken tupfen, mit Salz und Pfeffer würzen. Die Zwiebeln schälen und in Ringe schneiden. Den Dämpfeinsatz mit Öl einpinseln. Die Forellenfilets einlegen und mit den Zwiebelringen belegen.

2 Die Brühe im Wok aufkochen. Den Dämpfeinsatz über der Brühe in den Wok setzen und die Forellenfilets zugedeckt bei mittlerer Hitze 8–10 Min. dämpfen.

3 Inzwischen für die Sauce die Kräuter waschen und trocken schütteln. Von der Petersilie und vom Koriandergrün die Blätter abzupfen und etwas zerkleinern, den Schnittlauch in Röllchen schneiden. Mit der Buttermilch im Mixer (oder in einem hohen Aufschlaggefäß mit dem Pürierstab) pürieren. Mit Zitronensaft, Salz und Pfeffer abschmecken.

4 Die Forellenfilets vorsichtig – sie zerfallen sehr leicht – mit einem Pfannenwender auf vorgewärmte Teller heben und die Sauce darübergeben. Den Fisch mit Reis oder auch mit Pellkartoffeln servieren.

 Servier-Tipp *1 gedämpftes Forellenfilet pro Person ist eine superleichte, fettarme Portion fürs Abendessen. Wer mehr Appetit hat, darf sich auch einfach 2 davon schmecken lassen.*

Lachs im Bananenblattkörbchen

Für 4 Personen
Für die Körbchen:
ca. 150 g Bananenblätter

Für die Füllung:
3 Zweige Thai-Basilikum · 1 Bund Koriandergrün · 10 kleine Kaffirlimettenblätter
400 ml Kokosmilch · 1 TL Reismehl (oder
Speisestärke) · 400 g sehr frisches Lachsfilet
2 EL rote Currypaste · 1 Ei
2 EL Fischsauce · 1 große rote Chilischote

Außerdem:
Teller mit 15 cm Ø · Tacker · Schere

Pro Portion: ca. 265 kcal/1110 kJ
22 g EW · 16 g F · 8 g KH

1   Bananenblätter feucht abwischen. Über der
heißen Herdplatte oder Gasflamme 1 Min. hin-
und herbewegen, um sie weich und biegsam
zu machen. Darauf mithilfe des Tellers 16 Kreise
markieren und mit der Schere ausschneiden
(**Bild 1**). Je 2 Kreise aufeinanderlegen und diese
an vier gegenüberliegenden Stellen zu Körbchen
zusammentackern (**Bild 2**).

2   Basilikum, Koriandergrün und Limettenblätter waschen. Basilikumblätter abzupfen, je 2 in
die Körbchen, den Rest beiseite legen. 2 Zweige
Koriandergrün zum Garnieren beiseite legen,
vom Rest die Blätter abzupfen. Die Limettenblätter aufrollen und in haarfeine Streifen schneiden.

3   Kokosmilch schütteln. 100 ml abmessen und
in einem Topf mit dem Reismehl verrühren.
Die Kokoscreme einmal aufkochen lassen, von
der Kochstelle nehmen und beiseite stellen.

4   Lachs kalt abspülen, trocken tupfen und in
sehr kleine Streifen schneiden. Weitere 100 ml
Kokosmilch mit der Currypaste verquirlen.
Lachs, Ei und Fischsauce zufügen, 10–12 Min.
kräftig mit einem Löffel verschlagen, damit
sich Fischeiweiß, Ei und Kokosmilch zu einer
schaumigen Masse verbinden, die später Soufflé-
Konsistenz bekommt. Restliches Basilikum,
Koriander, die Hälfte der Limettenblattstreifen
und die übrige Kokosmilch esslöffelweise unterschlagen. Die Masse in die Körbchen verteilen.

5   Im Wok 5 cm hoch Wasser zum Kochen bringen. Die Bananenblattkörbchen in den Dämpfeinsatz (ca. 30 cm Ø) setzen. Den Einsatz in den
Wok stellen und die Bananenblattkörbchen
15 Min. zugedeckt bei mittlerer Hitze dämpfen.

6   Inzwischen Chili waschen, längs aufschneiden, entkernen und in feine Streifen schneiden.
Die Lachs-Soufflés mit Kokoscreme, Chili- und
Limettenblattstreifen garnieren (**Bild 3**), 1 Min.
dämpfen. Mit Koriandergrün garniert servieren.

1. Auf den Bananenblättern mithilfe eines Tellers 16 Kreise mit
15 cm Ø markieren und mit der
Schere ausschneiden.

2. An vier gegenüberliegenden
Stellen den Rand jeweils 1 cm
übereinanderschieben und mit
dem Tacker fixieren.

3. Je 1 TL Kokoscreme auf-
setzen, ein paar Limetten-
blatt- und Chilistreifen
darauflegen.

Fischstäbchen *mit Chinakohl*

Für 4 Personen
600 g Fischfilet (z. B. Seelachs oder Rotbarsch)
Salz · Pfeffer
800 g Chinakohl
2 Knoblauchzehen
1 Stück frischer Ingwer (ca. 3 cm)
2 Eiweiße · 1 EL Mehl
2 EL Speisestärke
1/2 TL Fünf-Gewürze-Pulver
2 EL helle Sojasauce
750 ml neutrales Pflanzenöl zum Frittieren

Pro Portion: ca. 275 kcal/1150 kJ
32 g EW · 14 g F · 5 g KH

1   Das Fischfilet kalt abwaschen, trocken tupfen und in daumendicke Streifen schneiden. Mit Salz und Pfeffer würzen. Den Chinakohl putzen und waschen, dicke Rippen würfeln, die Blätter in Streifen schneiden. Den Knoblauch und den Ingwer schälen und fein würfeln.

2   Die Eiweiße mit dem Mehl, der Speisestärke und dem Fünf-Gewürze-Pulver verquirlen.

3   Den Backofen auf 70° vorheizen. Das Öl zum Frittieren im Wok erhitzen. Es ist heiß genug, sobald an einem eingetauchten Holzkochlöffelstiel sofort viele Bläschen aufsteigen. Dann die Fischstreifen portionsweise durch die Eiweißmischung ziehen und im heißen Öl in 2–3 Min. goldgelb ausbacken. Mit einem Schaumlöffel herausheben, auf Küchenpapier abtropfen lassen und auf einer Platte im Ofen warm halten.

4   Das Öl bis auf einen dünnen Film abgießen und den Wok wieder erhitzen. Erst die gewürfelten Chinakohlrippen bei starker Hitze 1 Min. pfannenrühren, dann die Blätter dazugeben und 3 Min. unter Rühren braten. Ingwer und Knoblauch dazugeben und 1 Min. mitbraten. Mit Salz, Pfeffer und Sojasauce würzen. Das Gemüse auf vier vorgewärmte Teller verteilen und die Fischstäbchen darauf anrichten.

Frittierter **Kabeljau**

Für 4 Personen
100 g Mehl · 50 g Speisestärke · 1/4 Päckchen Trockenhefe (ca. 3 g) · Salz · Zucker
400 g Kabeljaufilet · Pfeffer · 2 rote Paprikaschoten · 1 dicke Stange Lauch · 1–2 große rote Chilischoten · 150 ml Gemüsebrühe
1 EL helle Sojasauce · 1/2 TL Fünf-Gewürze-Pulver · 1–2 EL Chilisauce (Fertigprodukt)
750 ml neutrales Pflanzenöl zum Frittieren

Pro Portion: ca. 325 kcal/1360 kJ
22 g EW · 11 g F · 33 g KH

1   Für den Teig Mehl, Speisestärke, Hefe und je 1 Msp. Salz und Zucker mit ca. 130 ml kaltem Wasser glattrühren. Zugedeckt 1 Std. ruhen lassen.

2   Das Fischfilet kalt abwaschen, trocken tupfen und in ca. 2 cm große Würfel schneiden. Mit Pfeffer würzen. Paprikaschoten putzen, waschen und in feine Streifen schneiden. Lauch längs aufschneiden, gründlich waschen, schräg in 2 cm breite Stücke schneiden. Chilischoten waschen, längs aufschneiden, entkernen und fein würfeln.

3   Ofen auf 70° vorheizen. Öl zum Frittieren im Wok erhitzen. Es ist heiß genug, sobald an einem eingetauchten Holzkochlöffelstiel sofort viele Bläschen aufsteigen. Dann die Fischwürfel in den Backteig tauchen und portionsweise im heißen Öl goldgelb ausbacken. Mit einem Schaumlöffel herausheben, auf Küchenpapier abtropfen lassen und auf einer Platte im Backofen warm halten.

4   Das Öl bis auf einen dünnen Film abgießen und den Wok wieder erhitzen. Die Paprikastreifen darin ca. 2 Min. pfannenrühren, an den Rand schieben. Den Lauch und die Chilis ca. 1 Min. pfannenrühren, an den Rand schieben.

5   Gemüsebrühe angießen, den Bratensatz unter Rühren loskochen. Sojasauce, Fünf-Gewürze-Pulver und Chilisauce unterrühren. Das Gemüse untermischen, mit Salz abschmecken und mit den frittierten Kabeljaustückchen servieren.

1 Std. · knusprig frittiert

Erdnuss-Fischbällchen

Für 4 Personen
3 mehligkochende Kartoffeln (ca. 250 g)
1 Limette · 200 g Fischfilet (z. B. Kabeljau oder
Seelachs) · Salz · Pfeffer · 1 Zwiebel
2 Knoblauchzehen · 1 Stück frischer Ingwer
(ca. 2 cm) · 2 EL Öl · 1 rote Paprikaschote
2 EL helle Sojasauce · Cayennepfeffer
120 g ungeröstete Erdnüsse · 2 Eier · 3 EL Mehl
750 ml neutrales Pflanzenöl zum Frittieren

Pro Portion: ca. 510 kcal/2140 kJ
23 g EW · 38 g F · 20 g KH

1 Die Kartoffeln in wenig Wasser zugedeckt
in ca. 25 Min. weich dämpfen. Dann abgießen,
etwas ausdämpfen lassen, pellen und mit einer
Gabel fein zerdrücken.

2 Inzwischen die Limette auspressen. Das Fischfilet kalt abwaschen und trocken tupfen, mit dem
Limettensaft, Salz und Pfeffer würzen. Die Zwiebel, den Knoblauch und den Ingwer schälen und
fein würfeln.

3 Den Wok erhitzen und das Öl hineingeben.
Den Fisch darin auf jeder Seite 2 Min. braten.
Herausnehmen und etwas abkühlen lassen.
Zwiebel-, Knoblauch- und Ingwerwürfel ins
Bratöl geben und 1/2 Min. unter Rühren braten.
Das Fischfilet in Stücke zerpflücken und in eine
Schüssel geben. Die Zwiebel-Ingwer-Mischung
dazugeben und untermischen.

4 Die Paprikaschote putzen, waschen und sehr
fein würfeln. Mit den Kartoffeln unter den Fisch
kneten und mit Sojasauce und Cayennepfeffer
würzig abschmecken. Die Masse 20 Min. zugedeckt kalt stellen.

5 Die Erdnüsse mittelfein mahlen und auf einen Teller geben. Die Eier in einem tiefen Teller
verschlagen. Mehl auf einen dritten Teller geben.
Aus der Kartoffel-Fisch-Farce walnussgroße Bällchen formen. Erst im Mehl wenden, dann durch
das Ei ziehen, dann in den Erdnüssen wälzen.

6 Den Wok säubern und das Frittieröl darin
erhitzen. Sobald es heiß genug ist, die Bällchen
darin portionsweise in jeweils 3–4 Min. goldbraun frittieren. Mit einem Schaumlöffel herausheben und auf Küchenpapier abtropfen lassen.
Mit Gebratenem Gemüse (Rezept S. 69; ohne
Cashewkerne) oder als Snack mit Sweet-Chili-
Dip (Rezept S. 42 oder fertig gekauft) servieren.

20 Min. · knusprig frittiert

Seelachs *in Ingwersauce*

Für 4 Personen
1 Stück frischer Ingwer (ca. 6 cm)
1 große rote Chilischote
5 Knoblauchzehen
800 g Seelachsfilet · 2 EL Sojasauce
2 EL Austernsauce · 1 EL Zucker
750 ml neutrales Pflanzenöl zum Frittieren

Pro Portion: ca. 230 kcal/960 kJ
38 g EW · 6 g F · 7 g KH

1 Den Ingwer schälen, erst in dünne Scheiben
und diese in feine Stifte schneiden. Die Chilischote waschen und in Ringe schneiden. Den
Knoblauch schälen und fein würfeln.

2 Das Öl zum Frittieren im Wok erhitzen. Inzwischen die Fischfilets kalt abwaschen, trocken
tupfen und in ca. 2 cm große Würfel schneiden.
Sobald das Öl heiß genug ist, die Fischwürfel
darin portionsweise in jeweils 3–4 Min. goldbraun frittieren. Mit einem Schaumlöffel herausheben und auf Küchenpapier abtropfen lassen.

3 Das Öl bis auf ca. 3 EL abgießen und den
Wok wieder erhitzen. Den Knoblauch darin in
ca. 1 Min. goldgelb anbraten. Den Ingwer und
die Chiliringe dazugeben und die Sojasauce,
Austernsauce, Zucker und 2–3 EL Wasser unterrühren. 2 Min. einkochen lassen.

4 Die frittierten Seelachswürfel einlegen und
den Wok rütteln, damit sie gleichmäßig mit der
Sauce überzogen werden.

★
★

Fisch süßsauer

Für 4 Personen
200 g Brokkoli
Salz · 400 g Seelachsfilet
Pfeffer
2–3 Möhren (ca. 150 g)
1/2 gelbe Paprikaschote
100 g Tempuramehl (siehe S. 25)
200 g Ananasstückchen
+ 150 ml Saft (aus der Dose)
2 EL Mango-Chutney (Rezept S. 43
oder aus dem Glas)
2 EL Apfelessig
2 EL Honig
2 EL Tomatenketchup
1 EL helle Sojasauce
1 TL Speisestärke
750 ml neutrales Pflanzenöl
zum Frittieren

Pro Portion: ca. 360 kcal/1510 kJ
24 g EW · 11 g F · 41 g KH

1 Den Brokkoli waschen und in kleine Röschen teilen. In kochendem Salzwasser 2 Min. blanchieren, in ein Sieb abgießen, kalt abschrecken und gut abtropfen lassen.

2 Das Fischfilet kalt abwaschen und trocken tupfen, in ca. 2 cm große Würfel schneiden und mit Pfeffer würzen. Die Möhren schälen und in feine Stifte schneiden oder hobeln. Die Paprikahälfte putzen, waschen und in feine Streifen schneiden.

3 Den Backofen auf 70° vorheizen. Das Öl zum Frittieren im Wok erhitzen. Inzwischen das Tempuramehl mit ca. 250 ml kaltem Wasser zu einem feinen Teig anrühren. Sobald das Öl heiß genug ist, die Fischwürfel portionsweise durch den Tempurateig ziehen und im heißen Öl 3–4 Min. ausbacken. Mit einem Schaumlöffel herausheben, auf Küchenpapier abtropfen lassen und auf einer Platte im Ofen warm halten.

4 Das Öl bis auf einen dünnen Film abgießen und den Wok wieder erhitzen. Brokkoli und Möhren darin 2 Min. bei starker Hitze pfannenrühren, an den Rand schieben. Die Paprikastreifen 1 Min. rührbraten, an den Rand schieben.

5 Ananasstückchen und -saft in den Wok geben und unter Rühren die Bratrückstände loskochen. Mango-Chutney, Essig, Honig, Ketchup und Sojasauce unterrühren und aufkochen lassen. Das Gemüse vom Wokrand unterrühren.

6 Die Speisestärke mit 2 EL kaltem Wasser anrühren, untermischen und alles 2–3 Min. köcheln lassen.

GEMÜSE-VARIANTEN

*Ananasstückchen, Zucker oder Honig und Essig sollten immer mit von der Partie sein. Beim Fisch und beim Gemüse aber können Sie das Rezept nach Herzenslust abwandeln. Statt Seelachs können Sie auch anderen festfleischigen Fisch wie **Kabeljau** oder **Rotbarsch** verwenden. Auch frittierte **Riesengarnelen** schmecken vorzüglich in dem süßsauren Gemüse. Und beim Gemüse dürfen auch **Zucchinischeiben**, **Chinakohlstücke** und **Frühlingszwiebelstücke** mit in den Wok.*

Gut zu wissen *Das **Frittieröl** bis auf einen dünnen Film abgießen … Ja, aber dann **wohin damit?** Gießen Sie es durch ein sehr feines Sieb, das die Frittierrückstände zurückhält, in einen Topf. Abgekühlt in eine Flasche füllen und kühl aufbewahren. Sie können es einige Male wiederverwenden – allerdings nur für Fisch, denn es hat seinen Geschmack angenommen. Frittieröl von Gemüse schmeckt neutral, das können Sie für alles nehmen.*

Mal eben rasch pfannengerührt, mal mit knackigem Gemüse gewokkt, mal in cremig-scharfer Sauce geschmort – aus Garnelen zaubern Sie ratzfatz die feinsten Gerichte.

Garnelen 6 x anders

1 Garnelen mit Zuckerschoten

400 g geschälte gegarte Garnelen trocken tupfen. 1 Bio-Zitrone heiß abwaschen und abtrocknen, die Schale fein abreiben und 3 EL Saft auspressen. Die Garnelen salzen und pfeffern und mit Zitronenschale und -saft mischen. 2 Knoblauchzehen und 1 Stück frischen Ingwer (ca. 3 cm) schälen und fein würfeln. 200 g Zuckerschoten waschen, putzen, eventuell entfädeln und schräg halbieren. 4 Stangen Staudensellerie putzen, waschen und in dünne Scheiben schneiden. 250 g Sojabohnensprossen in einem Sieb kalt abbrausen und gut abtropfen lassen.

250 ml Geflügelfond mit 4 EL heller Sojasauce, 2 EL Reiswein (oder Sherry medium), 2 TL Zucker und 3 TL Speisestärke verquirlen. Die Garnelen abtropfen lassen, die Marinade auffangen und zum Fond geben.

Den Wok erhitzen und 2 EL Öl hineingeben. Die Zuckerschoten darin 2 Min. bei starker Hitze pfannenrühren, an den Rand schieben. Knoblauch und Ingwer in den Wok geben und kurz anrösten. Weitere 3 EL Öl in den Wok geben und den Staudensellerie und die Sprossen darin 3 Min. pfannenrühren. Die Zuckerschoten vom Rand und die Garnelen unterrühren. Mit dem Würzfond ablöschen, aufkochen und ca. 2 Min. köcheln lassen, bis die Garnelen heiß sind. Mit Salz und Pfeffer und eventuell noch etwas Sojasauce abschmecken.

2 Garnelen mit Mu-Err-Pilzen

20 g getrocknete Mu-Err-Pilze überbrühen und 20 Min. quellen lassen. 400 g küchenfertig geschälte Garnelen in einem Sieb kalt abbrausen, abtropfen lassen, trocken tupfen und mit 3 EL Zitronensaft beträufeln. 2 Frühlingszwiebeln putzen, waschen und in feine Ringe schneiden. 4 Knoblauchzehen und 1 Stück frischen Ingwer (ca. 5 cm) schälen und fein würfeln. Die Mu-Err-Pilze aus dem Wasser nehmen, ausdrücken und in Streifen schneiden.

Den Wok erhitzen und 1 EL Öl hineingeben. Knoblauch, Ingwer und Frühlingszwiebeln darin 1 Min. bei starker Hitze pfannenrühren, an den Rand schieben. Wieder 1 EL Öl in den Wok geben und die Garnelen darin unter ständigem Rühren 2–3 Min. braten. 150 ml Gemüsebrühe angießen und die Pilze dazugeben. 5 EL Austernsauce, 2 EL helle Sojasauce und 1 Msp. Sambal oelek hinzufügen, alles zusammenrühren und aufkochen lassen. Mit Salz und Pfeffer abschmecken und vor dem Servieren mit 1 EL frisch gehackter Petersilie bestreuen.

3 Scharfe Garnelen indonesische Art

500 g küchenfertig geschälte rohe Garnelen am Rücken einritzen, den Darmfaden entfernen (siehe S. 199). In einem Sieb kalt abbrausen, abtropfen lassen und trocken tupfen. 1 Zwiebel schälen und fein würfeln. 2 Knoblauchzehen und 1 Stück frischen Galgant (ca. 2 cm, ersatzweise Ingwer) schälen und fein reiben. 2 große rote Chilischoten waschen, längs aufschneiden, entkernen und fein schneiden.

Wok erhitzen, 2 EL Öl hineingeben. Zwiebeln, Galgant (oder Ingwer) und Chilis darin bei mittlerer Hitze 4–5 Min. braten, bis die Zwiebeln leicht gebräunt sind. Garnelen dazugeben und 1–2 Min. mitbraten. Hitze reduzieren und 150 ml Kokosmilch einrühren. Mit Salz und 1 TL gemahlenem Koriander würzen, aufkochen und bei schwacher Hitze noch 5 Min. schmoren lassen.

1   2   3   4   5   6

★

4 Garnelen mit Sprossen und Minze

1 Zwiebel, 3 Knoblauchzehen und 1 Stü... schen Ingwer schälen und fein würfel... grüne Chilischote waschen und in f... schneiden. 300 g Sojabohnenspro... Sieb kalt abbrausen und gut ab... 400 g große, küchenfertig ge... nelen kalt abbrausen, trock... bieren und den Darmfad... frische Minze wasche... die Blätter fein sch... Den Wok erhitze... Die Garnelen u... Hitze anbrat... und Chilir... Mit Salz... schme... den... d... wie... Fischfor...

5 Gebrate...

500 g küchenfertig... Rücken einritzen, Darm... S. 199). Garnelen in einem S... abtropfen lassen, trocken tupfen. sel mit 2 EL Fischsauce mischen. 1 ro... putzen, waschen und in feine Streifen sch... 1 große rote Chilischote waschen, längs auf... schneiden, entkernen und in Streifen schneiden. 1 Bund Frühlingszwiebeln putzen, waschen und, weiße und grüne Teile getrennt, schräg in ca. 3 cm lange Abschnitte teilen. 1 Dose Ananasstückchen (265 g Abtropfgewicht) in ein Sieb abgießen, den Saft auffangen und 4 EL abmessen.

Den Wok erhitzen und 2 EL Öl hineingeben. ... EL Thai-Chilipaste (aus dem Glas) und den ...assaft in den Wok geben und verrühren ... das kann spritzen!). Weiße Frühlings- ...ika- und Chilistreifen dazugeben, ...ren, an den Rand schieben. ...ben und 2 Min. unter ... und die grünen Früh ... lles zusammen ...n und noch ...Zucker

... Curry

...egarnelen ..., 3 EL Kokosöl ...r dazugeben und ...e hinzufügen und ...braten. 1 TL Sambal ..., 2 EL süße Sojasauce ...ig Salz dazugeben (die ...schon Salz mit) und unter ...lassen und die Garnelen da ...zugedeckt bei schwacher Hitze ...n. Das Curry vor dem Servieren ...ettensaft und 1 EL Kokosöl beträu ...schmeckt thailändischer Duftreis oder ...asnudeln.

Praxis-Tipps *Kokosöl erstarrt bei Zimmertemperatur. Stellen Sie den Behälter zum Verflüssigen in lauwarmes Wasser. Erschrecken Sie nicht über den Geruch der Garnelenpaste, sie gibt verkocht dem Curry ein angenehm würziges Aroma.*

Riesengarnelen

mit Ingwer und Knoblauch

★
★

Für 2 Personen

400 g ungeschälte Riesengarnelen (ohne Kopf)
1 EL Fischsauce
2–3 Möhren (ca. 150 g)
150 g Zuckerschoten
100 g Chinakohl
150 g Sojabohnensprossen
2 Knoblauchzehen
1 großes Stück frischer Ingwer (50 g)
3 EL Öl · 100 ml Gemüsebrühe
1 EL Austernsauce
2 EL dunkle Sojasauce
1/4 TL Sambal oelek
Salz · Pfeffer

Pro Portion: ca. 390 kcal/1640 kJ
37 g EW · 19 g F · 19 g KH

1 Die Garnelen wie unten gezeigt schälen und vom Darm befreien. Das Garnelenfleisch kalt abwaschen und gut trocken tupfen. Mit der Fischsauce beträufeln.

2 Die Möhren schälen und in feine Stifte schneiden oder hobeln. Die Zuckerschoten waschen, putzen und eventuell entfädeln. Den Chinakohl putzen, waschen und in 1 cm breite Streifen schneiden. Die Sojabohnensprossen in einem Sieb kalt abbrausen und gut abtropfen lassen. Den Knoblauch und den Ingwer schälen und fein würfeln.

3 Den Wok erhitzen und 1 EL Öl hineingeben. Die Möhren und die Zuckerschoten darin bei starker Hitze 2–3 Min. pfannenrühren, dann an den Rand schieben. Wieder 1 EL Öl in den Wok geben und den Chinakohl und die Sprossen darin 1–2 Min. pfannenrühren, ebenfalls an den Rand schieben.

4 Das übrige Öl in den Wok geben, Knoblauch und Ingwer darin 1 Min. anbraten und an den Rand schieben. Die Garnelen in den Wok geben und ca. 2 Min. unter ständigem Rühren braten. Die Brühe angießen, alles zusammenrühren und aufkochen lassen. Mit Austernsauce, Sojasauce und Sambal oelek würzen und mit Salz und Pfeffer abschmecken.

Einkaufs-Tipp *Sie können auch ca.* **300 g bereits geschälte Riesengarnelen** *(frisch oder TK) kaufen. Aromatischer sind allerdings die ungeschälten.*

1. Den Panzer der Riesengarnele mit einer gegenläufigen Drehbewegung knacken und abschälen.

2. Die Garnele in Rückenmitte mit einem scharfen Messer längs einschneiden und den schwarzen Darmfaden entfernen.

3. Die Garnelen im Wok bei starker Hitze im heißen Öl braten, bis sie sich rosig verfärben.

Meeresfrüchte-Curry

Für 4 Personen
500 g gemischte TK-Meeresfrüchte
Salz · 1 Süßkartoffel (ca. 250 g)
2 Knoblauchzehen
1 Stück frischer Ingwer (ca. 4 cm)
1 Zucchino (ca. 250 g) · 1 rote Paprikaschote
1/2 Bund Petersilie · 2 EL Öl
100 ml Gemüsebrühe · 400 ml Kokosmilch
1 TL gelbe Currypaste
3 EL Austernsauce · 2 EL helle Sojasauce

Pro Portion: ca. 255 kcal/1070 kJ
21 g EW · 8 g F · 25 g KH

1 Die Meeresfrüchte am besten über Nacht in einem Sieb im Kühlschrank auftauen lassen. Dann Wasser aufkochen, salzen und die Meeresfrüchte darin 2 Min. blanchieren. In ein Sieb abgießen und gut abtropfen lassen.

2 Die Süßkartoffel schälen und in ca. 1 cm große Würfel schneiden. In reichlich kochendem Salzwasser in 5 Min. knapp weich kochen, abgießen und abtropfen lassen.

3 Den Knoblauch und den Ingwer schälen und fein würfeln. Den Zucchino waschen und in ca. 1 cm große Würfel schneiden. Die Paprikaschote putzen, waschen und in feine Streifen schneiden. Die Petersilie waschen und trocken schütteln, die Blätter fein schneiden.

4 Den Wok erhitzen und 1 EL Öl hineingeben. Knoblauch und Ingwer darin kurz anbraten. Die Meeresfrüchte dazugeben und 2 Min. mitbraten, an den Wokrand schieben. Das übrige Öl in den Wok geben und die Zucchini- und Süßkartoffelwürfel und die Paprikastreifen dazugeben und 2 Min. pfannenrühren.

5 Gemüsebrühe und Kokosmilch angießen und die Currypaste einrühren. Alles zusammenrühren. Die Austernsauce und die Sojasauce hinzufügen, aufkochen und 1 Min. köcheln lassen. Das Curry mit Petersilie bestreut servieren.

Meeresfrüchte-Wok

Für 4 Personen
500 g gemischte TK-Meeresfrüchte
Salz · 4 Knoblauchzehen
1 Zwiebel
1 Stück Salatgurke (ca. 150 g)
2 Tomaten
1/2 Bund Koriandergrün
1 EL Öl · 100 ml Gemüsebrühe
5 EL Austernsauce
1 EL Fischsauce
2 EL dunkle Sojasauce
1 Msp. Sambal oelek
Pfeffer

Pro Portion: ca. 175 kcal/740 kJ
21 g EW · 7 g F · 8 g KH

1 Die Meeresfrüchte am besten über Nacht in einem Sieb im Kühlschrank auftauen lassen. Dann Wasser aufkochen, salzen und die Meeresfrüchte darin 2 Min. blanchieren. In ein Sieb abgießen und gut abtropfen lassen.

2 Den Knoblauch und die Zwiebel schälen und fein würfeln. Die Gurke schälen, halbieren, die Kerne herauskratzen und die Gurke 1 cm groß würfeln. Die Tomaten waschen und in ebenso große Stücke schneiden. Das Koriandergrün waschen und trocken schütteln, die Blätter und zarten Stängel fein hacken.

3 Den Wok erhitzen und 1 EL Öl hineingeben. Den Knoblauch und die Zwiebeln darin bei mittlerer Hitze 1 Min. unter Rühren anbraten. Die Meeresfrüchte dazugeben und unter ständigem Rühren 2 Min. mitbraten.

4 Die Gurken- und Tomatenstücke dazugeben und 1 Min. pfannenrühren. Die Gemüsebrühe angießen. Austernsauce, Fischsauce, dunkle Sojasauce und Sambal oelek unterrühren und mit Pfeffer abschmecken. Mit Koriandergrün bestreut servieren.

30 Min. (mit TK-Meeresfrüchten) · mild-würzig

Meeresfrüchte nach Phuket-Art

Für 4 Personen
600 g Meeresfrüchte (Riesengarnelen, Tintenfischchen, Sepiaringe, Muscheln; frisch oder TK)
je 1 rote und gelbe Paprikaschote
2 Möhren · 2 Stangen Staudensellerie
2 Zweige Thai-Basilikum · 3 EL Öl
2 EL Thai-Chilipaste (aus dem Glas; siehe S. 69)
1 EL Palmzucker (oder brauner Zucker)
2 EL helle Sojasauce · 2 EL Austernsauce

Pro Portion: ca. 225 kcal/940 kJ
24 g EW · 10 g F · 10 g KH

1   Frische Meeresfrüchte kalt abwaschen und
trocken tupfen. Frische Garnelen schälen, am
Rücken einritzen und den Darmfaden entfernen.
Größere Tintenfischchen putzen und in mundgerechte Stücke schneiden. Geöffnete Muscheln
wegwerfen. Geschlossene Muscheln im Dämpfeinsatz vorgaren, bis sie sich öffnen, und auslösen. Jetzt noch geschlossene Muscheln wegwerfen. Gemischte TK-Meeresfrüchte über
Nacht in einem Sieb im Kühlschrank auftauen
lassen, kalt abbrausen, gut abtropfen lassen und
trocken tupfen.

2   Paprikaschoten putzen, waschen und in feine
Streifen schneiden. Die Möhren schälen und in
feine Stifte schneiden oder hobeln. Die Selleriestangen putzen, waschen und in dünne Scheiben
schneiden. Das Thai-Basilikum waschen und
trocken schütteln, die Blätter abzupfen.

3   Den Wok erhitzen und das Öl hineingeben.
Die Chilipaste darin bei starker Hitze ca. 5 Sek.
unter Rühren anbraten. Die Meeresfrüchte
hinzufügen und 2 Min. pfannenrühren, an den
Rand schieben. Paprikastreifen, Möhrenstifte
und Sellerie in den Wok geben und 2 Min.
pfannenrühren. Alles zusammenmischen und
4 EL Wasser dazugeben. Den Palmzucker, die
Sojasauce und die Austernsauce unterrühren
und 2 Min. schmoren lassen. Vor dem Servieren
die Basilikumblätter untermischen.

30 Min. (mit TK-Meeresfrüchten) · für Gäste

Meeresfrüchte in Kurkumasauce

Für 4 Personen
600 g Meeresfrüchte (Riesengarnelen, Tintenfischchen, Sepiaringe, Muscheln; frisch oder TK)
2–3 EL Fischsauce · 1 Bio-Limette · 6 kleine
oder 4 große Kaffirlimettenblätter · 1 Stängel
Zitronengras · 2 Knoblauchzehen · 1 TL gemahlene Kurkuma · je 1/2 TL Salz und Zucker
1 Dose Kokosmilch (400 ml, ungeschüttelt)

Pro Portion: ca. 145 kcal/610 kJ
23 g EW · 2 g F · 9 g KH

1   Frische Meeresfrüchte kalt abwaschen. Frische
Garnelen schälen, am Rücken einritzen und den
Darmfaden entfernen. Größere Tintenfischchen
putzen, in mundgerechte Stücke schneiden. Die
Muscheln – geöffnete aussortieren und wegwerfen – im Dämpfeinsatz vorgaren, bis sie sich öffnen, und auslösen. Noch geschlossene Muscheln
wegwerfen. TK-Meeresfrüchte auftauen lassen,
kalt abbrausen, abtropfen lassen. Alles trocken
tupfen und mit 2 EL Fischsauce vermischen.

2   Limette heiß abwaschen, abtrocknen, Schale
mit dem Zestenreißer abziehen, Saft auspressen.
Limettenblätter waschen, aufrollen, in haarfeine
Streifen schneiden. Von großen Limettenblättern
vorher die harten Mittelrippen entfernen.

3   Das Zitronengras von äußeren harten Blättern befreien und das untere weiche Drittel fein
hacken. Den Knoblauch schälen und zerkleinern.
Beides mit Kurkuma, Salz und Zucker im Mörser
zu einer feinen Paste zerstoßen.

4   4 EL Kokossahne (den dicken Teil, der sich in
der ungeschüttelten Dose oben absetzt) in den
Wok geben und aufkochen lassen. Würzpaste einrühren, 2 Min. bei mittlerer Hitze anbraten. Meeresfrüchte 1 Min. unter Rühren mitbraten. Übrige
Kokosmilch verrühren, mit Kaffirlimettenblatt-
streifen und Limettenzesten zufügen. 3 Min. einkochen lassen, mit 2–3 EL Limettensaft und eventuell etwas Fischsauce und Zucker abschmecken.

★
★

Tintenfisch-
Garnelen-Kung-Po

★
★

Für 4 Personen
500 g Brokkoli · Salz
2 große küchenfertige Sepiatuben (ca. 250 g)
300 g mittelgroße, ungeschälte Riesengarnelen
1 Bund Frühlingszwiebeln
1 Zwiebel · 2 Knoblauchzehen · 2 große rote
Chilischoten · 3 EL Öl · 200 ml Kokosmilch
3 EL scharfe Bohnenpaste (Kung-Po-Sauce)
2 EL helle Sojasauce · 1 TL Honig

Pro Portion: ca. 235 kcal/980 kJ
25 g EW · 10 g F · 11 g KH

1 Den Brokkoli putzen und in kleine Röschen
teilen. In einem Topf Wasser aufkochen, salzen
und die Röschen darin 2 Min. blanchieren.
Abgießen, mit eiskaltem Wasser abschrecken
und gut abtropfen lassen.

2 Die Sepiatuben längs auseinanderschneiden,
gut waschen (die weißliche innere Schicht dabei
entfernen) und trocken tupfen. Jede Hälfte wie
unten gezeigt außen mit einem scharfen Messer
rautenförmig einkerben (**Bild 1**). Die Hälften
dann in kleine Rechtecke schneiden (**Bild 2**).

3 Die Garnelen wie auf S. 199 gezeigt schälen,
am Rücken einritzen, den Darmfaden entfernen.
Garnelen kalt abwaschen und trocken tupfen.

4 Die Frühlingszwiebeln putzen, waschen und
in schräge Ringe schneiden. Die Zwiebel schälen
und grob würfeln. Den Knoblauch schälen und
fein würfeln. Die Chilischoten waschen, längs
aufschneiden, entkernen und klein würfeln.

5 Den Wok erhitzen und 1 EL Öl hineingeben.
Den Brokkoli darin 2 Min. bei starker Hitze
pfannenrühren, an den Rand schieben. Wieder
1 EL Öl in den Wok geben, die Frühlingszwiebeln
und die gewürfelten Zwiebeln darin 1 Min. pfannenrühren und an den Rand schieben.

6 Das übrige Öl in den Wok geben und die
Sepiastücke und die Garnelen mit dem Knoblauch und den Chilis 5 Min. unter Rühren braten.
Die Garnelen färben sich dabei schön rosa, und
die Tintenfischstücke rollen sich ein (**Bild 3**).

7 Die Kokosmilch und die Kung-Po-Sauce
unterrühren. Alles zusammenrühren und mit
Sojasauce, Honig und Salz abschmecken.

Praxis-Tipp *Wem die Sache mit dem*
Rautenmuster *zu kompliziert erscheint*
(es ist aber wirklich nicht schwer!), der
kauft **kleine Sepia-Tuben,** *wäscht diese*
gründlich außen und innen und schneidet
sie einfach in 1/2 cm breite Ringe.

1. Die Sepiahälften im Abstand
von ca. 1/2 cm mit knapp 2 mm
tiefen Einschnitten versehen.

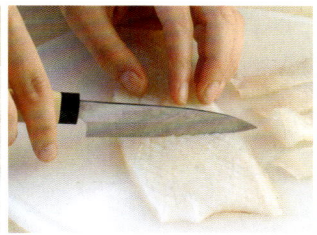

2. Die Sepiahälften anschließend
in ca. 3 x 2 cm große Stücke
schneiden.

3. Die Sepiastücke rollen
sich beim Braten deko-
rativ ein.

Tintenfisch mit Kräutern

Für 4 Personen
350 g Mini-Sepien (küchenfertig vorbereitet)
Salz · 1 Zwiebel
2 Knoblauchzehen
2 kleine grüne Thai-Chilischoten
1 Stück frischer Ingwer (ca. 2 cm)
1 Kaffirlimettenblatt
je 3 Zweige Petersilie, Thai-Basilikum
(Bai horapha), Minze und Koriandergrün
3 EL Öl · 125 ml Fischfond
(aus dem Glas)
2 EL Fischsauce · Pfeffer

Pro Portion: ca. 140 kcal/590 kJ
14 g EW · 8 g F · 2 g KH

1 Die Mini-Sepien in einem Sieb kalt abbrausen, abtropfen lassen und je nach Größe ganz lassen oder längs halbieren. In kochendem Salzwasser 1 Min. blanchieren, in ein Sieb abgießen, kalt abschrecken und gut abtropfen lassen.

2 Die Zwiebel schälen, längs halbieren und in dünne Spalten schneiden. Den Knoblauch schälen und in dünne Scheiben schneiden. Die Chilis waschen und fein schneiden. Den Ingwer schälen und fein reiben.

3 Das Limettenblatt von der Mittelrippe befreien und die Blatthälften in haarfeine Streifen schneiden. Die Kräuter waschen und trocken schütteln, die Blätter abzupfen.

4 Den Wok erhitzen und das Öl hineingeben. Zwiebeln und Knoblauch darin 3–4 Min. bei starker Hitze pfannenrühren. Die Hitze zurückschalten und die Tintenfischchen dazugeben. Bei mittlerer Hitze 3 Min. rührbraten. Den Ingwer und die Chilis dazugeben, dann den Fond angießen und aufkochen lassen.

5 Die Kräuter und die Limettenblattstreifen hinzufügen und unterrühren und 1 Min. schmoren lassen. Mit der Fischsauce, Salz und Pfeffer abschmecken.

Gebratener Tintenfisch

Für 4 Personen
600 g küchenfertige Tintenfischringe
4–5 Knoblauchzehen · 3–4 EL Zitronensaft
2 rote Zwiebeln · 150 g Zuckerschoten
1 kleiner Zucchino (ca. 150 g)
1/2 Bund Petersilie · 3 EL Öl
200 ml Fischfond · 1 EL Tomatenmark
1 EL Fischsauce · 2 EL helle Sojasauce
1 Msp. Sambal oelek · Salz · Pfeffer

Pro Portion: ca. 215 kcal/910 kJ
26 g EW · 9 g F · 8 g KH

1 Die Tintenfischringe in einem Sieb kalt abbrausen, gut abtropfen lassen, trocken tupfen und in eine Schüssel geben. 2 Knoblauchzehen schälen, fein würfeln und dazugeben. 2 EL Zitronensaft untermischen und 30 Min. zugedeckt bei Zimmertemperatur durchziehen lassen.

2 Inzwischen den übrigen Knoblauch schälen und in Scheiben schneiden. Die Zwiebeln schälen und in Ringe schneiden. Die Zuckerschoten waschen, putzen, eventuell entfädeln und schräg halbieren. Den Zucchino waschen und in Scheiben schneiden. Die Petersilie waschen und trocken schütteln, die Blätter fein schneiden.

3 Den Wok erhitzen und 1 EL Öl hineingeben. Knoblauch, Zwiebeln und Zuckerschoten darin 2 Min. bei starker Hitze pfannenrühren, dann an den Rand schieben. Wieder 1 EL Öl in den Wok geben und die Zucchinischeiben darin unter Rühren 1 Min. braten, an den Rand schieben.

4 Das restliche Öl in den Wok geben und die Tintenfischringe mit der Hälfte der Petersilie 2 Min. pfannenrühren. Den Fischfond angießen und das Tomatenmark hinzufügen. Alles zusammenrühren und aufkochen lassen. Fischsauce, Sojasauce und Sambal oelek einrühren und mit dem übrigen Zitronensaft, Salz und Pfeffer abschmecken. Mit der übrigen Petersilie bestreut servieren.

40 Min. · scharf

Venusmuscheln *in Kokossauce*

Für 4 Personen
2 kg frische Venusmuscheln
(oder Miesmuscheln)
200 g Zuckerschoten
4 Kaffirlimettenblätter
2 Knoblauchzehen
4 EL Öl · 2 TL rote Currypaste
400 ml Kokosmilch
400 ml Asia-Fond (aus dem Glas;
oder Gemüsebrühe)
2 EL Palmzucker (oder
brauner Zucker) · Salz
2 Zweige Thai-Basilikum (Bai horapha)

Pro Portion: ca. 215 kcal/900 kJ
12 g EW · 12 g F · 14 g KH

1 Die Muscheln gründlich waschen und putzen, geöffnete und beschädigte Exemplare aussortieren. Die Guten in einem Sieb abtropfen lassen. Die Zuckerschoten waschen, putzen, eventuell entfädeln und in feine Längsstreifen schneiden. Die Limettenblätter waschen und abtrocknen.

2 Die Knoblauchzehen schälen und fein würfeln. Den Wok erhitzen und das Öl hineingeben. Den Knoblauch und die Limettenblätter darin bei mittlerer Hitze 1 Min. anbraten (Vorsicht, das kann spritzen!).

3 Die Currypaste einrühren, die Kokosmilch und den Fond angießen. Den Palmzucker einrühren, salzen und 10 Min. offen kochen lassen.

4 Die Muscheln in den Kokossud geben, aufkochen lassen, zugedeckt 6–8 Min. garen, bis sie sich geöffnet haben, dabei gelegentlich durchrühren. Ungeöffnete Muscheln herausnehmen und wegwerfen (eventuell noch verbliebene sortiert jeder bei Tisch aus seiner Portion aus).

5 Inzwischen das Basilikum waschen und trocken schütteln, die Blätter abzupfen. Mit den Zuckerschoten unter die Muscheln mischen und einmal aufkochen lassen.

35 Min. · ganz einfach

Venusmuscheln *in Tomatensauce*

Für 4 Personen
je 150 g Blumenkohl und Brokkoli · Salz
1/2 rote Paprikaschote · 1 Frühlingszwiebel
100 g Zuckerschoten · 100 g Sojabohnspros-
sen · 1 Knoblauchzehe · 3 Zweige Petersilie
200 g naturell eingelegte Venusmuscheln
(aus dem Glas oder der Dose) · 3 EL Öl
1 kleine Dose stückige Tomaten (400 g)
5 EL Austernsauce · 2 EL helle Sojasauce
1 Msp. Sambal oelek · Pfeffer

Pro Portion: ca. 175 kcal/740 kJ
12 g EW · 9 g F · 13 g KH

1 Den Blumenkohl und den Brokkoli waschen und in kleine Röschen teilen. In einem Topf Wasser aufkochen, salzen und die Röschen darin 2 Min. blanchieren. Abgießen, kalt abschrecken und gut abtropfen lassen.

2 Paprikahälfte putzen, waschen und in feine Streifen schneiden. Frühlingszwiebel putzen, waschen und in Ringe schneiden. Zuckerschoten waschen, putzen, eventuell entfädeln und schräg halbieren. Die Sojabohnensprossen in einem Sieb kalt abbrausen und gut abtropfen lassen.

3 Knoblauch schälen und in Scheiben schneiden. Petersilie waschen und trocken schütteln, die Blätter fein schneiden. Die Venusmuscheln durch ein Sieb abgießen und abtropfen lassen.

4 Den Wok erhitzen und 1 EL Öl hineingeben. Brokkoli, Blumenkohl und Zuckerschoten darin 2 Min. bei starker Hitze pfannenrühren, an den Rand schieben. Wieder 1 EL Öl in den Wok geben und Paprikastreifen, Sprossen und Frühlingszwiebeln darin 2 Min. pfannenrühren, ebenfalls an den Rand schieben.

5 Übriges Öl in den Wok geben und Knoblauch, Tomaten und Venusmuscheln zufügen. Austernsauce, Sojasauce und Sambal unterrühren und aufkochen lassen. Alles zusammenrühren, salzen und pfeffern, die Petersilie darüberstreuen.

★
★

205

45 Min. · für Gäste

Muscheln
mit Zitronengras

Für 4 Personen
2 kg Miesmuscheln
1 Zwiebel
4 Knoblauchzehen
2 Stängel Zitronengras
2 große grüne Chilischoten
8 Kaffirlimettenblätter
2 EL Öl
500 ml Asia-Fond (aus dem Glas
oder Gemüsebrühe)
3–4 EL helle Sojasauce
Salz · Pfeffer

Pro Portion: ca. 120 kcal/510 kJ
11 g EW · 7 g F · 4 g KH

1 Die Miesmuscheln gründlich waschen, abbürsten und, so vorhanden, die Bärtchen entfernen (siehe S. 176). Geschlossen und beschädigte
Exemplare aussortieren.

2 Die Zwiebel schälen, längs halbieren und in
feine Spalten schneiden. Knoblauch schälen und
in Scheiben schneiden. Das Zitronengras von
äußeren harten Blättern befreien und das untere
weiche Drittel in feine Scheiben schneiden.

3 Die Chilischoten waschen und in Scheiben
schneiden. Kurz in kaltes Wasser legen, damit
sich die Kerne herauslösen, herausnehmen und
auf Küchenpapier abtropfen lassen. Die Limettenblätter waschen und am Rand mehrfach einreißen, damit sie ihr Aroma besser abgeben.

4 Den Wok erhitzen und das Öl hineingeben.
Zwiebeln, Knoblauch, Zitronengras und Chiliringe darin 2 Min. pfannenrühren. Mit dem
Fond ablöschen, mit Sojasauce, Salz und Pfeffer
kräftig abschmecken und aufkochen lassen.

5 Die Muscheln und die Limettenblätter
hineingeben, wieder aufkochen lassen und zugedeckt bei mittlerer Hitze ca. 10 Min. garen,

gelegentlich den Wok etwas rütteln, damit sich
die Muscheln besser öffnen können.

6 Die Muscheln, die sich nicht geöffnet haben,
aussortieren und wegwerfen. Die Guten mit
etwas Sud auf tiefe Teller verteilen. Einen Teller
für die Schalen bereitstellen. Neben Reis
schmeckt auch Baguette zu den Muscheln.

VARIANTE
MIT FRISCHEM LORBEER

*Für 4 Personen **2 kg Muscheln** wie links beschrieben vorbereiten. **2 Möhren** (ca. 200 g) schälen
und in Scheiben schneiden. **2–3 Stangen Staudensellerie** putzen, waschen und in dünne Scheiben
schneiden. **2 rote Zwiebeln** schälen und in grobe
Stücke teilen. **1 Bund Frühlingszwiebeln** putzen,
waschen und schräg in 3 cm lange Abschnitte
teilen. **1 Knoblauchzehe** schälen und fein würfeln.
Den Wok erhitzen und **1 EL Öl** hineingeben.
Den Knoblauch und die Zwiebeln darin 2 Min.
bei mittlerer Hitze glasig anbraten. Frühlingszwiebeln, Möhren und Sellerie dazugeben und
4 Min. dünsten. Mit **500 ml Gemüsebrühe** ablöschen und **4 frische Lorbeerblätter** dazugeben.
Aufkochen lassen und kräftig mit **Salz** und **Pfeffer**
abschmecken. Dann die Miesmuscheln in den Sud
geben, wieder aufkochen lassen und zugedeckt
ca. 10 Min. garen, bis sich die Muscheln geöffnet
haben. Ungeöffnete Muscheln aussortieren und
die übrigen mit etwas Sud und Gemüse in tiefe
Teller verteilen und servieren.*

Einkaufs-Tipp *Sie sind zwar ein wenig
teurer, ersparen aber die lästige Vorarbeit:
küchenfertige Miesmuscheln – schon ent-
bartet und gewaschen. Die müssen Sie nur
noch in kaltem Wasser durchspülen und in
einem Sieb abtropfen lassen.*

★
★

Reis

Ohne Reis geht in Asien gar nichts!
Die Überfülle an leckeren indischen,
thailändischen, chinesischen und
indonesischen Reisgerichten macht die
Wahl schwer. Am besten eins nach dem
anderen ausprobieren und genießen!

Warenkunde & Küchenpraxis: Reis

Basmati- und thailändischer Duftreis

Basmatireis ist eine der ältesten Reissorten. Einwanderer fanden ihn schon vor 3000 Jahren im Kaschmirhochland. Am Fuße des Himalayagebirges, wo das Schneeschmelzwasser alljährlich die Hochebene überflutet, wächst diese ganz besondere langkörnige Reissorte. Basmati bedeutet wörtlich Duftreis, denn er verströmt wie sein thailändischer Verwandter nach dem Garen einen feinen lieblichen Duft.

Chinesischer Langkornreis

In China bevorzugt man weißen Langkornreis (Patnareis). Für 4 Personen 280 g in einem Sieb so lange kalt abbrausen, bis das Wasser klar abläuft. Den Reis mit der doppelten Menge Wasser und 1/2 TL Salz in einem Topf aufkochen lassen. 2–3 Min. offen kochen lassen, dann zudecken und den Reis bei schwacher Hitze 20 Min. garen, nicht umrühren. Den Topf von der Kochstelle nehmen und den Reis zugedeckt 10 Min. ruhen lassen. Mit Stäbchen (oder einer Gabel) auflockern.

Darauf kommt's an ***Wenn Reis vom Vortag übrig ist*** *Für gebratenen Reis brauchen Sie möglichst trockenen gegarten Reis, sonst saugen die Körner sich mit den Würzsaucen voll und werden matschig. Darum wird üblicherweise der Rest vom Vortag verwendet. Es geht aber auch mit frisch gekochtem Reis, er muss nur vollständig ausgekühlt sein: Garen Sie ihn ca. 2 Std. vorher, geben ihn dann auf einen großen Teller und verteilen ihn. So kühlt er schnell ab und wird schön trocken.*

Klebreis

Auch Ketan-Reis genannt, ist ein sehr stärkehaltiger, rundkörniger Reis, der nach dem Garen stark klebt. In Teilen Thailands und Indonesiens wird er bis heute mit der Hand gegessen: Dort rollt man ihn zu Bällchen, taucht diese in ein Saucengericht wie z. B. ein Curry und führt sie zum Mund. Sie können den Klebreis entweder 8 Std. einweichen und über Dampf garen oder auf japanische Weise, wie auf S. 223 beschrieben, zubereiten.

Kleine Mengenlehre

Ob als Beilage oder im Hauptgericht: Reis ist oft eine »Restefalle«. Damit Sie gut planen können, rechnen Sie als Beilage ca. 250 g ungegarten Reis für 4 Personen. Für ein Hauptgericht sind 90–100 g pro Person optimal. Praktische Mengenabschätzung bei Rezepten für gebratenen Reis: 100 g roher Reis ergeben ca. 250 g gegarten Reis; rechnen Sie also immer in etwa die 2 1/2-fache Menge. Wenn doch mal etwas übrig bleibt: Siehe Tipp oben. Übrigens: Asia-Reis wird beim Kochen nicht gesalzen, da die Gerichte und/oder Zutaten dazu schon würzig genug sind.

Reis richtig lagern

Roher Reis ist nahezu unbegrenzt haltbar. Füllen Sie ihn nach dem Kauf in verschließbare Gläser oder Dosen, damit Vorratsschädlinge keine Chance haben. Gegarten Reis füllen Sie in eine Vorratsdose und bewahren ihn im Kühlschrank auf; er hält so 3–4 Tage. Wenn Sie Reis länger lagern müssen, ihn besser einfrieren! In jedem Fall vor dem Umfüllen vollständig abkühlen und austrocknen lassen, sonst wird er leicht matschig.

jeweils 25 Min. · als Beilage

Grundrezepte
für Basmatireis

Für 4 Personen

Für Kokosreis:
250 g Basmatireis
1/2 TL Salz · 2 EL Öl
2 TL Kreuzkümmelsamen
4 EL Kokosraspel

Pro Portion: ca. 320 kcal/1340 kJ
5 g EW · 12 g F · 50 g KH

Für Gewürzreis:
250 g Basmatireis
1/2 TL Salz
1 EL Ghee (oder Butterschmalz)
je 1/4 TL Zimt- und Chilipulver,
gemahlener Koriander und Kreuzkümmel

Pro Portion: ca. 235 kcal/990 kJ
4 g EW · 3 g F · 49 g KH

Für Minzreis:
250 g Basmatireis
1/2 TL Salz
1/2 Bund frische Minze
1 EL Butter
Pfeffer

Pro Portion: ca. 235 kcal/990 kJ
4 g EW · 2 g F · 49 g KH

Für den **Kokosreis** den Basmatireis in ein Sieb geben und so lange Wasser darüberlaufen lassen, bis es ganz klar abläuft. Mit 500 ml Wasser und dem Salz in einem Topf aufkochen lassen. Inzwischen das Öl in einem Pfännchen erhitzen, den Kreuzkümmel und die Kokosraspel darin bei mittlerer Hitze in ca. 2 Min. unter Rühren goldgelb rösten. Unter den Reis mischen und zugedeckt bei schwacher Hitze in ca. 20 Min. fertig garen.

Für den **Gewürzreis** den Basmatireis in einem Sieb gründlich waschen, dann mit 500 ml Wasser und dem Salz in einem Topf aufkochen lassen. Inzwischen das Ghee in einem Pfännchen erhitzen und die Gewürze darin 1 Min. bei mittlerer Hitze rösten, bis sie duften. Unter den Reis mischen und diesen zugedeckt bei schwacher Hitze in ca. 20 Min. fertig garen.

Für den **Minzreis** den Basmatireis in einem Sieb gründlich waschen, dann mit 500 ml Wasser und dem Salz in einem Topf aufkochen lassen. Die Hitze reduzieren und den Reis bei schwacher Hitze in ca. 20 Min. bissfest garen. Inzwischen die Minze waschen und trocken schütteln, die Blätter abzupfen und fein schneiden. Mit der Butter unter den fertigen Reis mischen und diesen mit Pfeffer sowie eventuell noch etwas Salz abschmecken.

Küchenpraxis Haben Sie einen herkömmlichen **Elektroherd mit Guss-Platten?** Dann garen Sie den Reis 10 Min. auf kleiner Stufe, schalten dann ab und lassen den Reis ca. 20 Min. bei der Restwärme weiterquellen. Bei **Glaskeramikfeldern** (Halogen, Infrarot und Induktion) und **Gasherden** ist diese energiesparende Methode leider nicht möglich. Außer Sie machen es wie unsere Großmütter: Den Reis 10 Min. kochen, dann den Topf in Decken gepackt ins Bett stellen und den Reis da garziehen lassen.

Würziger *Nussreis*

Für 4 Personen
250 g Basmatireis
1/2 TL Salz
1 Zwiebel
1 EL Ghee (oder Butterschmalz)
4 Gewürznelken
1 kleine Zimtstange
je 2 EL Cashewkerne und Mandelstifte
und Kokoschips
Pfeffer

Pro Portion: ca. 330 kcal/1370 kJ
6 g EW · 11 g F · 52 g KH

1   Den Reis in ein Sieb geben und so lange kaltes Wasser darüberlaufen lassen, bis es wieder ganz klar abläuft. Den Reis mit 500 ml Wasser und dem Salz in einem Topf aufkochen lassen. Die Hitze reduzieren und den Reis zugedeckt bei schwacher Hitze insgesamt 20 Min. garen.

2   Inzwischen die Zwiebel schälen und fein würfeln. Das Ghee in einem Pfännchen erhitzen. Die Zwiebelwürfel, die Nelken und die Zimtstange darin 2–3 Min. bei mittlerer Hitze unter Rühren braten.

3   Die Cashewkerne nach Belieben grob hacken. Zusammen mit Mandeln und Kokoschips zu Zwiebeln und Gewürzen geben; alles weiterbraten, bis die Nüsse duften.

4   Die Mischung unter den Reis rühren und diesen fertig garen. Mit Salz und Pfeffer abschmecken. Der Nussreis schmeckt fein zu Hähnchengerichten und vegetarischen Currys.

Safran-*Pistazien-Reis*

Für 4 Personen
250 g Basmatireis
1 Döschen Safranfäden (0,1 g)
40 g Pistazienkerne
1 EL Ghee (oder Butterschmalz)
1 Stück Zimtstange
5 grüne Kardamomkapseln
1/2 TL Salz

Pro Portion: ca. 300 kcal/1520 kJ
6 g EW · 8 g F · 51 g KH

1   Den Reis in ein Sieb geben und so lange kaltes Wasser darüberlaufen lassen, bis es wieder ganz klar abläuft. Die Safranfäden etwas zwischen den Fingern zerreiben, in einer Tasse in 2 EL heißem Wasser verrühren und darin auflösen.

2   Die Pistazien mit einem schweren Messer fein hacken. Den Wok (oder einen Topf) erhitzen und das Ghee darin schmelzen. Die Pistazien, die Zimtstange und die Kardamomkapseln darin bei mittlerer Hitze 1 Min. anbraten, bis sie anfangen zu duften.

3   Den Reis hinzufügen und kurz unter Rühren mitbraten. Den angerührten Safran und 500 ml Wasser dazugeben. Das Ganze salzen und einmal aufkochen lassen.

4   Die Hitze reduzieren und den Reis bei nur schwacher Hitze zugedeckt 20 Min. garen. Vor dem Servieren mit einer Gabel auflockern. Der Safran-Pistazien-Reis schmeckt sehr gut zu Geflügel- und Lammgerichten.

Warum ist … *Safran eigentlich so teuer?* Safran wird von einer bestimmten Krokusart gewonnen, die z. B. in Spanien und Italien wächst. Die Blüten werden von Hand geerntet, die je drei leuchtend roten Staubgefäße vorsichtig herausgelöst und getrocknet. Ein preisgünstiger Ersatz ist Kurkuma, das den Speisen eine ebenso schöne Farbe verleiht, aber längst nicht so fein-aromatisch ist. Vorsicht, vermeintlich billiger Safran ist oft damit gestreckt, deshalb besser Safranfäden kaufen!

25 Min. · Beilage

Kokosreis *mit Zuckerschoten*

Für 4 Personen
250 g thailändischer Duftreis
400 ml Kokosmilch
Salz · 1 kleine Zwiebel
1 Knoblauchzehe
1 Stängel Zitronengras
100 g Zuckerschoten
2 Frühlingszwiebeln
2 EL Öl · weißer Pfeffer
1–2 TL Limettensaft

Pro Portion: ca. 300 kcal/1260 kJ
5 g EW · 6 g F · 57 g KH

1 Den Reis in ein Sieb geben und so lange kaltes Wasser darüberlaufen lassen, bis es ganz klar abläuft. Mit der Kokosmilch, 100 ml Wasser und 1/2 TL Salz in einem Topf aufkochen lassen. Die Hitze reduzieren und den Reis zugedeckt bei schwacher Hitze insgesamt 20 Min. garen.

2 Inzwischen die Zwiebel und den Knoblauch schälen und fein würfeln. Das Zitronengras von äußeren harten Blättern befreien, das untere weiche Drittel sehr fein hacken. Die Zuckerschoten waschen, putzen, eventuell entfädeln und in feine Streifen schneiden. Die Frühlingszwiebeln putzen, waschen und in feine Ringe schneiden.

3 In einer Pfanne (oder im Wok, falls der nicht für das Hauptgericht im Einsatz ist) das Öl erhitzen. Zwiebeln, Knoblauch und Zitronengras darin bei mittlerer Hitze 2 Min. unter Rühren braten. Die Zuckerschoten und die Frühlingszwiebeln dazugeben und 1 Min. weiterbraten. Mit Salz und Pfeffer würzen.

4 Das Gemüse unter den Reis rühren und fertig garen. Den Reis mit Salz und Limettensaft abschmecken. Der Reis passt gut zu Fisch- und Garnelengerichten.

35 Min. · Beilage

Safran-Gemüse-Reis

★

Für 4 Personen
1 Möhre
1 Döschen Safranfäden (0,1 g)
50 g Cashewkerne
1 Zimtstange
6 Kardamomkapseln
4 Gewürznelken
2 Lorbeerblätter
2 EL Ghee (oder Butterschmalz)
250 g Basmatireis
1 EL Rosinen
150 g TK-Erbsen
500 ml Gemüsebrühe
Salz · 1 TL Zucker
1 Handvoll Spinatblätter
Pfeffer

Pro Portion: ca. 385 kcal/1610 kJ
9 g EW · 11 g F · 62 g KH

1 Die Möhre schälen und klein würfeln. Den Safran in einer Tasse in 2 EL heißem Wasser auflösen. Die Cashewkerne grob hacken.

2 Den Wok erhitzen und die Nüsse und Gewürze darin bei mittlerer Hitze ohne Fett rösten, bis sie duften. Herausnehmen.

3 Das Ghee im Wok erhitzen. Die Möhrenwürfel und den Reis darin 1 Min. anbraten. Nüsse und Gewürze, Rosinen, Erbsen und aufgelösten Safran unterrühren. Mit der Brühe ablöschen und mit Salz und Zucker würzen. Aufkochen lassen und zugedeckt bei schwacher Hitze 10 Min. garen.

4 Inzwischen den Spinat waschen und verlesen, grobe Stiele entfernen, die Blätter in Streifen schneiden. Unter den Reis heben, in ca. 10 Min. zugedeckt fertig garen.

5 Den Safran-Gemüse-Reis mit Salz und Pfeffer abschmecken. Er schmeckt als Beilage zu Lamm- und Fischgerichten oder solo als vegetarisches Hauptgericht.

Nasi Goreng

Für 4 Personen
250 g Hähnchenbrustfilet
1/2 Bund Frühlingszwiebeln
1 kleine rote Paprikaschote
2 Knoblauchzehen
5 EL Öl · 2 Eier
1/4–3/4 TL Sambal oelek
200 g gegarte geschälte Garnelen
700 g gegarter Langkornreis
(aus ca. 300 g rohem Reis)
3 EL helle Sojasauce
2 EL Ketchup
süße Sojasauce (Kecap manis)
1/4 Salatgurke
4 EL Röstzwiebeln (Fertigprodukt)

Pro Portion: ca. 495 kcal/2080 kJ
34 g EW · 17 g F · 50 g KH

1 Das Hähnchenfleisch kalt abwaschen, trocken tupfen und in feine Streifen schneiden. Die Frühlingszwiebeln putzen und waschen, das Grün in 4 cm lange Stücke schneiden, den weißen Teil in dünne Ringe schneiden.

2 Die Paprikaschote putzen, waschen und in feine Streifen schneiden. Den Knoblauch schälen und fein würfeln.

3 Den Wok erhitzen und 2 EL Öl hineingeben. Die Eier verquirlen, hineingeben und daraus ein Omelett braten. Herausnehmen, abkühlen lassen und in Streifen schneiden.

4 Das übrige Öl in den Wok geben und die Hähnchenstreifen, weiße Frühlingszwiebeln, Paprikastreifen, Knoblauch und Sambal oelek (Menge nach gewünschtem Schärfegrad) hinzufügen und 2 Min. bei starker Hitze pfannenrühren. Garnelen dazugeben und 1 Min. mitbraten.

5 Den Reis, das Frühlingszwiebelgrün und die Sojasauce dazugeben und 3 Min. unter Rühren weiterbraten. Den Wok von der Kochstelle nehmen, Ketchup und Omelettstreifen untermischen. Alles mit Kecap manis abschmecken.

6 Die Gurke schälen und in Scheiben schneiden. Gurkenscheiben neben dem Reis dekorativ anrichten und das Nasi Goreng mit den Röstzwiebeln garnieren.

VARIANTE
Statt der einfachen Gurken-Deko schmeckt zum Nasi Goreng dieser Gurkensalat:

1 Salatgurke schälen, längs halbieren und die Kerne herauskratzen. Die Hälften in dünne Scheiben schneiden und in eine Schüssel geben. 2 EL Palmzucker mit 2 EL Reisessig und 1 kräftigen Prise Salz verrühren und über die Gurken gießen. 2 Zweige Minze waschen und trocken schütteln, die Blätter fein hacken und unterrühren.

Einkaufs-Tipp *Röstzwiebeln gibt es im Asienladen fertig zu kaufen, Sie können Sie aber ganz leicht wie die gebratenen Schalotten von S. 133 selber machen. Das empfiehlt sich insbesondere, wenn Sie nicht besonders oft geröstete Zwiebeln brauchen, gekaufte also zu lange lagern müssten.*

25 Min. · scharf

Garnelen-Reis mit Brokkoli

Für 4 Personen
1 Zwiebel · 1 Stück frischer Ingwer (ca. 1 cm)
2 Knoblauchzehen · 2 EL Öl · 4 Gewürznelken
10 schwarze Pfefferkörner · 1 kleine Zimtstange
2 getrocknete Chilischoten · 350 g Basmatireis
2 1/2 TL Currypulver · 750 ml Gemüsebrühe
Salz · 400 g rohe Garnelen · 500 g Brokkoli
2 EL Ghee (oder Butterschmalz)

Pro Portion: ca. 525 kcal/2200 kJ
29 g EW · 13 g F · 73 g KH

1 Zwiebel, Ingwer und Knoblauch schälen und
fein würfeln. 2 EL Öl in einem Topf erhitzen,
Zwiebeln, Ingwer und Knoblauch darin 1 Min.
anbraten. Gewürznelken, Pfefferkörner, Zimt
und zerbröselte Chilis dazugeben und 1 Min.
mitbraten. Reis und Currypulver hinzufügen
und 2 Min. unter Rühren anbraten. Mit der
Brühe ablöschen, salzen und aufkochen lassen.
Bei schwacher Hitze zugedeckt 20 Min. garen.

2 Inzwischen die Garnelen schälen, am Rücken
einritzen, Darmfaden entfernen (siehe S. 199).
Garnelen kalt abwaschen und trocken tupfen.

3 Den Brokkoli in Röschen teilen, den Stiel
schälen und würfeln. In kochendem Salzwasser
2 Min. blanchieren, in ein Sieb abgießen, kalt
abschrecken und abtropfen lassen.

4 Wok erhitzen, das Ghee darin schmelzen. Die
Garnelen darin portionsweise bei starker Hitze
1–2 Min. braten, herausnehmen. Brokkoli in den
Wok geben und 2 Min. pfannenrühren. Garnelen
und den Reis dazugeben, untermischen und mit
Salz abschmecken. Noch 3 Min. unter Rühren
bei mittlerer Hitze braten, dann sofort servieren.

VARIANTEN

Statt Brokkoli können Sie auch den feineren
Romanesco *verwenden (siehe S. 249). Noch
mehr Würze bekommt der Reis, wenn Sie zusätzlich* **4 grüne Kardamomkapseln** *anbraten.*

45 Min. · würzig und farbenfroh

Kurkumareis mit Fisch

Für 4 Personen
3 EL Öl · 300 g Basmatireis · Salz
1/2 TL gemahlene Kurkuma · 300 g Brokkoli
400 g Zucchini · 600 g Fischfilet (z. B. Kabeljau)
Saft von 1/2 Zitrone · 3 Knoblauchzehen
1 Stück frischer Ingwer (ca. 3 cm) · 1 kleine
Zwiebel · 1 Bund Koriandergrün · 1 EL Fischsauce · 2 EL helle Sojasauce · 1 TL Currypulver
1/2 TL gemahlener Kreuzkümmel · Pfeffer

Pro Portion: ca. 495 kcal/2080 kJ
36 g EW · 9 g F · 67 g KH

1 In einem Topf 1 EL Öl erhitzen, den Reis darin
anbraten. 600 ml Wasser angießen, 1/2 TL Salz
und die Kurkuma dazugeben. Aufkochen und
bei schwacher Hitze zugedeckt 10 Min. garen.
Durchrühren, den Herd abschalten und den Reis
zugedeckt 20 Min. nachziehen lassen.

2 Inzwischen den Brokkoli in kleine Röschen
teilen und waschen, Stiele schälen, klein würfeln.
In kochendem Salzwasser 2 Min. blanchieren,
in ein Sieb abgießen, kalt abschrecken, abtropfen
lassen. Zucchini waschen und in Stifte schneiden.

3 Fischfilet kalt abspülen, trocken tupfen, ca.
2 cm groß würfeln und mit dem Zitronensaft beträufeln. Knoblauch und Ingwer schälen und fein
würfeln. Die Zwiebel schälen und fein würfeln.
Das Koriandergrün waschen und trocken schütteln, die Blätter und zarten Steile fein schneiden.

4 Den Wok erhitzen, 1 EL Öl hineingeben und
den Brokkoli darin 2 Min. bei starker Hitze pfannenrühren. Die Zucchini hinzufügen und 1 Min.
mitbraten, dann beides an den Rand schieben.

5 Das übrige Öl in den Wok geben und darin
Knoblauch, Ingwer und Zwiebeln 1 Min. anbraten. Fisch und Koriandergrün hinzufügen und
2–3 Min. mitbraten. Alles zusammenrühren, mit
Fischsauce, Sojasauce, Currypulver und Kreuzkümmel würzen, salzen und pfeffern. Vor dem
Servieren den Reis vorsichtig unterheben.

25 Min. (mit vorgegartem Reis) · chinesisch

Gebratener Meeresfrüchtereis

Für 4 Personen
2 Frühlingszwiebeln
1 Stück frischer Ingwer (ca. 6 cm)
200 g TK-Erbsen
Salz · 3 EL Öl · 4 Eier
250 g gegarte geschälte Garnelen
250 g Krebsfleisch (aus der Dose)
1 TL Zucker
ca. 700 g gegarter Reis
(aus 280 g rohem Patnareis)
3 EL helle Sojasauce
Pfeffer

Pro Portion: ca. 490 kcal/2060 kJ
36 g EW · 16 g F · 52 g KH

1   Die Frühlingszwiebeln putzen, waschen und weiße und grüne Teile separat in feine Ringe schneiden. Den Ingwer schälen und fein würfeln. Die Erbsen 2 Min. in kochendem Salzwasser blanchieren, abgießen, kalt abschrecken und gut abtropfen lassen.

2   Den Wok erhitzen und das Öl hineingeben. Die weißen Frühlingszwiebeln und den Ingwer darin bei mittlerer Hitze glasig anbraten.

3   Die Eier in einer Schüssel verschlagen, salzen, in den Wok gießen und stocken lassen. Mit Stäbchen (oder zwei Gabeln) zerpflücken.

4   Die Garnelen, das Krebsfleisch und die Erbsen in den Wok geben. Den Zucker hinzufügen und 1 Min. unter Rühren anbraten.

5   Den Reis auflockern, dazugeben und unter Rühren körnig braten und erhitzen. Mit Sojasauce, Salz und Pfeffer würzen und eventuell mit noch etwas Zucker abschmecken. Mit dem Frühlingszwiebelgrün bestreut servieren.

30 Min. · crossover

Asia-Risotto *mit Garnelen*

Für 4 Personen
400 ml Hummerfond (aus dem Glas,
ersatzweise Gemüsebrühe)
400 ml Kokosmilch · 1 Zwiebel · 2 EL Butter
350 g Risottoreis (Arborio oder Vialone)
100 ml Sherry medium (oder weiterer Fond)
1 Stück frischer Ingwer (ca. 2 cm)
1 Bio-Limette · 1 Bund Schnittknoblauch
1 EL Öl · 1 EL Chiliöl · 400 g geschälte
gegarte Garnelen · 4 EL Fischsauce

Pro Portion: ca. 545 kcal/2290 kJ
26 g EW · 11 g F · 78 g KH

1   Fond und Kokosmilch in einem Topf erhitzen. Zwiebel schälen, fein würfeln. Wok erhitzen, die Butter darin bei schwacher Hitze schmelzen. Zwiebeln darin glasig andünsten, den Reis 1 Min. mitdünsten. Mit dem Sherry ablöschen, rühren, bis der Reis die Flüssigkeit vollständig aufgesogen hat. 1 Kelle Hummerfond-Kokosmilch unterrühren, einkochen lassen. Immer wenn der Reis trocken zu werden beginnt, weitere Flüssigkeit unterrühren und einkochen lassen. Insgesamt 20–22 Min. garen, regelmäßig umrühren.

2   Inzwischen Ingwer schälen und in feine Streifen schneiden. Limette heiß abwaschen und abtrocknen, erst die Schale in feinen Spänen abreiben, dann den Saft auspressen. Schnittknoblauch waschen, trocken schütteln, in 3–4 cm lange Stücke schneiden. Zwischendurch den Reis umrühren und Flüssigkeit nachgießen nicht vergessen!

3   Kurz bevor der Risotto fertig ist, Öl und Chiliöl in einer Pfanne erhitzen. Ingwer darin 1 Min. unter Rühren anbraten. Garnelen dazugeben und 1–2 Min. mitbraten. Den Schnittknoblauch unterrühren und mit 1 EL Fischsauce würzen.

4   Garnelen unter den Risotto mischen, von der Kochstelle nehmen, 1 Min. ruhen lassen. Mit der übrigen Fischsauce und Limettensaft abschmecken und die Limettenschale darüberstreuen.

Thailändischer *Ananasreis*

Für 2 Personen
1 kleine Ananas (ca. 800 g)
100 g Hähnchenbrustfilet
1 Stück chinesische Wurst (ca. 20 g,
nach Belieben) · 1 Knoblauchzehe
5 Thai-Schalotten (oder 2 normale)
2 Zweige Koriandergrün · 4 EL Öl
10 Cashewkerne · 1 EL Sultaninen · Salz
2 EL Austernsauce · 1 TL Zucker
1 TL Currypulver · 1/2 TL weißer Pfeffer
250 g gekochter Duftreis
(aus ca. 100 g rohem Reis)
2 TL Butter · geröstetes Chilipulver

Pro Portion: ca. 545 kcal/2290 kJ
18 g EW · 32 g F · 47 g KH

1 Die Ananas längs halbieren, auch den Schopf dabei teilen. Das Fruchtfleisch mit einem scharfen Messer herausschneiden, dabei einen ca. 1 cm breiten Rand stehen lassen (**Bild 1**). Die Ananashälften mit einem Zackenrand versehen (**Bild 2**). Ca. 50 g Fruchtfleisch sehr klein würfeln, den Rest anderweitig verwenden.

2 Das Hähnchenbrustfilet kalt abwaschen, trocken tupfen und in sehr dünne Streifen schneiden. Die Wurst klein würfeln. Den Knoblauch schälen und fein würfeln. Die Schalotten schälen und in feine Spalten schneiden. Das Koriandergrün waschen und trocken schütteln und die Blättchen für die Deko abzupfen.

3 Eine Grillpfanne erhitzen und die Stege mit 1 EL Öl einpinseln. Die Ananashälften mit der Innenseite hineinlegen (**Bild 3**) und bei mittlerer Hitze ca. 5 Min. grillen.

4 Gleichzeitig den Wok erhitzen und 2 EL Öl hineingeben. Die Schalotten darin in ca. 2 Min. goldbraun braten, herausnehmen und auf Küchenpapier abtropfen lassen. Die Ananashälften zum Füllen auf zwei Teller legen.

5 Übriges Öl in den Wok geben und den Knoblauch mit dem Hähnchenfleisch 2 Min. unter Rühren braten. Wurst, Ananasstückchen, Cashewkerne und Sultaninen dazugeben und 2 Min. pfannenrühren. Leicht salzen, Austernsauce und Zucker zufügen und 1 Min. weiterrühren (**Bild 4**). Mit Currypulver und weißem Pfeffer würzen.

6 Kalten Reis hinzufügen, in ca. 2 Min. unter Rühren erwärmen, bis er sich gelb färbt (**Bild 5**). Die Butter dazugeben und 1 Min. weiterrühren. Gebratenen Ananasreis in die Ananashälften füllen und mit den gebratenen Schalotten und den Korianderblättchen garnieren. Ein Schälchen mit geröstetem Chilipulver dazustellen, mit dem jeder selber bei Tisch nachwürzen kann.

Rückblick in die Siebziger-Jahre: Gefüllte Ananashälften sind einfach dekorativ. Und mit diesem fruchtig-würzigen gebratenen Reis gefüllt, machen sie nicht nur optisch Eindruck, sondern überzeugen auch kulinarisch!

Gut zu wissen …

- Die Ananas wird durchs Grillen nicht nur heiß – schließlich soll der gebratene Reis darin nicht sofort abkühlen – sie bekommt dadurch auch dekorative Grill-streifen. Außerdem karamellisiert das Fruchtfleisch dabei ein wenig und verbreitet einen wunderbaren Duft. Ihrem Gast wird das Wasser im Munde zusammenlaufen! Wer keine Grillpfanne hat, wärmt die Ananashälften unter dem Backofengrill vor.

- Die chinesische Wurst aus Schwei-nefleisch (gibt es abgepackt im Asienladen) ist kein Muss, ver-leiht dem Ganzen aber zusätzliche Würze. Der Rest – Sie brauchen ja nur eine kleine Menge – schmeckt auch gut in Rührei.

- Es muss nicht unbedingt gegarter Reis vom Vortag sein, er muss nur vollständig ausgekühlt sein: 2 Std. vor dem Braten 100 g rohen thai-ländischen Duftreis gründlich waschen, mit 250 ml Wasser **ohne Salz** in einem Topf aufkochen, einmal umrühren, dann zugedeckt bei schwacher Hitze in 20 Min. ohne Rühren fertig garen. Auf einem Teller ausbreiten, damit er schnell abkühlt und trocknet.

Tausch-Tipps

*Statt Hähnchen-fleisch schmeckt auch **Schweine-schnitzel** in feinen Streifen. Oder nehmen Sie statt Fleisch und Wurst **120 g gegarte geschälte Garnelen**. Wer Rosinen oder Sulta-ninen in pikantem Essen nicht mag, lässt sie weg. Die Cashewkerne kön-nen Sie auch durch gan-ze gehäutete **Mandeln** ersetzen.*

*Mit Knoblauch und Fleisch können Sie noch den in Scheiben geschnit-tenen weißen Teil von **1 Frühlingszwiebel** an-braten und das geschnit-tene Grün kurz vor dem Servieren untermischen. Statt oder zusätzlich zu den gebratenen Schalot-ten wird der Ananasreis in Thailand gerne mit **1 EL getrocknetem Schweinefleisch** garniert (gibt es fertig im Asien-laden – ist in feine Fasern zerzupft und schmeckt mild-würzig).*

Reis *mit scharfem* Basilikum

Für 2 Personen
200 g Schweineschnitzel
2 Zweige scharfes Thai-Basilikum (Bai grapau)
3–4 kleine grüne Thai-Chilischoten
3–4 Knoblauchzehen · 3 EL Öl
400 g gegarter thailändischer Duftreis
(aus 150 g rohem Reis)
2 EL helle Sojasauce
1/2 TL Zucker

Pro Portion: ca. 480 kcal/2020 kJ
27 g EW · 17 g F · 54 g KH

1 Das Fleisch trocken tupfen und in schmale Streifen schneiden. Das Basilikum waschen und trocken schütteln, die Blätter abzupfen. 6 Blätter für die Deko beiseite legen.

2 Die Chilischoten waschen und fein hacken. Den Knoblauch schälen und fein würfeln.

3 Den Wok erhitzen und das Öl hineingeben. Chilis und Knoblauch darin kurz anbraten. Das Fleisch dazugeben und bei starker Hitze 2 Min. pfannenrühren.

4 Den Reis unterrühren und mit der Sojasauce und dem Zucker würzen, 2 Min. unter Rühren weiterbraten.

5 Die Basilikumblätter unterrühren und den gebratenen Reis auf zwei Teller verteilen. Mit den übrigen Basilikumblättern garnieren.

Gibt es denn ... *unterschiedliche Arten Thai-Basilikum? Das hier verwendete Thai-Basilikum hat rote Blätter und einen pfeffrig-scharfen Geschmack. Süßes Thai-Basilikum (Bai horapha) dagegen hat grüne Blätter und ein zart-würziges Anisaroma.*

Gebratener *Thai-Reis*

Für 2 Personen
5–6 geschälte rohe Garnelen
100 g Hähnchenbrustfilet · 1 Knoblauchzehe
1/2 Bund Thai-Frühlingszwiebeln
1/2 gelbe Paprikaschote · 50 g Zuckerschoten
2 EL Öl · 1 Ei · 400 g gegarter thailändischer Duftreis (aus 150 g rohem Reis)
1 EL helle Sojasauce · 2 EL Austernsauce

Pro Portion: ca. 460 kcal/1920 kJ
25 g EW · 14 g F · 57 g KH

1 Garnelen längs halbieren, Darmfaden entfernen (siehe S. 199). Hähnchenfleisch kalt abwaschen, trocken tupfen und in Streifen schneiden. Knoblauch schälen, fein würfeln. Frühlingszwiebeln putzen, waschen und den weißen und grünen Teil separat in 3 cm lange Stücke schneiden. Paprikaschote putzen, waschen und in feine Streifen schneiden. Die Zuckerschoten waschen, putzen, eventuell entfädeln und schräg halbieren.

2 Den Wok erhitzen und 1 EL Öl hineingeben. Das Ei hineinschlagen, das Eigelb etwas verrühren und das Ei von beiden Seiten in 2–3 Min. goldbraun braten. An den Wokrand schieben.

3 Übriges Öl im Wok stark erhitzen, den Knoblauch kurz anbraten. Garnelen zugeben und unter Rühren 2 Min. braten, an den Rand schieben. Fleisch zugeben, 2 Min. pfannenrühren. Weiße Frühlingszwiebeln, Paprika und Zuckerschoten zufügen, 2 Min. pfannenrühren. Das gebratene Ei in Streifen teilen und untermischen.

4 Reis dazugeben und unter ständigem Rühren in ca. 2 Min. erwärmen. Mit der Sojasauce und der Austernsauce würzen und das Frühlingszwiebelgrün untermischen.

VARIANTEN

Sie können nach Belieben mit allen **Fleischsorten,** *die sich zum Kurzbraten eignen, abwandeln und beim* **Gemüse** *nehmen, was die Saison hergibt.*

★
★

25 Min. (mit gegartem Reis) · chinesisch

Gebratener Smaragd-Reis

Für 2 Personen
1 Staude Pakchoi (ca. 200 g)
Salz · 2 Frühlingszwiebeln
50 g Lachsschinken in Scheiben
1 Ei · 4 TL Öl
ca. 350 g gegarter Reis
(aus 140 g rohem Patnareis)
1/2 EL helle Sojasauce

Pro Portion: ca. 430 kcal/1790 kJ
13 g EW · 22 g F · 44 g KH

1   Den Pakchoi putzen, waschen und in Streifen schneiden. In eine Schüssel geben, salzen und 10 Min. ziehen lassen. Die Frühlingszwiebeln putzen und waschen, die hellen Teile fein würfeln, das Grün in schräge Ringe schneiden. Den Lachsschinken in Streifen schneiden.

2   Das Ei in einem Schälchen mit dem Frühlingszwiebelgrün und 1 Prise Salz verquirlen. In einer kleinen Pfanne 1 TL Öl erhitzen und darin aus dem Ei ein kleines Omelett braten, herausnehmen und abkühlen lassen.

3   Den Pakchoi gut ausdrücken und kleiner schneiden. Den Wok erhitzen und 2 TL Öl hineingeben. Den Pakchoi darin 1 Min. bei starker Hitze pfannenrühren. Herausnehmen.

4   Das übrige Öl in den Wok geben und die gewürfelten Frühlingszwiebeln 1 Min. darin braten. Den Reis dazugeben und unter Rühren 2–3 Min. mitbraten und erhitzen.

5   Pakchoi und Schinken untermischen und das Gericht mit der Sojasauce sowie mit Salz abschmecken. Das Omelett in Streifen schneiden und den Reis damit garnieren.

45 Min. · japanisch

Ketan-Reis mit Hähnchen

Für 2 Personen
3 getrocknete Shiitake-Pilze · 125 g Ketan-Reis (Klebreis) · 125 g Hähnchenbrustfilet
2 EL helle Sojasauce · 2 EL Mirin (Reiswein oder Sherry medium) · 1 Möhre · 100 g schnittfester Tofu · 1 EL Speisestärke · 1 EL Schnittlauchröllchen · ca. 100 ml Öl zum Frittieren

Pro Portion: ca. 520 kcal/2170 kJ
25 g EW · 19 g F · 62 g KH

1   Die Pilze in 75 ml warmem Wasser einweichen. Den Reis in einem Sieb kalt abbrausen und abtropfen lassen. Das Fleisch kalt abwaschen, trocken tupfen, in Würfel schneiden und mit je 1 TL Sojasauce und Mirin vermischen.

2   Möhre schälen und in feine Streifen schneiden oder hobeln. Die Pilze über dem Einweichwasser ausdrücken, die Stiele entfernen und die Hüte in Streifen schneiden. Das Einweichwasser vorsichtig ohne den Bodensatz in einen Messbecher abgießen und mit Wasser auf 275 ml auffüllen. Den Tofu in 2 cm dicke Stücke schneiden und in der Stärke wenden.

3   Das Öl im Wok erhitzen und den Tofu darin 1 Min. frittieren. Herausheben und auf Küchenpapier abtropfen lassen. Das Öl bis auf ca. 2 EL abgießen und wieder erhitzen. Reis, Möhre und Pilze darin 1 Min. unter Rühren anbraten.

4   Das Einweichwasser angießen, übrige Sojasauce und Mirin hinzufügen. Aufkochen und offen 2 Min. kochen lassen. Dann zudecken und bei schwacher Hitze 10 Min. garen. Das Fleisch samt Marinade unterrühren und weitere 5 Min. zugedeckt garen.

5   Den Wok von der Kochstelle nehmen. Den Tofu in Streifen schneiden. Den Reis mit Stäbchen (oder einer Gabel) auflockern und den Tofu darauf verteilen. Mit einem sauberen Tuch abdecken und noch 10 Min. ruhen lassen. Mit Schnittlauch bestreut servieren.

Eier-**Biriyani**

Für 6 Personen
200 g TK-Erbsen
400 g Basmatireis · 3 Zwiebeln
6 EL Ghee (oder Butterschmalz)
350 g Blumenkohl
250 g festkochende Kartoffeln · 2 Tomaten
1 Stück frischer Ingwer (ca. 4 cm)
3 Gewürznelken
1 Stück Zimtrinde (ca. 5 cm; oder 1 Zimtstange)
3 grüne Kardamomkapseln
2 Lorbeerblätter
je 1/2 TL gemahlene Kurkuma, edelsüßes Paprikapulver, Chilipulver, gemahlener Kreuzkümmel
2 EL Joghurt · Salz · 2 EL Mandelstifte
2 EL Rosinen · 3 hart gekochte Eier

Außerdem:
1 große Auflaufform

Pro Portion: ca. 455 kcal/1910 kJ
13 g EW · 15 g F · 68 g KH

1 Die Erbsen zum Auftauen auf einen Teller
geben. Den Reis waschen und sehr gut abtropfen lassen. 1 Zwiebel schälen und fein würfeln.
3 EL Ghee in einem Topf für den Reis schmelzen.
Zwiebeln darin bei mittlerer Hitze in 4–5 Min.
goldbraun braten. Den Reis dazugeben und
3 Min. unter Rühren anbraten. 250 ml Wasser
angießen und 10 Min. kochen lassen – der Reis
soll halbgar sein. Den Topf dann beiseite stellen.

2 Den Blumenkohl waschen und in Röschen
von ca. 2 cm schneiden. Kartoffeln schälen und
ca. 3 cm groß würfeln. Die Tomaten waschen und
vierteln. Die übrigen Zwiebeln schälen und fein
schneiden. Den Ingwer schälen und fein reiben.

3 Den Wok erhitzen und das übrige Ghee darin
schmelzen. Nelken, Zimt, Kardamom und Lorbeerblatt unter Rühren 3 Min. bei mittlerer Hitze
anbraten. Zwiebeln, Blumenkohl und Kartoffeln
nach und nach zugeben und gut untermischen.

4 Backofen auf 200° vorheizen. Alle gemahlenen Gewürze, den Ingwer, die Tomaten und die
Erbsen dazugeben und 2 Min. mitbraten. Den
Joghurt dazugeben und sorgfältig unterrühren.
250 ml Wasser und Salz hinzufügen und alles
zugedeckt 5 Min. schmoren lassen. Auch das
Gemüse soll nur halbgar sein.

5 Die Hälfte des Reises in eine große Auflaufform schichten, die Mandeln und Rosinen darauf
verteilen. Das Gemüse daraufgeben und mit dem
übrigen Reis abdecken. Zugedeckt im Backofen
(Mitte) ca. 1 Std. backen. Vor dem Servieren vorsichtig durchmischen. Die Eier pellen, der Länge
nach vierteln und das Biriyani damit garnieren.

Praxis-Tipp *Ideal fürs Biriyani ist ein*
Römertopf, *den Sie vor Gebrauch in Wasser*
einweichen. Alles einschichten, den geschlosse-
nen Römertopf in den kalten Backofen stellen
und die Temperatur auf 200° einstellen. Das
Biriyani wird im Tontopf besonders saftig.

Ist eigentlich Zimtrinde *das Gleiche*
wie… Zimtstangen? Nicht ganz, obwohl
beide verwandt sind und ähnlich verwendet
werden. Die Rinde des Kassia wird auch
chinesischer Zimt genannt. Sie rollt sich beim
Trocknen zu lockeren, hohlen Röllchen auf. Sie
schmeckt etwas intensiver als die bei uns üblichen
Zimtstangen, die aus den Trieben des Zimtbaums
gewonnen werden und ein etwas feineres Aroma
haben. In Indien ist Zimtrinde gebräuchlicher,
lässt sich aber durch Zimtstangen ersetzen.

Gebratener Reis mit Erdnüssen

Für 4 Personen
4 Knoblauchzehen
2 große rote Chilischoten
2 Frühlingszwiebeln
4 EL Öl · 100 g Erdnüsse
600 g gegarter Basmatireis
(aus 250 g rohem Reis)
4 EL helle Sojasauce
Salz · 2 EL Zucker
3 EL Limettensaft

Pro Portion: ca. 430 kcal/1800 kJ
10 g EW · 22 g F · 47 g KH

1   Den Knoblauch schälen und fein würfeln.
Die Chilischoten waschen und samt Kernen in
feine Scheiben schneiden. Die Frühlingszwiebeln
putzen, waschen und in Ringe schneiden.

2   Den Wok erhitzen und das Öl hineingeben.
Den Knoblauch darin bei mittlerer Hitze goldgelb braten. Chilis und Erdnüsse dazugeben und
1 Min. mitbraten.

3   Die Frühlingszwiebeln und den Reis unterrühren und mit der Sojasauce, Salz, Zucker und
Limettensaft würzen. 1–2 Min. unter Rühren
braten, bis der Reis heiß ist.

VARIANTE

So wird's zwar nicht typisch vietnamesisch, aber
ebenfalls fein-nussig und würzig im Geschmack:
Fügen Sie statt der Erdnüsse mit den Chilis die
*gleiche Menge **geröstete, gesalzene Cashewkerne***
*hinzu und schmecken mit **2–3 EL heller Soja-***
*sauce, 1 EL Zucker** und **2–3 EL Limettensaft** ab.*
Weiteres Salz ist unnötig, weil die Nüsse schon
genügend Salz mitbringen.

Gebratener Eierreis

Für 4 Personen
100 g grüne Bohnen · Salz
1/2 rote Paprikaschote
200 g Sojabohnensprossen
1 Frühlingszwiebel · 2 Eier
1 EL helle Sojasauce
1–2 Msp. Sambal oelek · 3 EL Öl
500 g gegarter Basmatireis
(aus 200 g rohem Reis)
1 TL gemahlene Kurkuma
Pfeffer

Pro Portion: ca. 275 kcal/1160 kJ
9 g EW · 11 g F · 35 g KH

1   Die Bohnen waschen, putzen und in reichlich
kochendem Salzwasser 3–4 Min. blanchieren.
Abgießen, kalt abschrecken und abtropfen lassen.
In ca. 3 cm lange Stücke schneiden.

2   Die Paprikaschote putzen, waschen und in
feine Streifen schneiden. Die Sprossen in einem
Sieb kalt abbrausen und abtropfen lassen. Die
Frühlingszwiebel putzen, waschen und in feine
Ringe schneiden. Die Eier mit der Sojasauce,
dem Sambal oelek und 1 Prise Salz verquirlen.

3   Den Wok erhitzen und 1 EL Öl hineingeben.
Paprika, Sojabohnensprossen, Frühlingszwiebeln
und Bohnen darin 2 Min. pfannenrühren, an
den Rand schieben. Wieder 1 EL Öl in den Wok
geben, die Eier hineingießen und unter Rühren
stocken lassen, ebenfalls an den Rand schieben.

4   Das restliche Öl in den Wok geben und den
Reis darin 1–2 Min. unter Rühren erhitzen. Alles
zusammenrühren und mit Kurkuma, Salz und
Pfeffer abschmecken.

30 Min. (mit gegartem Reis) · scharf

Lauch-Ananas-Reis

Für 4 Personen
300 g Lauch
450 g Ananas
3 EL Öl
1 EL Currypulver
250 ml Gemüsebrühe
1 Prise Zucker
600 g gegarter Basmatireis
(aus 250 g rohem Reis) · Salz

Pro Portion: ca. 285 kcal/1190 kJ
5 g EW · 8 g F · 48 g KH

1 Den Lauch längs aufschneiden, gründlich waschen und schräg in 1 1/2 cm breite Stücke schneiden. Die Ananas schälen, den Strunk entfernen und das Fruchtfleisch in mundgerechte Stückchen schneiden.

2 Den Wok erhitzen und das Öl hineingeben. Den Lauch darin 3 Min. bei starker Hitze pfannenrühren. Den Curry dazugeben und kurz mitbraten. Die Brühe und den Zucker dazugeben, aufkochen und 2 Min. bei starker Hitze offen kochen lassen.

3 Den Reis und die Ananasstücke unterrühren und in 2–3 Min. unter Rühren heiß werden lassen. Mit Salz abschmecken.

Topping-Tipp *Rösten Sie vorher **2 EL gehackte Cashewkerne** ohne Fett im Wok an und streuen sie vor dem Servieren über den Reis. Reichen Sie ein Schälchen mit **geröstetem Chilipulver** dazu (Hot Ground Chili; bekommen Sie im Asienladen), mit dem sich jeder den Reis bei Tisch individuell nachschärfen kann.*

30 Min. · preiswert

Gebratener *Gemüsereis*

Für 4 Personen
1 Möhre · 1 Zwiebel
2 Knoblauchzehen
1 Stück frischer Ingwer (ca. 1 cm)
4 Frühlingszwiebeln
1 rote Paprikaschote
100 g Sojabohnensprossen
1/2 Bund Koriandergrün
2 EL Öl · 3 EL Sesamöl
3 Eier · 3 EL helle Sojasauce
Salz · Pfeffer
600 g gegarter Basmatireis
(aus 250 g rohem Reis)
1–2 EL Zitronensaft

Pro Portion: ca. 375 kcal/1570 kJ
11 g EW · 18 g F · 43 g KH

1 Die Möhre schälen und klein würfeln. Zwiebel, Knoblauch und Ingwer schälen und fein würfeln. Die Frühlingszwiebeln putzen, waschen und in Ringe schneiden. Die Paprikaschote putzen, waschen und in feine Streifen schneiden. Die Sprossen in einem Sieb kalt abbrausen und abtropfen lassen. Das Koriandergrün waschen und trocken schütteln, die Blätter und zarten Stängel fein hacken.

2 Den Wok erhitzen und je 1 TL normales und Sesamöl hineingeben. Eier mit 1 EL Sojasauce verrühren, in den Wok geben und unter Rühren stocken lassen. Herausheben und warm stellen.

3 Das übrige Öl und Sesamöl in den Wok geben und Möhre, Zwiebeln, Knoblauch und Ingwer darin 2 Min. bei starker Hitze pfannenrühren. Paprikastreifen und Sprossen dazugeben und 2 Min. mitbraten, salzen und pfeffern.

4 Reis und Frühlingszwiebeln dazugeben und unter Rühren heiß werden lassen. Das Rührei etwas zerpflücken und locker unterheben. Mit der übrigen Sojasauce und Zitronensaft würzen. Mit dem Koriandergrün bestreut servieren.

★ ★
★

Reispfannkuchen mit Kartoffel-Kokos-Füllung

Für 6 Personen
150 g Basmatireis · 150 g Urid Dal (Linsen)
2 große grüne Chilischoten · 1 TL Rohrzucker
Salz · 8 mittelgroße mehligkochende Kartoffeln
1 Stück frischer Ingwer (ca. 3 cm)
1/2 Bund Koriandergrün
ca. 6 EL Ghee (oder Butterschmalz)
je 2 TL Kreuzkümmel- und schwarze Senfsamen
3 EL Kokosraspel · 1 TL gemahlene Kurkuma

Pro Portion: ca. 465 kcal/1520 kJ
10 g EW · 14 g F · 50 g KH

1 Den Reis und die Linsen in getrennten Schüsseln für 8 Std. in reichlich Wasser einweichen. Dann durch ein Sieb abgießen, abtropfen lassen und nacheinander im Mixer fein pürieren. Die beiden Massen vermischen. 300 ml frisches Wasser unterrühren, damit ein feiner Brei entsteht.

2 1 Chilischote waschen, aufschlitzen, entkernen und klein schneiden. Mit dem Zucker und 1/2 TL Salz in einer Schüssel unter den Reis-Dal-Brei mischen. Mit einem Tuch bedeckt 24 Std. an einem warmen Ort ruhen lassen (**Bild 1**).

3 Am nächsten Tag die Füllung vorbereiten: Die Kartoffeln waschen, mit Schale in ca. 25 Min. in wenig Wasser weich kochen. Ausdampfen lassen, pellen, mit dem Kartoffelstampfer zerdrücken.

4 Den Ingwer schälen und fein würfeln. Die übrige Chilischote waschen, längs aufschneiden, entkernen und fein schneiden. Das Koriandergrün waschen und trocken schütteln, die Blätter und zarten Stängel fein schneiden.

5 Wok erhitzen und 3 EL Ghee darin schmelzen. Kreuzkümmel und Senfsamen darin kurz anrösten, bis die Senfsamen anfangen zu springen. Ingwer, Chili, Kokosraspel und 4 EL Wasser dazugeben und 1 Min. braten. Kurkuma, die zerdrückten Kartoffeln und das Koriandergrün dazugeben und unter ständigem Rühren 5 Min. braten. Zugedeckt beiseite stellen.

6 Den Backofen auf 70° vorheizen. Den Reis-Linsen-Teig kräftig durchrühren, er soll richtig dickflüssig sein (**Bild 2**). Eine Pfanne erhitzen und jeweils 1/2 TL Ghee darin schmelzen. Jeweils eine kleine Kelle Teig hineingeben und schnell zu dünnen Pfannkuchen von ca. 20 cm Ø ausstreichen. Von jeder Seite 2 Min. backen, bis sie goldbraun und knusprig sind (**Bild 3**). Die fertigen Pfannkuchen auf einem Teller stapeln und im Ofen warm halten.

7 Zum Servieren jeden Pfannkuchen mit 2 EL Kartoffelmasse füllen und zusammenklappen. Warm servieren.

1. In der Wärme fängt die Reis-Dal-Mischung an zu gären und bringt einen interessanten Teig ohne Milch und Ei hervor.

2. Der Teig sollte dickflüssig, aber in der Pfanne gut auszustreichen sein, also eventuell noch ein wenig Wasser unterrühren.

3. Den Pfannkuchen wenden, sobald der Rand gebräunt ist, und knusprig braten.

Linsenreis *mit Aprikosen*

Für 4 Personen
100 g getrocknete Aprikosen · 100 g braune
Linsen · 200 g Blumenkohlröschen · Salz
1 Zwiebel · 4 Knoblauchzehen
1 Stück frischer Ingwer (ca. 2 cm)
2 große grüne Chilischoten · 4 EL Ghee (oder
Butterschmalz) · 1 Zimtstange · 1 Lorbeerblatt
2 grüne Kardamomkapseln · 2 Gewürznelken
250 g Basmatireis · 1 Döschen gemahlener
Safran (0,1 g) · 1/2 TL gemahlene Kurkuma
100 g rote Linsen · 100 g TK-Erbsen

Pro Portion: ca. 565 kcal/2360 kJ
20 g EW · 11 g F · 94 g KH

1 Die Aprikosen mit 350 ml heißem Wasser
übergießen und 4 Std. quellen lassen. Dann
aus dem Wasser nehmen und klein würfeln,
das Einweichwasser aufheben. Die braunen
Linsen in reichlich Wasser 15 Min. vorgaren.

2 Inzwischen den Blumenkohl waschen und
in Salzwasser 3 Min. blanchieren, abgießen und
abtropfen lassen. Die Zwiebel, den Knoblauch
und den Ingwer schälen und fein würfeln. Die
Chilischoten waschen und mitsamt den Kernen
in feine Ringe schneiden.

3 Wok erhitzen und das Ghee darin schmelzen.
Zwiebeln, Knoblauch, Ingwer und Chilis darin
anbraten. Zimt, Lorbeerblatt, Kardamom und
Nelken dazugeben und 2–3 Min. unter Rühren
mitbraten. Die braunen Linsen durch ein Sieb
abgießen und mit dem Reis und den Aprikosen-
stückchen in den Wok geben. Das Aprikosen-
einweichwasser und 500 ml Wasser angießen,
salzen und aufkochen lassen. Zugedeckt bei
schwacher Hitze 10 Min. garen.

4 Safran und Kurkuma unter den Linsenreis
rühren. Rote Linsen, Blumenkohl und Erbsen
hinzufügen und weitere 10 Min. zugedeckt
garen, bis alles bissfest ist. Mit Salz abschmecken
und servieren.

Kichererbsenreis

Für 4 Personen
200 g getrocknete Kichererbsen
1 Bund Frühlingszwiebeln
300 g Zucchini
2–3 EL Öl
Salz · Pfeffer
edelsüßes Paprikapulver
250 g Patna-Langkornreis
3 Zweige Minze
3–4 EL Zitronensaft

Pro Portion: ca. 440 kcal/1850 kJ
16 g EW · 10 g F · 73 g KH

1 Die Kichererbsen am Vorabend in einem
Topf mit Wasser einweichen, sodass das Wasser
ca. 4 cm hoch darübersteht (sie quellen noch
auf). Am nächsten Tag im Einweichwasser aufkochen und zugedeckt ca. 30 Min. kochen lassen.

2 Inzwischen die Frühlingszwiebeln putzen
und waschen, den weißen Teil fein schneiden,
den grünen Teil in ca. 3 cm lange Stücke schneiden. Die Zucchini waschen und würfeln. Die
Kichererbsen durch ein Sieb abgießen und den
Sud auffangen.

3 Den Wok erhitzen, und das Öl hineingeben.
Frühlingszwiebelgrün und Zucchini darin bei
mittlerer Hitze 2 Min. braten, salzen und pfeffern
und herausnehmen. Die weißen Frühlingszwiebeln in den Wok geben und glasig anbraten, mit
Salz, Pfeffer und 1 Prise Paprika würzen.

4 Kichererbsen, Reis und 500 ml Kichererbsen-
kochwasser in den Wok geben, aufkochen und
25 Min. bei schwacher Hitze zugedeckt garen.

5 Minze waschen und trocken schütteln, die
Blätter fein schneiden. Die Zucchinimischung
unter den Reis rühren und in 2–3 Min. heiß
werden lassen. Mit Salz und Pfeffer abschmecken, die Minze darüberstreuen und das Gericht
mit dem Zitronensaft beträufeln.

45 Min. · würzig mit Biss

Selleriereis *mit Rosinen*

Für 2 Personen
150 g Langkorn-Wildreis-Mischung
Salz · 2 EL Rosinen
ca. 75 ml Gemüsebrühe
4 Stangen Staudensellerie
1 rote Zwiebel · 1/2 Bund Petersilie
2 TL Zitronensaft · 1 Döschen
gemahlener Safran (0,1 g) · 4 EL Öl
1 EL Mandelblättchen · 1 Prise Zimtpulver

Pro Portion: ca. 550 kcal/2300 kJ
11 g EW · 25 g F · 72 g KH

1 Den Reis mit 300 ml Wasser und 1/2 TL Salz in einem Topf aufkochen und zugedeckt 20 Min. bei schwacher Hitze garen. Herausnehmen und zum Abkühlen auf einem Teller verteilen.

2 Inzwischen die Rosinen in der Brühe einweichen. Den Sellerie waschen und in Scheiben schneiden. Die Zwiebel schälen und in feine Scheiben schneiden. Die Petersilie waschen und trocken schütteln, die Blätter fein schneiden. Den Zitronensaft und den Safran zu den Rosinen in die Brühe geben.

3 Den Wok erhitzen und 3 EL Öl hineingeben. Den Reis darin bei starker Hitze in 3 Min. ohne Rühren bräunen, dann wenden und noch 1 Min. weiterbraten. Mit dem Pfannenwender zerteilen und an den Wokrand schieben.

4 Das übrige Öl in den Wok geben. Den Sellerie darin 3 Min. pfannenrühren. Die Zwiebeln und Mandeln hinzufügen und 1 Min. mitbraten. Die Brühe mit den Rosinen untermischen, mit Salz und Zimt würzen. Den Reis unterrühren und mit der Petersilie bestreut servieren.

Gut zu wissen *Wildreis ist eigentlich kein Reis, wird aber genauso zubereitet und gibt dem Gericht ein nussig-würziges Aroma. Sie bekommen ihn in fertiger Mischung mit Langkornreis im Supermarkt.*

30 Min. · exotisch

Curryreis *mit Bananen*

Für 4 Personen
400 g Weißkohl
300 g Möhren
1 Zwiebel
2 Knoblauchzehen
2 EL Ghee (oder Butterschmalz)
250 g Basmatireis
2 TL Currypulver
1/4 TL Zimtpulver
1/4 TL gemahlener Kreuzkümmel
50 ml Sherry medium
(oder Gemüsebrühe)
1 l Gemüsebrühe
2 Bananen
50 g Cashewkerne · Salz

Pro Portion: ca. 470 kcal/1960 kJ
10 g EW · 12 g F · 77 g KH

1 Den Kohl putzen und in feine Streifen schneiden oder hobeln. Die Möhren schälen und in feine Stifte schneiden oder hobeln. Die Zwiebel und den Knoblauch schälen und fein würfeln.

2 Den Wok erhitzen, das Ghee darin schmelzen. Die Zwiebel- und Knoblauchwürfel und das Gemüse darin bei mittlerer Hitze 2–3 Min. unter Rühren andünsten.

3 Den Reis und die Gewürze untermischen und mit dem Sherry ablöschen. Die Brühe angießen, aufkochen lassen und alles zugedeckt bei schwacher Hitze 15 Min. garen.

4 Die Bananen schälen und in Scheiben schneiden. Die Cashewkerne hacken. Beides unter den Reis mischen und weitere 5 Min. zugedeckt garen. Mit Salz abschmecken.

GEMÜSE-VARIANTE

Ersetzen Sie die Hälfte des Weißkohls durch **Mungbohnensprossen** *und 2 in feine Streifen geschnittene* **Frühlingszwiebeln.** *Beides mit den Bananen untermischen.*

Nudeln

Ob schnell pfannengerührt oder knusprig frittiert, ob vegetarisch oder mit Fleisch und Garnelen – mit Asia-Nudeln bringen Sie schnell und preiswert was Leckeres auf den Tisch.

Warenkunde & Küchenpraxis: Asia-Nudeln

Mie-Nudeln

Diese chinesischen Nudeln aus Weizenmehl gibt es mit und ohne Ei. Sie sind meist spiralförmig und werden zu Päckchen gepresst angeboten. Geben Sie sie in kochendes Wasser, nehmen Sie den Topf dann von der Kochstelle, und lassen Sie die Nudeln ca. 4 Min. im Wasser ziehen. In ein Sieb abgießen, abtropfen lassen und als Beilage servieren oder pfannenrühren.

Glasnudeln

Die dünnen Nudeln aus Mungbohnenstärke sehen durchsichtig aus, daher der Name. Sie schmecken in der Suppe, als Salat und auch gebraten mit Fleisch oder Garnelen und Gemüse. Wie auch immer Glasnudeln weiterverwendet werden, die Vorbereitung ist immer gleich: Überbrühen Sie die Nudeln in einer Schüssel mit kochendem Wasser, und lassen Sie sie darin 3–4 Min. ziehen. Dann in ein Sieb abgießen, abtropfen und ein wenig abkühlen lassen. Mit der Küchenschere in Stücke schneiden.

Darauf kommt's an *Salz oder kein Salz…* *Glasnudeln und Reisnudeln werden üblicherweise in ungesalzenem Wasser eingeweicht oder damit überbrüht. Die Würze kommt dann mit der Sauce, in der sie pfannengerührt und geschmort werden. Gleiches gilt für pfannengerührte Mie-Nudeln. Werden sie aber als Beilage gereicht, schmecken sie ungesalzen oft ein wenig fade. Da ist es besser, pro 100g Nudeln 1/2 TL Salz ins Wasser zu geben. Udon-Nudeln werden meist in Salzwasser gekocht oder – ohne Salz gekocht – in mild-würziger Brühe serviert.*

Thailändische Reisnudeln

Sie werden aus Reismehl und Wasser hergestellt werden. Es gibt sie von Glasnudel-dünn bis Pappardelle-breit. Roh wirken sie durchsichtig-weiß, nach dem Garen sind sie ganz weiß. Weichen Sie Reisnudeln entweder 1 Std. in kaltem Wasser ein, um sie biegsam zu machen. Das ist am schonendsten. Oder, wenn es schneller gehen soll, übergießen Sie sie mit heißem Wasser, und lassen Sie sie 10–30 Min. ziehen (je nach Dicke). Im ersten Fall schmoren Sie die Nudeln anschließend, bis sie sich ganz mit der Würzsauce vollgesogen haben. Im anderen Fall werden sie nur kurz pfannengerührt.

Kleine Mengenlehre

Für ein Hauptgericht mit Glasnudeln sollten Sie 50 g rohe Nudeln pro Person rechnen. In der Suppe oder im Salat reichen 20–30 g. Auch thailändische Reisnudeln haben viel Volumen, 70–80 g pro Person sind für pfannengerührte Nudeln genug. Bei Mie-Nudeln gelten ähnliche Mengen wie bei italienischer Pasta: Für ein Gericht mit reichlich Fleisch und Gemüse reichen 70–80 g, spielen Nudeln die Hauptrolle, nehmen Sie 125 g. Bei Udon-Nudeln rechnen Sie wie bei Spaghetti 100–125 g pro Person.

Udon-Nudeln

Sie stammen aus Japan (auch Somen-Nudeln genannt) und werden, ähnlich wie Spaghetti, aus Weizenmehl hergestellt. Kochen Sie sie nach Packungsangabe ca. 10 Min. in Salzwasser. Wenn Sie (im Asienladen) keine Udon-Nudeln bekommen, ersetzen Sie sie durch Vollkorn-Spaghetti.

Glasnudeln
mit Gemüse

Für 4 Personen
200 g Glasnudeln
5 getrocknete Mu-Err-Pilze
2 EL Sesamsamen · 2 Eier
4–5 EL helle Sojasauce
4 TL Sesamöl · Zucker
Salz · Pfeffer
4–5 EL Öl · 200 g Möhren
150 g Bambussprossen
(vakuumverpackt oder aus der Dose)
200 g Spinat · 1 Stange Lauch
100 Sojabohnensprossen
2 Zwiebeln · 2 Knoblauchzehen
2 getrocknete Chilischoten

Pro Portion: ca. 465 kcal/1940 kJ
17 g EW · 28 g F · 36 g KH

1   Die Glasnudeln in eine Schüssel geben, mit kochendem Wasser überbrühen und 3–4 Min. ziehen lassen. Dann in ein Sieb abgießen und abtropfen lassen. Die Pilze in eine Schale geben, ebenfalls überbrühen und 30 Min. einweichen.

2   Inzwischen den Wok erhitzen und die Sesamsamen darin ohne Fett unter Rühren rösten, bis sie duften. Herausnehmen und beiseite stellen.

3   Eier mit 1 EL Sojasauce, 1 TL Sesamöl, 1 Prise Zucker, etwas Salz und Pfeffer verrühren. Jeweils 1 EL Öl in den Wok geben. Aus der Eiermasse bei schwacher Hitze zwei Omeletts backen. Herausnehmen und zugedeckt beiseite stellen.

4   Die Möhren schälen und in streichholzgroße Stifte schneiden oder hobeln. Die Bambussprossen in einem Sieb kalt abbrausen, abtropfen lassen und ebenso fein stifteln. Den Spinat waschen, verlesen und gut abtropfen lassen. Den Lauch längs aufschneiden, gründlich waschen und in Streifen schneiden. Die Sprossen in einem Sieb kalt abbrausen und gut abtropfen lassen.

5   Die Zwiebeln schälen und in Ringe schneiden. Den Knoblauch schälen und in feine Würfel schneiden. Die Chilischoten zerbröseln.

6   Die abgekühlten Glasnudeln mit der Küchenschere kleiner schneiden. Die Pilze aus dem Wasser nehmen, ausdrücken und in Streifen schneiden, harte Stellen dabei entfernen. Die Omeletts aufrollen und in Streifen schneiden.

7   Den Wok wieder erhitzen. Jeweils 1 EL Öl hineingeben und etwas von den Zwiebeln, dem Knoblauch, den Chilis, den verschiedenen Gemüsesorten und den Pilzen in 2–3 Portionen bei starker Hitze unter ständigem Rühren braten. Jede Portion vor dem Herausnehmen mit Salz, Pfeffer, Zucker und Sojasauce würzen.

8   Alles Gemüse mit Pilzen, Glasnudeln, geröstetem Sesam und übrigem Sesamöl in den Wok geben und unter ständigem Rühren erhitzen. Mit Salz, Pfeffer und Sojasauce würzen und zuletzt die Omelettstreifen vorsichtig unterheben.

Darauf kommt's an *Sie sollten den* **Wok niemals überfüllen,** *denn sonst fällt die Hitze zu stark ab, und das Gemüse wird nicht mehr gebraten, sondern dünstet im eigenen Saft. Bei der Menge für vier Personen genügt es auch nicht, das schon Gebratene an den Rand zu schieben. Besser alles in kleinen Portionen bei starker Hitze pfannenrühren, herausnehmen und zum Schluss vermischen. Stellen Sie dazu alle* **vorbereiteten Zutaten in Griffnähe** *bereit, um schnell und unter ständigem Rühren von allem jeweils etwas in den Wok geben zu können. Beobachten Sie bei Gelegenheit mal die Köche im Asia-Imbiss – so wird's gemacht!*

Glasnudeln *mit Sprossen*

Für 2 Personen
100 g Glasnudeln
10 getrocknete Mu-Err-Pilze
je 1/2 rote und grüne Paprikaschote
2 Frühlingszwiebeln
1 Bio-Limette
100 g Mungbohnensprossen
2 EL Öl · 1–2 TL Sambal oelek
1 TL Honig

Pro Portion: ca. 260 kcal/1100 kJ
6 g EW · 11 g F · 34 g KH

1 Die Glasnudeln in eine Schüssel geben, mit kochendem Wasser überbrühen und 3–4 Min. ziehen lassen. Dann in ein Sieb abgießen und abtropfen lassen. Die Pilze in eine Schale geben, ebenfalls überbrühen und 30 Min. einweichen.

2 Inzwischen die Paprikaschoten putzen, waschen und in feine Streifen schneiden. Frühlingszwiebeln putzen, waschen und in Ringe schneiden. Die Limette heiß abwaschen, mit dem Sparschäler 1 Stück Schale abhobeln und in feine Streifen schneiden. 1/2 Limette auspressen.

3 Die Sprossen in einem Sieb kalt abbrausen und gut abtropfen lassen. Die Pilze aus dem Einweichwasser nehmen, gut ausdrücken und in Stücke schneiden, harte Teile dabei entfernen. Die abgekühlten Glasnudeln mit der Küchenschere kleiner schneiden.

4 Den Wok erhitzen und das Öl hineingeben. Paprikastreifen und Pilze darin bei starker Hitze 3–4 Min. pfannenrühren. Die Glasnudeln, die Sprossen und die Frühlingszwiebeln unterrühren und mitbraten.

5 Die Limettenschale, Sambal oelek (Menge nach gewünschtem Schärfegrad), den Honig und 4 EL Wasser dazugeben und noch 2 Min. weiterrühren. Mit Salz und Limettensaft abschmecken und auf zwei Teller verteilen.

Glasnudeln *mit Hackfleisch*

Für 4 Personen
150 g Glasnudeln
200 g frische Shiitake-Pilze
1 Bund Frühlingszwiebeln
1 große rote Chilischote
1 Stück frischer Ingwer (ca. 3 cm)
175 ml Fleischbrühe
2 EL helle Sojasauce · Salz
1 TL Speisestärke · 3 EL Öl
300 g Schweinehackfleisch
2 EL schwarze Bohnenpaste

Pro Portion: ca. 260 kcal/1070 kJ
18 g EW · 10 g F · 25 g KH

1 Die Glasnudeln mit kochendem Wasser überbrühen und 3–4 Min. ziehen lassen. In ein Sieb abgießen und abtropfen lassen.

2 Pilze trocken abreiben, Stiele entfernen, Hüte in Scheiben schneiden. Frühlingszwiebeln putzen, waschen und in Ringe schneiden. Die Chili waschen, längs aufschneiden, entkernen und fein schneiden. Ingwer schälen und fein würfeln.

3 Die Brühe mit der Sojasauce, 1 Prise Salz und der Speisestärke verquirlen. Abgekühlte Glasnudeln mit der Küchenschere kürzer schneiden.

4 Wok erhitzen, Öl hineingeben. Hackfleisch darin in 4–5 Min. bei starker Hitze braun pfannenrühren. Pilze, Frühlingszwiebeln und Ingwer dazugeben und 1 Min. unter Rühren mitbraten.

5 Bohnenpaste und Chilis unterrühren und 1 Min. mitbraten. Mit Würzbrühe ablöschen, die Glasnudeln dazugeben und alles aufkochen lassen. 3–4 Min. bei mittlerer Hitze köcheln lassen.

FLEISCH-VARIANTEN

*In Asien ist Schweinehackfleisch der Favorit. Wer das nicht mag, kann auch **Rinder- oder gemischtes Hackfleisch** verwenden. Vegetarier nehmen **200 g grob geraspelten Räuchertofu.***

45 Min. · vegetarisch

Reisnudeln mit Pilzen

Für 4 Personen
300 g dünne Reisnudeln (Vermicelli)
1 EL Sesamöl
500 g frische Pilze (Austernpilze,
Champignons und/oder Shiitake-Pilze)
2 dünne Stangen Lauch
100 g Babyspinat
1 Zwiebel
1 Stück frischer Ingwer (ca. 3 cm)
3 EL helle Sojasauce
1 EL Sherry medium
1 Msp. Sambal oelek
1 TL Speisestärke
3 EL Öl · Salz
weißer Pfeffer

Pro Portion: ca. 415 kcal/1730 kJ
9 g EW · 10 g F · 71 g KH

1 Die Reisnudeln in eine Schüssel geben, mit
kochendem Wasser überbrühen und 5 Min. ziehen lassen. Dann in ein Sieb abgießen, gut abtropfen lassen und mit dem Sesamöl mischen.

2 Die Pilze putzen, trocken abreiben und in
Scheiben schneiden (bei Shiitake-Pilzen die
Stiele entfernen). Den Lauch längs aufschneiden
und gründlich waschen, in 5 cm lange Stücke und
diese in schmale Längsstreifen schneiden. Den
Spinat waschen, verlesen und abtropfen lassen.

3 Die Zwiebel und den Ingwer schälen und fein
würfeln. Sojasauce, Sherry, Sambal oelek und die
Speisestärke mit 4 EL Wasser verrühren.

4 Wok erhitzen, 1 EL Öl hineingeben. Lauch
und Spinat unter Rühren braten, bis der Spinat
zusammengefallen ist. Herausnehmen. Übriges
Öl in den Wok geben. Zwiebeln, Ingwer und
Pilze 2–3 Min. bei starker Hitze pfannenrühren.

5 Die Würzsauce angießen, aufkochen lassen
und Lauch und Spinat unterrühren. Die Nudeln
untermischen, salzen und pfeffern und unter
Rühren in 2–3 Min. heiß werden lassen.

25 Min. + 1 Std. Einweichen · thailändisch

Reisnudeln mit Garnelen

★

Für 2 Personen
150 g dünne Reisnudeln (Vermicelli)
10 g gepresste Tamarinde
1 Knoblauchzehe
1 große rote Chilischote
2 Frühlingszwiebeln
2 Zweige Thai-Basilikum (Bai horapha)
3 EL Fischsauce
1 EL Zucker
3 EL Öl · 2 Eier
100 g geschälte gegarte Garnelen

Pro Portion: ca. 590 kcal/2470 kJ
23 g EW · 22 g F · 76 g KH

1 Die Nudeln 1 Std. in kaltem Wasser einweichen. Die Tamarinde für 10 Min. in 100 ml lauwarmem Wasser einweichen.

2 Den Knoblauch schälen und fein würfeln.
Die Chilischote waschen, längs aufschneiden,
entkernen und in feine Streifen schneiden.
Die Frühlingszwiebeln putzen, waschen und in
schräge Ringe schneiden. Das Basilikum waschen
und trocken schütteln, die Blätter abzupfen.

3 Die Tamarinde gut durchkneten und den Saft
durch ein feines Sieb in eine Schüssel gießen, die
Fasern und Kerne wegwerfen. Fischsauce und
Zucker unterrühren.

4 Den Wok erhitzen und 2 EL Öl hineingeben.
Den Knoblauch und die Chili darin anbraten.
Die Nudeln durch ein Sieb abgießen und tropf-
nass hinzufügen. Die Würzsauce dazugeben und
3–4 Min. bei mittlerer Hitze rühren, bis sich die
Nudeln ganz vollgesogen haben. Dann an den
Rand schieben.

5 Übriges Öl in den Wok geben, die Eier hineinschlagen und 1 Min. unter Rühren braten. Die
Garnelen und die Frühlingszwiebeln dazugeben
und 1 Min. mitbraten. Die Nudeln vom Wokrand und die Basilikumblätter untermischen und
das Ganze noch 1 Min. unter Rühren braten.

Phad Thai

Für 2 Personen
100 g schmale Reisbandnudeln
10 g gepresste Tamarinde
50 g Hähnchenbrustfilet
30 g schnittfester Tofu
4–6 mittelgroße geschälte rohe Riesengarnelen
1 Bund Thai-Frühlingszwiebeln
2 Knoblauchzehen · 50 g frische
Sojabohnensprossen · 3 EL Fischsauce
2 EL Zucker · 4 TL Reisessig
1/2 TL geröstetes Chilipulver
4 EL Öl · 2 Eier

Pro Portion: ca. 625 kcal/2620 kJ
31 g EW · 28 g F · 61 g KH

1 Die Nudeln 30 Min. in kaltem Wasser einweichen (**Bild 1**). Tamarinde 10 Min. in 100 ml lauwarmem Wasser einweichen. Inzwischen das Hähnchenfleisch kalt abwaschen, trocken tupfen und in feine Streifen schneiden. Tofu in kleine Würfel schneiden. Die Garnelen am Rücken einritzen, den Darmfaden entfernen (siehe S. 199). Garnelen kalt abwaschen und trocken tupfen.

2 Die Frühlingszwiebeln waschen und – weiße und grüne Teile separat – in 3 cm lange Stücke schneiden (**Bild 2**). Den Knoblauch schälen und fein würfeln. Die Sojabohnensprossen in ein Sieb geben, kalt abbrausen und gut abtropfen lassen.

3 Für die Würzsauce die Tamarinde gut durchkneten, bis sich das Fruchtmark auflöst. Den Saft durch ein feines Sieb in ein Schüsselchen geben, Fasern und Kerne wegwerfen. Fischsauce, Zucker, Essig und Chilipulver unterrühren.

4 2 EL Öl in den Wok geben und den Knoblauch darin goldgelb anbraten. Die Nudeln abgießen, tropfnass hinzufügen und 2 Min. pfannenrühren. Die Würzsauce dazugeben, unter Rühren 3–4 Min. weiterbraten, bis die Nudeln weich sind und die Sauce vollständig aufgesogen haben (**Bild 3**). An den Wokrand schieben.

5 1 EL Öl in den Wok geben. Die Garnelen darin 1 Min. anbraten, dann an den Wokrand schieben. Hähnchenfleisch, Tofu und weiße Frühlingszwiebeln in den Wok geben und 1–2 Min. unter Rühren anbraten. An den Rand schieben.

6 Übriges Öl in den Wok geben, die Eier hineinschlagen und unter Rühren braten. Mit dem Pfannenwender in Streifen teilen (**Bild 4**). Die Garnelen für die Deko herausnehmen. Alles zusammenrühren, Sojabohnensprossen und Frühlingszwiebelgrün zugeben (**Bild 5**), unterrühren und kurz erwärmen. Auf zwei Teller verteilen, die Garnelen obenauf setzen und sofort servieren.

1

2

3

4

5

Phad Thai – in Thailand werden die Bratnudeln an jeder Straßenecke vor den Augen (und Nasen) der Kunden frisch zubereitet. Dabei läuft jedem das Wasser im Munde zusammen. Ihren Gästen wird es genauso gehen!

Gut zu wissen …

- Thai-Frühlingszwiebeln sind viel feiner und aromatischer als unsere. Falls Sie keine bekommen, 3 normale nehmen und diese in feine Ringe schneiden.

- »Die gebratenen Eier im Wok mit dem Pfannenwender in Streifen teilen …« Wenn Ihnen das zu kompliziert ist, nehmen Sie das kleine Omelett heraus und schneiden es in Streifen.

- Braten Sie nie mehr als 2 Portionen auf einmal! Wenn Sie mehr brauchen, vergrößern Sie die Zutatenmengen, bereiten alles vor und stellen es griffbereit. Braten aber sollten Sie immer nur wenig – Sie wissen schon, die Woktemperatur … Für 4 Personen halten Sie die erste Hälfte zugedeckt warm, mischen sie vor dem Servieren unter die zweite, dann können alle zusammen essen.

- Öfter mal Lust auf schnelle Nudeln aus dem Wok? Dann bereiten Sie mehr von der Würzsauce zu. Sie hält sich in einem Schraubglas im Kühlschrank gut 14 Tage.

Tausch-Tipps
*Natürlich müssen Sie nicht alle angegeben Zutaten verwenden, Sie können aber auch noch so einiges hinzufügen! Vegetarier verwenden **100 g Tofu** und **1 Stück eingelegten Rettich** (ein ca. 4 cm großes Stück klein schneiden und mit dem Knoblauch anbraten – schmeckt angenehm süß-würzig). 1 Handvoll in Streifen geschnittener **Chinakohl** und 1 kleine, in feine Stifte geschnittene **Möhre** können mit den Frühlingszwiebeln in den Wok wandern.*
*Statt Hähnchenfleisch, Tofu und Garnelen können Sie auch nur **Schweinefilet** nehmen.*
*Keine Tamarinde im Haus? Dann mischen Sie je **4 EL Limettensaft, Orangensaft und Wasser** mit dem Zucker und den Würzsaucen und schmoren die Nudeln darin. Schmeckt etwas anders, aber auch fein!*
*Sie können statt der Garnelen als Topping **gebratene Schalotten** (siehe S. 133) aufstreuen.*

Reisnudeln mit Ingwerfisch

Für 2 Personen
100 g schmale Reisbandnudeln
20 g getrocknete Shiitake-Pilze
400 g Fischfilet (z. B. Seebarsch)
2 Knoblauchzehen · 1 Stück frischer
Ingwer (ca. 40 g) · große rote Chilischoten
4 EL helle Sojasauce
3 EL Reiswein (oder Sherry medium)
1 Bund Frühlingszwiebeln · 3 EL Öl

Pro Portion: ca. 435 kcal/2240 kJ
41 g EW · 17 g F · 51 g KH

1 Die Nudeln in einer Schüssel mit heißem Wasser übergießen und 30 Min. einweichen. Die Pilze ebenfalls 30 Min. in einem Schälchen mit warmem Wasser einweichen.

2 Fischfilet inzwischen kalt abspülen, trocken tupfen und in mundgerechte Stücke schneiden. Knoblauch und Ingwer schälen und fein würfeln. Die Chilischoten waschen, längs aufschneiden, entkernen und in feine Streifen schneiden. Ingwer, Knoblauch und Chilis mit 2 EL Sojasauce und dem Reiswein verrühren. Die Fischwürfel darin wenden und zugedeckt durchziehen lassen.

3 Die Frühlingszwiebeln putzen, waschen und schräg in feine Ringe schneiden. Die eingeweichten Pilze ausdrücken, die Stiele entfernen und die Hüte in Streifen schneiden. Die Nudeln durch ein Sieb abgießen und abtropfen lassen.

4 Den Wok erhitzen und das Öl hineingeben. Die Pilze und Frühlingszwiebeln darin 2 Min. pfannenrühren. Die Fischstücke aus der Marinade nehmen, dazugeben und 2 Min. anbraten. Die Nudeln, die Marinade vom Fisch und die übrige Sojasauce vorsichtig untermischen und in ca. 1 Min. heiß werden lassen.

VARIANTE MIT GARNELEN

*Die Nudeln schmecken auch mit 200 g in der Chili-Ingwer-Mischung marinierten **Riesengarnelen.***

Reisnudeln mit Schweinefilet

Für 2 Personen
200 g breite Reisbandnudeln
200 g Schweinefilet · 2 EL Fischsauce
250 g Brokkoli · Salz · 200 g Austernpilze
6 Knoblauchzehen · 3 EL Öl · 2 Eier
2 EL helle Sojasauce · 1 EL Zucker

Pro Portion: ca. 401 kcal/1680 kJ
22 g EW · 12 g F · 52 g KH

1 Nudeln in einer Schüssel mit heißem Wasser übergießen und 30 Min. einweichen. Das Fleisch trocken tupfen, quer zur Faser in schmale Streifen schneiden und mit 1 EL Fischsauce würzen.

2 Den Brokkoli in kleine Röschen teilen und waschen. In einem Topf Wasser aufkochen, salzen und die Röschen darin 2 Min. blanchieren. Dann in ein Sieb abgießen, kalt abschrecken und abtropfen lassen. Die Austernpilze putzen, trocken abreiben, harte Stiele entfernen und die Kappen in Streifen schneiden. Den Knoblauch schälen und fein würfeln.

3 Die Nudeln in ein Sieb abgießen und abtropfen lassen. Den Wok erhitzen und 1 EL Öl hineingeben. Den Knoblauch drin 1 Min. bei mittlerer Hitze goldgelb anbraten, 1 gehäuften TL davon herausnehmen und auf Küchenpapier abtropfen lassen. Das Fleisch und die Pilze zum übrigen Knoblauch geben und 2–3 Min. unter Rühren braten, an den Rand schieben. Wieder 1 EL Öl in den Wok geben und den Brokkoli darin 2 Min. pfannenrühren, an den Rand schieben.

4 Das übrige Öl in den Wok geben und die Eier hineinschlagen. Etwas verrühren und ein kleines Omelett daraus backen. Wenden und mit dem Pfannenwender in Streifen teilen. Fleisch, Brokkoli und Pilze unterrühren, die Nudeln untermischen. Mit der restlichen Fischsauce, Sojasauce und Zucker würzen und 2–3 Min. weiterrühren, bis die Nudeln heiß sind. Mit dem gebratenen Knoblauch bestreut servieren.

45 Min. · Klassiker

Bami Goreng

Für 4 Personen
250 g Eier-Mie-Nudeln · 1–2 Möhren (ca. 100 g)
100 g Weißkohl · 1 Frühlingszwiebel
100 g Sojabohnensprossen
2 Knoblauchzehen
1 Stück frischer Ingwer (ca. 4 cm)
je 100 g Hähnchenbrust-,
Schweine- und Rinderfilet
3 EL Öl · 2 TL Sambal oelek
4 EL süße Sojasauce (Kecap manis)
2 EL Zitronensaft · Salz · Pfeffer

Pro Portion: ca. 395 kcal/1660 kJ
19 g EW · 11 g F · 5 g KH

1 In einem Topf Wasser aufkochen, die Nudeln hineingeben und nach Packungsangabe ca. 4 Min. ziehen lassen. Abgießen und abtropfen lassen. Inzwischen die Möhren schälen und in Stifte schneiden. Den Weißkohl putzen und in feine Streifen hobeln. Die Frühlingszwiebel putzen, waschen und in feine Ringe schneiden. Die Sojabohnensprossen in einem Sieb kalt abbrausen und gut abtropfen lassen. Knoblauch und Ingwer schälen, in Scheibchen schneiden.

2 Das Hähnchenfleisch kalt abspülen und trocken tupfen. Mit dem Schweine- und Rinderfilet quer zur Faser in dünne Streifen schneiden.

3 1 EL Öl im Wok erhitzen, die Möhren und den Weißkohl darin 2 Min. pfannenrühren, an den Rand schieben. Die Frühlingszwiebeln, die Sprossen, Knoblauch und Ingwer in den Wok geben und 1 Min. pfannenrühren, ebenfalls an den Rand schieben.

4 Wieder 1 EL Öl im Wok erhitzen, alle Fleischsorten darin zusammen ca. 3 Min. pfannenrühren und an den Rand schieben.

5 Das übrige Öl in den Wok geben. Die Nudeln darin unter ständigem Rühren ca. 2 Min. braten. Alles zusammenrühren, mit Sambal oelek, Sojasauce, Zitronensaft, Salz und Pfeffer würzen.

30 Min. · vegetarisch

Curry-Nudeln mit Tofu

Für 4 Personen
1 Aubergine (ca. 300 g) · 200 g schnittfester Tofu
150 g frische Shiitake-Pilze · 1 kleine gelbe
Paprikaschote · 3 Schalotten · 4 EL Öl
2–3 TL rote Currypaste · 200 ml Kokosmilch
Salz · 2 EL Limettensaft · 250 g Eier-
Mie-Nudeln · 1/2 Bund Schnittknoblauch

Pro Portion: ca. 400 kcal/1670 kJ
6 g EW · 14 g F · 10 g KH

1 Aubergine waschen und 2 cm groß würfeln. Den Tofu 1 cm groß würfeln. Pilze trocken abreiben, die harten Stiele entfernen und die Hüte vierteln. Paprikaschote putzen, waschen und in mundgerechte Stücke schneiden. Schalotten schälen und in feine Ringe schneiden.

2 Wok erhitzen, 1 EL Öl hineingeben. Tofu darin bei starker Hitze 2–3 Min. braten, herausnehmen und warm halten. 2 EL Öl in den Wok geben und Auberginen und Schalotten darin 2–3 Min. pfannenrühren, an den Rand schieben. Das übrige Öl in den Wok geben und die Pilze und Paprikastücke darin 2 Min. unter Rühren braten.

3 Currypaste einrühren, Kokosmilch und 5 EL Wasser unterrühren, aufkochen lassen und mit Salz und Limettensaft würzen. Den Tofu untermischen, zugedeckt warm halten.

4 Nudeln in kochendes Wasser geben und nach Packungsangabe ca. 4 Min. ziehen lassen. Den Schnittknoblauch waschen, trocken schütteln und in Röllchen schneiden. Nudeln abgießen, abtropfen lassen und zu Nestern geformt auf Tellern anrichten. Die Mischung aus dem Wock daraufgeben, mit Schnittknoblauch bestreuen.

VARIANTE MIT LAMMFLEISCH

*Ersetzen Sie Tofu durch in feine Scheiben geschnittenes **Lammrückenfilet**. Statt Shiitake-Pilzen schmecken **Austernpilze oder Egerlinge**, statt Schnittknoblauch hiesiger **Schnittlauch**.*

Mie-Nudeln
mit Meeresfrüchte-Spießen

Für 4 Personen
150 g Seeteufelfilet
1 große Tintenfischtube (ca. 250 g)
175 g geschälte rohe Riesengarnelen
4 Knoblauchzehen
1 Stück frischer Ingwer (ca. 40 g)
2 EL Sambal manis
1 EL Zitronensaft
3 EL Öl · Salz
2 Stangen Staudensellerie
1 große rote Chilischote
3 Frühlingszwiebeln
350 g Eier-Mie-Nudeln
1 EL helle Sojasauce
1/2 TL brauner Zucker
100 ml Fischfond

Außerdem:
8 kleine Holzspieße (12 cm lang)

Pro Portion: ca. 510 kcal/2130 kJ
25 g EW · 11 g F · 5 g KH

1 Das Seeteufelfilet kalt abwaschen, trocken tupfen und in 8 Stücke schneiden. Die Tintenfischtube längs halbieren und gründlich waschen. Wie auf S. 203 gezeigt erst ein Rautenmuster einkerben, dann die Tube in ca. 3 x 4 cm große Stücke schneiden.

2 Die Garnelen am Rücken einritzen, den Darmfaden entfernen (siehe S. 199). Die Garnelen kalt abwaschen und trocken tupfen.

3 Knoblauch schälen, die Hälfte davon fein würfeln, den Rest in feine Scheiben schneiden. Den Ingwer schälen, die Hälfte fein würfeln, den Rest erst in Scheiben, dann in Stifte schneiden. Den gewürfelten Knoblauch und Ingwer mit Sambal manis, Zitronensaft und 1 EL Öl verrühren. Fisch, Tintenfisch und Garnelen darin wenden und zugedeckt beiseite stellen.

4 Den Staudensellerie waschen, putzen und ca. 3 cm lange Stücke schneiden. Ca. 3 Min. in wenig Wasser dünsten, abgießen und abtropfen lassen. Die Chilischote waschen, längs aufschneiden, entkernen und fein schneiden. Die Frühlingszwiebeln putzen, waschen und in schmale Ringe schneiden.

5 Den Fisch, den Tintenfisch und die Garnelen aus der Marinade heben und trocken tupfen. Im Wechsel mit den Selleriestücken auf die Spießchen stecken.

6 In einem Topf Wasser aufkochen. Nudeln hineingeben, Topf von der Kochstelle nehmen und die Nudeln nach Packungsangabe ca. 4 Min. ziehen lassen. In ein Sieb gießen, abtropfen lassen.

7 Eine Grillpfanne erhitzen und die Stege mit 1 EL Öl einpinseln. Die Fischspieße darin von jeder Seite 2–3 Min. braten.

8 Gleichzeitig den Wok erhitzen und das übrige Öl hineingeben. Knoblauchscheiben, Ingwerstifte und Chilistreifen darin 1 Min. pfannenrühren. Frühlingszwiebeln, Sojasauce, Zucker, Fischfond und die übrige Marinade dazugeben und 2 Min. bei mittlerer Hitze köcheln lassen (nicht vergessen, die Spieße in der Grillpfanne zu wenden!).

9 Die Nudeln unter die Sauce rühren und 1 Min. unter Rühren erhitzen. Die Nudeln auf vier Teller verteilen und je 2 Spieße darauflegen.

VARIANTEN

*Das Gericht schmeckt auch mit **Reisbandnudeln**: Diese 1 Std. in kaltem Wasser einweichen, dann 4–5 Min. in der Sauce pfannenrühren, bis sie sich ganz damit vollgesaugt haben. Wer mag, brät mit den Nudeln noch **75 g geschälte gegarte Tiefseegarnelen** an.*

Nudeln mit köstlicher Sauce – was gibt es Besseres bei einem akuten Hungeranfall? Würzig, scharf oder fruchtig – schnelle Asia-Nudeln aus dem Wok stehen der Konkurrenz aus Italien in nichts nach!

6 x schnelle Wok-Nudeln für zwei

1 Nudeln mit süßsaurer Sauce

1 kleine Zwiebel und 1 Stück frischen Ingwer (ca. 1 cm) schälen und fein würfeln. 1 kleine Möhre schälen und in dünne Scheiben schneiden oder hobeln. 1/2 grüne Paprikaschote putzen, waschen und in feine Streifen schneiden. 3 Scheiben Ananas (aus der Dose) abtropfen lassen und klein schneiden. Für die Würzsauce 3 EL Ananassaft aus der Dose mit 2 EL Wasser, 2 EL Ketchup, 2 EL heller Sojasauce, 1 EL Reisessig (oder Weißweinessig), 1/2 EL braunem Zucker und 1/2 TL Speisestärke verquirlen.

Den Wok erhitzen und 1 EL Öl hineingeben. Ingwer, Zwiebel, Möhre und Paprika darin bei mittlerer Hitze 3 Min. pfannenrühren. Die Würzsauce angießen, aufkochen und 5 Min. köcheln lassen. Die Ananasstückchen untermischen und mit Salz und Pfeffer abschmecken. In einem Topf Wasser aufkochen, nach Belieben salzen, 150 g Mie-Nudeln hineingeben, Topf von der Kochstelle nehmen und die Nudeln nach Packungsangabe ca. 4 Min. ziehen lassen. In ein Sieb abgießen, abtropfen lassen und auf zwei Teller verteilen. Die Sauce daraufgeben.

2 Fruchtig-scharfe Nudeln

250 g Eier-Mie-Nudeln in kochendes Wasser geben und nach Packungsangabe in ca. 4 Min. gar ziehen lassen. In ein Sieb abgießen und abtropfen lassen. 1 kleine Zwiebel und 2 Knoblauchzehen schälen und fein würfeln. 2 Stängel Zitronengras von äußeren harten Blättern befreien und das untere weiche Drittel in feine Ringe schneiden. 300 g Austernpilze putzen, trocken abreiben und in Streifen schneiden. 2–3 Zweige Thai-Basilikum (Bai horapha) waschen und trocken schütteln, die Blätter in Streifen schneiden.

Den Wok erhitzen und 1 EL Öl hineingeben. Zwiebeln, Knoblauch und Zitronengras darin bei mittlerer Hitze 2 Min. unter Rühren anbraten. Die Austernpilze dazugeben und 3 Min. pfannenrühren, an den Rand schieben. 2 EL Öl in den Wok geben und die Nudeln darin 3 Min. unter ständigem Rühren braten. Mit 2 EL heller Sojasauce, 2 EL Austernsauce und 1 EL Limettensaft würzen und alles zusammenrühren. Das Basilikum darüberstreuen und 1 EL Chiliöl (Fertigprodukt) darüberträufeln.

3 Udon-Nudeln mit Spargel

In einem großen Topf reichlich Wasser aufkochen, salzen und 150–200 g japanische Udon-Nudeln (ersatzweise Vollkorn-Spaghetti) darin nach Packungsangabe in ca. 10 Min. bissfest garen. In ein Sieb abgießen, kalt abschrecken und abtropfen lassen. 250 g weißen Spargel schälen, die Spitzen abschneiden und längs halbieren, die Stangen schräg in 1/2 cm breite Scheiben schneiden. 2 Frühlingszwiebeln putzen, waschen und in feine Ringe schneiden. 2 EL Reiswein mit 2 EL heller Sojasauce und 1 TL Wasabi (grüner Meerrettich) verrühren.

Wok erhitzen und 4 EL Öl hineingeben. Spargel darin bei mittlerer Hitze 4 Min. pfannenrühren. Die Frühlingszwiebeln dazugeben und 1 Min. mitbraten. Die Nudeln und die Würzsauce dazugeben und unter Rühren in 2–3 Min. heiß werden lassen. Mit Salz abschmecken.

4 Koriander-Nudeln mit Chili-Garnelen

200 g Eier-Mie-Nudeln in kochendes Wasser geben, von der Kochstelle ziehen und nach Packungsangabe in ca. 4 Min. gar ziehen lassen.

1   2   3   4   5   6

In ein Sieb abgießen und abtropfen lassen. 1 kleinen Zucchino waschen, längs halbieren und in feine Scheiben schneiden. 1/2 gelbe Paprika putzen, waschen, in feine Streifen schneiden. 1 große rote Chili waschen, längs aufschneiden, entkernen und in feine Streifen schneiden. 2 Knoblauchzehen schälen und fein würfeln. 1 Bund Koriandergrün waschen und trocken schütteln, die Blätter und zarten Stängel fein hacken. Den Wok erhitzen und 2 EL Öl hineingeben. Knoblauchwürfel und Chilistreifen darin 1 Min. unter Rühren anbraten. Zucchini, Paprika und 150 g geschälte gegarte Garnelen dazugeben und 2–3 Min. pfannenrühren. Mit 2–3 EL heller Sojasauce, 1/2 TL Zucker und 2 EL Limettensaft würzen. Die Nudeln dazugeben und in 2–3 Min. unter Rühren heiß werden lassen. Das Koriandergrün untermischen, mit Salz und Pfeffer abschmecken.

5   *Nudeln mit Schweinefleisch*

200 g Eier-Mie-Nudeln in kochendes Wasser geben, von der Kochstelle ziehen und nach Packungsangabe in ca. 4 Min. gar ziehen lassen. In ein Sieb abgießen und gut abtropfen lassen. 200 g Schweineschnitzel trocken tupfen und in dünne Streifen schneiden. Mit 1 TL Zucker und 1 EL heller Sojasauce mischen. 2 Frühlingszwiebeln putzen, waschen und weiße und grüne Teile separat in Ringe schneiden. 100 g Sojabohnensprossen in einem Sieb kalt abbrausen und gut abtropfen lassen. 2 Knoblauchzehen schälen und in feine Würfel schneiden.
Den Wok erhitzen und 1 EL Öl hineingeben. Knoblauch und weiße Frühlingszwiebelringe darin 1 Min. anbraten. Das Fleisch hinzufügen und unter Rühren 3 Min braten, an den Rand

schieben. Wieder 1 EL Öl in den Wok geben und die Nudeln darin 2 Min. unter Rühren braten. Das Fleisch und die Sprossen untermischen und mit 1 EL heller und 2 EL dunkler Sojasauce würzen. Grüne Frühlingszwiebeln untermischen und mit Pfeffer abschmecken. Auf zwei Teller verteilen und jeweils mit 1 TL grob gehackten, gerösteten Erdnüssen bestreut servieren.

6   *Gebratene Nudeln mit Ingwer-Rettich*

150 g Eier-Mie-Nudeln in kochendes Wasser geben, dann von der Kochstelle ziehen und nach Packungsangabe in ca. 4 Min. gar ziehen lassen. Dann in ein Sieb abgießen, kalt abschrecken, gut abtropfen lassen und mit 2 TL Sesamöl mischen. 1 Stück weißen Rettich (ca. 350 g) schälen und in dünne Stifte schneiden oder hobeln. 1 Stück frischen Ingwer (ca. 2 cm) schälen und fein würfeln. 1/2 Bund Schnittlauch waschen, trocken schütteln und in feine Röllchen schneiden. 2 EL Reiswein, 2 EL helle Sojasauce, 50 ml Gemüsebrühe und 1/2 TL Wasabi (grüner Meerrettich) verrühren.
Den Wok erhitzen und 2 EL Öl hineingeben. Die Nudeln darin ausbreiten und 5 Min. bei mittlerer Hitze anbraten. Die Nudeln dann wenden und weitere 5 Min. braten. Auf einen Teller geben und im Backofen bei 70° oder einfach mit einem zweiten Teller abgedeckt warm halten. 1 EL Öl in den Wok geben und den Rettich und den Ingwer darin 2–3 Min. pfannenrühren. Die Würzsauce angießen und aufkochen lassen. Den Schnittlauch untermischen und das Gericht mit Salz abschmecken. Die Nudeln auf zwei Teller verteilen und den Rettich mit der Sauce darauf anrichten.

Entenbrust
auf Sesamnudeln

Für 4 Personen
10 getrocknete Mu-Err-Pilze
1 großes Entenbrustfilet (ca. 350 g)
2 TL Speisestärke · 300 g Romanesco
200 g Zuckerschoten · 3 Frühlingszwiebeln
1 Stück frischer Ingwer (ca. 3 cm)
150 ml Geflügelbrühe · 2 EL Austernsauce
3 EL helle Sojasauce · 250 g Mie-Nudeln
2 EL Sesamöl · Salz · Pfeffer

Pro Portion: ca. 535 kcal/2230 kJ
30 g EW · 22 g F · 55 g KH

1 Die Mu-Err-Pilze mit kochendem Wasser übergießen und 15 Min. einweichen. Das Entenbrustfilet kalt abwaschen und trocken tupfen. Die Haut ablösen (siehe S. 101) und in feine Streifen schneiden. Das Filet längs halbieren und in sehr dünne Streifen schneiden. Das Fleisch mit 1 TL Speisestärke vermischen.

2 Den Romanesco in kleine Röschen teilen, waschen und gut abtropfen lassen. Die Zuckerschoten putzen, eventuell entfädeln und schräg halbieren. Die Frühlingszwiebeln putzen, waschen und schräg in feine Ringe schneiden. Den Ingwer schälen und fein würfeln.

3 Die Pilze aus dem Wasser nehmen, gut ausdrücken und in Streifen schneiden. Für die Sauce die Brühe mit der Austernsauce, der Sojasauce und der übrigen Speisestärke verquirlen.

4 Backofen auf 70° vorwärmen. In einem Topf Wasser aufkochen und die Mie-Nudeln hineingeben. Den Topf von der Kochstelle nehmen und die Nudeln darin nach Packungsangabe ca. 4 Min. ziehen lassen. In ein Sieb abgießen, dann in einer vorgewärmten Schüssel mit dem Sesamöl mischen und zugedeckt im Ofen warm halten.

5 Den Wok erhitzen und die Entenhaut darin bei starker Hitze 4–5 Min. ausbraten, bis sie braun und kross ist. Herausnehmen und auf Küchenpapier abtropfen lassen. Im Entenfett das Fleisch in zwei Portionen unter Rühren 2–3 Min. braten. Herausnehmen, salzen und pfeffern und im Ofen warm halten.

6 Den Ingwer in den Wok geben und kurz anbraten. Die Romanescoröschen dazugeben und 3 Min. pfannenrühren. Die Pilze, die Zuckerschoten und Frühlingszwiebeln hinzufügen und 3 Min. pfannenrühren. Mit der Würzbrühe ablöschen und aufkochen lassen. Das Fleisch hinzufügen und bei starker Hitze rühren, bis die Sauce leicht bindet.

7 Die Sesamnudeln auf Teller verteilen, Entenfleisch und Gemüse darauf anrichten und mit der knusprigen Entenhaut garnieren.

Was ist denn … Romanesco? *Eine Art Blumenkohl, die nicht durch Hüllblätter geschützt ist und dadurch hell bleibt, sondern vom Sonnenlicht zartgrün gefärbt ist. Die Röschen wachsen wie die Türmchen eines Minaretts nach oben, er wird daher auch Türmchen- oder Minarettblumenkohl genannt. Falls Sie ihn nicht bekommen, können Sie ihn durch weißen Blumenkohl ersetzen. Und auch hier gilt wie bei Blumenkohl und Brokkoli: Wer so bissfest pfannengerührten Kohl nicht mag oder nicht gut verträgt, kann die Röschen vorher 2 Min. in kochendem Salzwasser blanchieren. In Eiswasser abschrecken, damit der Romanesco seine schöne Farbe behält!*

Gebratene Nudeln chinesische Art

Für 4 Personen
10 getrocknete chinesische Morcheln
5 getrocknete Shiitake-Pilze
1 Frühlingszwiebel · 2 Knoblauchzehen
1 Stück frischer Ingwer (ca. 2 cm) · 1 Möhre
150 g Chinakohl · 5 Strohpilze (aus der Dose)
50 g Bambussprossen in Streifen (aus dem
Glas/der Dose) · 300 g Eier-Mie-Nudeln
3 EL Öl · 2 EL Reiswein · 3 EL dunkle Sojasauce · 1 EL Misopaste · 50 g Mungbohnensprossen · 1 EL Speisestärke · Salz

Pro Portion: ca. 380 kcal/1580 kJ
3 g EW · 10 g F · 7 g KH

1 Die Morcheln 10 Min. in warmem Wasser
einweichen. Shiitake-Pilze in 150 ml warmem
Wasser (abmessen!) einweichen. Frühlingszwie-
bel putzen, waschen und in Ringe schneiden.
Knoblauch und Ingwer schälen und fein würfeln.
Die Möhre schälen und in feine Stifte schneiden.
Chinakohl waschen und in Streifen schneiden.

2 Morcheln aus dem Wasser nehmen, waschen
(sie sind oft sandig!), von holzigen Stellen befreien, in Stücke schneiden. Shiitake-Pilze ausdrücken, die Stiele entfernen und die Kappen in
Streifen schneiden. Die Strohpilze längs halbieren. Bambussprossen in einem Sieb abtropfen
lassen. Die Nudeln in kochendes Wasser geben
und nach Packungsangabe ca. 4 Min. ziehen lassen. In ein Sieb abgießen und abtropfen lassen

3 Den Wok erhitzen und das Öl hineingeben.
Frühlingszwiebel, Knoblauch und Ingwer darin
bei mittlerer Hitze glasig anbraten. Die Pilze,
die Möhrenstifte und die Bambussprossen dazugeben und 2 Min. unter Rühren braten. Mit Reiswein, Sojasauce und Miso würzen. Sprossen und
Chinakohl unterrühren und 1 Min. mitbraten.

4 Das Shiitake-Einweichwasser mit der Stärke
verquirlen, angießen und aufkochen lassen. Mit
Salz abschmecken und servieren.

Gebratene Nudeln
indonesische Art

Für 4 Personen
400 g Mie-Nudeln
250 g Schweineschnitzel
250 g Brokkoli · Salz · 4 Chinakohlblätter
1 Möhre · 1 Zwiebel · 2 Knoblauchzehen
1 Stück frischer Ingwer (ca. 5 cm)
1/4 TL Terasi (getrocknete Krabbenpaste)
3 EL Öl · 1/4–1/2 TL Sambal oelek
2 EL helle Sojasauce · 2 TL Palmzucker
2–3 EL süße Sojasauce (Kecap manis)

Pro Portion: ca. 520 kcal/2180 kJ
27 g EW · 10 g F · 79 g KH

1 Die Nudeln in kochendes Wasser geben und
nach Packungsangabe ca. 4 Min. ziehen lassen.
Dann in ein Sieb abgießen und abtropfen lassen.

2 Das Fleisch trocken tupfen und in schmale
Streifen schneiden. Den Brokkoli in kleine Röschen teilen, 2 Min. in Salzwasser blanchieren,
abgießen, kalt abschrecken und abtropfen lassen.

3 Den Chinakohl waschen und in Streifen
schneiden. Die Möhre schälen und in feine Stifte
schneiden oder hobeln. Die Zwiebel schälen und
würfeln. Den Knoblauch und den Ingwer schälen
und fein würfeln. Die Krabbenpaste zerdrücken.

4 Das Öl im Wok erhitzen. Das Fleisch mit
Zwiebeln, Knoblauch, Ingwer und Sambal oelek
3 Min. bei starker Hitze unter Rühren anbraten.
Dann Brokkoli, Chinakohl und Möhren 1 Min.
mitbraten. Nudeln, Sojasauce, Terasi und Palmzucker untermischen, in 2–3 Min. unter Rühren
erhitzen. Mit süßer Sojasauce abschmecken.

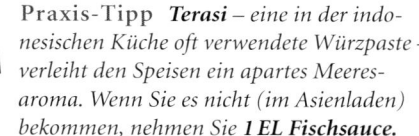

Praxis-Tipp *Terasi – eine in der indonesischen Küche oft verwendete Würzpaste –
verleiht den Speisen ein apartes Meeres-
aroma. Wenn Sie es nicht (im Asienladen)
bekommen, nehmen Sie* **1 EL Fischsauce.**

35 Min. + 2 Std. Marinieren · süßscharf

Chilinudeln *mit Rinderfilet*

Für 4 Personen
250 g Rinderfilet · 1 TL Sambal oelek
1 TL Fünf-Gewürze-Pulver
1 EL helle Sojasauce · 1/2 TL Speisestärke
250 g Chilinudeln (Fertigprodukt) · Salz
140 g Bambussprossen in Streifen (aus
dem Glas/der Dose) 1 Gemüsezwiebel
1 grüne Paprikaschote · 200 g Kirschtomaten
2 EL Öl · 2 EL Aceto balsamico · 2–3 EL Hoisin-Sauce · 1 EL dunkle Sojasauce · Pfeffer

Pro Portion: ca. 385 kcal/1620 kJ
23 g EW · 9 g F · 54 g KH

1 Das Rinderfilet trocken tupfen und quer
zur Faser in feine Streifen schneiden. Mit je
1/2 TL Sambal oelek und Fünf-Gewürze-Pulver
und der hellen Sojasauce vermischen und zugedeckt 2 Std. kalt stellen.

2 Das marinierte Fleisch mit der Speisestärke
vermischen. Die Nudeln nach Packungsangabe
in Salzwasser bissfest garen, in ein Sieb abgießen.
Kalt abschrecken und gut abtropfen lassen.

3 Die Bambussprossen in einem Sieb abtropfen
lassen. Zwiebel schälen, achteln und die Achtel
auseinanderlösen. Die Paprikaschote putzen,
waschen und in Streifen schneiden. Die Tomaten
waschen und halbieren.

4 Den Wok erhitzen und 1 EL Öl hineingeben.
Die Zwiebelstücke darin 2–3 Min. bei mittlerer
Hitze pfannenrühren. Die Paprikastreifen dazu-
geben und 1 Min. mitbraten, an den Rand schie-
ben. Das übrige Öl in den Wok geben und das
Fleisch darin 2–3 Min. unter Rühren anbraten.
Die Tomaten und die Bambussprossen dazu-
geben und 1 Min. pfannenrühren. Den Essig
hinzufügen, kurz einkochen lassen und mit 1 EL
Wasser ablöschen. Mit restlichem Sambal oelek,
Fünf-Gewürze-Pulver, den Würzsaucen und
Pfeffer abschmecken. Die Nudeln dazugeben und
unter Rühren in 2–3 Min. heiß werden lassen.

40 Min. · japanisch

Udon-Nudeln *mit Hähnchen*

Für 4 Personen
1/2 rote Chilischote · 1 Stück frischer Ingwer
(ca. 6 cm) · 5 TL helle Sojasauce
5 TL Reisessig (oder Apfelessig)
5 EL Öl · 300 g Hähnchenbrustfilet
2 grüne Paprikaschoten · 1 rote Zwiebel
2 kleine Möhren · 2 Stangen Staudensellerie
200 g Sojabohnensprossen · 200 g Champignons
3 Zweige Koriandergrün · Salz
500 g Udon-Nudeln · Pfeffer · 1 EL Sesamöl

Pro Portion: ca. 735 kcal/3090 kJ
39 g EW · 18 g F · 104 g KH

1 Die Chili waschen, längs aufschneiden, entkernen und fein schneiden. Ingwer schälen, fein
reiben. Beides mit Sojasauce, Essig und 4 EL Öl
verrühren. Hähnchenfleisch kalt abwaschen und
trocken tupfen, in schmale Streifen schneiden, in
der Marinade wenden. Zugedeckt ziehen lassen.

2 Paprika putzen, waschen und in feine Streifen
schneiden. Zwiebel schälen, längs halbieren und
in feine Spalten schneiden. Möhren schälen und
in dünne Scheiben schneiden. Den Sellerie putzen, waschen und in dünne Scheiben schneiden.
Sprossen im Sieb kalt abbrausen und gut abtropfen lassen. Pilze putzen, trocken abreiben und in
Scheiben schneiden. Das Koriandergrün waschen
und trocken schütteln, die Blätter fein hacken.

3 Nudeln in reichlich Wasser nach Packungsangabe ca. 10 Min. kochen. Inzwischen übriges Öl
im Wok erhitzen. Fleisch darin 2–3 Min. bei starker Hitze pfannenrühren, salzen, herausnehmen.
Gemüse, Pilze und Sprossen nach und nach in
den Wok geben und bei mittlerer Hitze ca. 5 Min.
braten. Übrige Marinade und das Fleisch unterrühren, 1–2 Min. bei mittlerer Hitze garen.

4 Die Nudeln in ein Sieb abgießen, kurz abtropfen lassen, pfeffern und mit Sesamöl und Koriandergrün mischen. Die Nudeln auf Teller verteilen, das Hähnchen und das Gemüse dazugeben.

Knuspernudeln
mit Hähnchen

Für 4 Personen
250 g Eier-Mie-Nudeln
150 ml Geflügelbrühe
3 EL Hoisin-Sauce
1 TL Speisestärke
200 g grüne Bohnen (frisch oder TK)
Salz · 1 rote Paprikaschote
200 g Maiskörner (aus der Dose)
2 Knoblauchzehen
300 g Hähnchenbrustfilet
4 EL Öl · Pfeffer

Pro Portion: ca. 590 kcal/2460 kJ
25 g EW · 14 g F · 39 g KH

1 In einem Topf Wasser aufkochen, die Nudeln hineingeben, den Topf von der Kochstelle ziehen und die Nudeln nach Packungsangabe ca. 4 Min. ziehen lassen. Dann in ein Sieb abgießen und abtropfen lassen. Für die Sauce die Brühe mit der Hoisin-Sauce und der Speisestärke verquirlen.

2 Frische Bohnen waschen, putzen, eventuell entfädeln und halbieren. In kochendem Salzwasser 5 Min. blanchieren, in ein Sieb abgießen, kalt abschrecken und gut abtropfen lassen. TK-Bohnen nur auftauen lassen.

3 Die Paprikaschote putzen, waschen und in feine Streifen schneiden (**Bild 1**). Den Mais in ein Sieb abgießen und abtropfen lassen. Den Knoblauch schälen und fein würfeln. Das Hähnchenfleisch kalt abwaschen, trocken tupfen und in feine Streifen schneiden.

4 Backofen samt einer Platte für die Nudeln und einer Schüssel für das Fleisch auf 70° vorheizen. Den Wok erhitzen und 2 EL Öl hineingeben. Die Nudeln darin ausbreiten und 5 Min. ohne Rühren bei mittlerer Hitze goldbraun und knusprig anbraten. Wenden (**Bild 2**) und auf der anderen Seite ebenfalls 5 Min. braten. Auf die Platte geben und im Ofen warm halten (**Bild 3**).

5 Das übrige Öl in den Wok geben. Das Fleisch darin portionsweise unter Rühren 4 Min. braten, salzen und pfeffern, herausnehmen und warm halten. Den Knoblauch im Wok kurz anbraten, Paprikastreifen und Bohnen dazugeben und 2–3 Min. pfannenrühren.

6 Die Würzsauce angießen, das Fleisch und den Mais dazugeben, die Sauce aufkochen und alles 2–3 Min. schmoren lassen, bis die Sauce leicht eindickt. Mit Salz und Pfeffer abschmecken. Die Nudeln auf vier Teller verteilen und das Wokgericht darauf anrichten.

1. Paprika vierteln, Kerne und weiße Häutchen entfernen. Paprika waschen und die Viertel quer in feine Streifen schneiden.

2. Die zu einem knusprigen Fladen gebratenen Nudeln mit einem Pfannenwender mit Schwung umdrehen und weiterbraten.

3. Nudeln wie einen Pfannkuchen auf die Platte gleiten lassen. Vorsicht, diese ist heiß!

40 Min. · für Gäste

Knuspernudeln
auf thailändische Art

Für 4 Personen
10 g getrocknete Mu-Err-Pilze · 200 g Puten-schnitzel · 200 g Schweinefilet · 200 g rohe geschälte Garnelen · 1/2 rote Chilischote 4 Frühlingszwiebeln · 50 g Zuckerschoten 2 Knoblauchzehen · 1/2 Bund Koriandergrün 3 EL Öl · 60 g schmale Reisnudeln · 2 EL helle Sojasauce · 1 EL Fischsauce · Salz · Pfeffer 750 ml neutrales Pflanzenöl zum Frittieren

Pro Portion: ca. 370 kcal/1550 kJ
33 g EW · 17 g F · 16 g KH

1   Pilze überbrühen und 20 Min. einweichen. Putenfleisch kalt abwaschen und trocken tupfen, Schweinefleisch abtrocknen. Beides in feine Streifen schneiden. Die Garnelen am Rücken ein-ritzen, den Darmfaden entfernen (siehe S. 199). Das Fleisch kalt abwaschen, abtrocknen.

2   Chilischote waschen, längs aufschneiden, entkernen und fein hacken. Frühlingszwiebeln putzen, waschen und in feine Ringe schneiden. Zuckerschoten waschen, putzen, entfädeln und schräg halbieren. Knoblauch schälen und fein würfeln. Pilze aus dem Wasser nehmen, ausdrü-cken und in Streifen schneiden, zähe Teile dabei entfernen. Koriandergrün waschen und trocken schütteln, Blätter und zarte Stängel fein hacken.

3   2 EL Öl im Wok erhitzen. Knoblauch und Frühlingszwiebeln darin 1 Min. anbraten. Das Fleisch nach und nach zugeben und 2–3 Min. bei starker Hitze pfannenrühren, an den Wokrand schieben. 1 EL Öl in den Wok geben, Chili, Gar-nelen, Pilze und Zuckerschoten darin 2 Min. un-ter Rühren braten, von der Kochstelle nehmen.

4   In einem Topf das Öl zum Frittieren erhitzen. Die Reisnudeln in drei Portionen teilen. Nach-einander jeweils ca. 5 Sek. im heißen Öl frittie-ren, bis die Nudeln sich aufblähen und weiß werden. Herausnehmen und abtropfen lassen.

5   Zwei Nudelportionen etwas zerbröseln, mit dem Koriander unter das Wokgericht mischen. Mit Sojasauce, Fischsauce, wenig Salz und Pfeffer abschmecken. Auf vier Teller verteilen und mit den übrigen Knuspernudeln garnieren.

45 Min. + 2 Std. Marinieren · raffiniert

Knuspernudeln
mit süßsaurem Fisch

Für 4 Personen
75 ml Fischfond (aus dem Glas) · 2 EL Zucker 5 EL Reisessig · 3 EL Ketchup 1/2 TL Szechuanpfeffer · 400 g Kabeljaufilet 500 g Brokkoli · Salz · 150 g schmale Reisnudeln 2 TL Speisestärke · 2–3 EL helle Sojasauce 750 ml neutrales Pflanzenöl zum Frittieren

Pro Portion: ca. 400 kcal/1670 kJ
24 g EW · 12 g F · 45 g KH

1   Fond mit Zucker, Essig, Ketchup und Pfeffer verquirlen. Fischfilet waschen, trocken tupfen und in mundgerechte Stücke schneiden. In der Marinade wenden, 2 Std. zugedeckt kalt stellen.

2   Den Brokkoli in kleine Röschen teilen, den Stiel schälen und klein würfeln. In kochendem Salzwasser 2 Min. blanchieren, in ein Sieb abgießen, kalt abschrecken und abtropfen lassen.

3   Den Backofen auf 70° vorheizen. Das Öl zum Frittieren erhitzen. Die Reisnudeln in 8 Portio-nen teilen. Jeweils für ca. 5 Sek. ins heiße Öl ge-ben, bis sie sich aufblähen und ganz weiß sind. Dann herausnehmen und im Ofen warm halten.

4   Das Öl bis auf ca. 3 EL abgießen und den Wok wieder erhitzen. Den Brokkoli darin 3 Min. pfannenrühren. Den Fisch samt Marinade zu-fügen und 2–3 Min. bei mittlerer Hitze mitgaren. Die Stärke mit der Sojasauce und 2 EL Wasser verquirlen, vorsichtig unterrühren, damit die Fischwürfel nicht zerfallen. Aufkochen und 1–2 Min. köcheln lassen, bis die Sauce bindet. Mit den Reisnudeln anrichten, sofort servieren.

★
★

40 Min. · macht was her

Gemüsegarnelen
mit frittierten Glasnudeln

Für 4 Personen
2 kleine Möhren · 100 g Zuckerschoten
1 gelbe Paprikaschote · 2 Knoblauchzehen
1 Stück frischer Ingwer (ca. 50 g)
300 g geschälte gegarte Garnelen
3 EL Öl · 50 ml Gemüsebrühe
5 EL Austernsauce · 2 EL Fischsauce
2 EL dunkle Sojasauce · je 1 Prise Anis-,
Fenchel- und Zimtpulver · Pfeffer
1 Msp. Sambal oelek · 40 g Glasnudeln
750 ml neutrales Pflanzenöl zum Frittieren

Pro Portion: ca. 240 kcal/1000 kJ
17 g EW · 11 g F · 17 g KH

1 Die Möhren schälen und in feine Stifte schneiden oder hobeln. Die Zuckerschoten waschen, putzen, eventuell entfädeln und schräg halbieren. Die Paprikaschote putzen, waschen und in feine Streifen schneiden. Den Knoblauch und den Ingwer schälen und fein würfeln. Die Garnelen trocken tupfen.

2 1 EL Öl im Wok erhitzen. Möhren und Zuckerschoten darin 2 Min. pfannenrühren, an den Rand schieben. Wieder 1 EL Öl in den Wok geben, die Paprikastreifen darin 1 Min. unter Rühren braten, an den Rand schieben. Das restliche Öl erhitzen, Ingwer und Knoblauch darin anbraten, die Garnelen hinzufügen und 1 Min. pfannenrühren. Mit Brühe ablöschen, Würzsaucen, Gewürzpulver und Sambal oelek dazugeben, alles vom Wokrand unterrühren. In einer vorgewärmten Schüssel zugedeckt warm halten.

3 Den Wok säubern und das Frittieröl darin erhitzen. Das Wokgericht auf vier vorgewärmte Teller verteilen. Die Glasnudeln in vier Portionen teilen, im heißen Öl jeweils ca. 5 Sek. frittieren, bis sie sich aufblähen und weiß werden. Mit einem Schaumlöffel herausnehmen und auf den Gemüsegarnelen anrichten.

45 Min. · knusprig

Reisnudelpuffer *mit Zucchini*

Für 2 Personen
Für die Reisnudelpuffer:
100 g schmale Reisbandnudeln
1 kleiner Zucchino (ca. 150 g)
Salz · 1 Stück frischer Ingwer
2 Knoblauchzehen · 2 Eier
1–2 EL helle Sojasauce · Pfeffer · 4 EL Öl

Für den Dip:
1/2 Bund Koriandergrün · 3 Zweige Minze
300 g Vollmilchjoghurt · 2 TL Zitronensaft
1/2 TL Fünf-Gewürze-Pulver
Salz · Pfeffer · Zucker

Pro Portion: ca. 475 kcal/1990 kJ
12 g EW · 26 g F · 48 g KH

1 Die Nudeln überbrühen und 3 Min. ziehen lassen. Durch ein Sieb abgießen, abtropfen und etwas abkühlen lassen, dann mit der Schere in kurze Stücke schneiden.

2 Zucchino waschen, grob raspeln, mit Salz bestreuen, Wasser ziehen lassen. Ingwer und Knoblauch schälen, fein würfeln. Zucchiniraspel ausdrücken und trocken tupfen. Eier und Sojasauce verquirlen, Zucchiniraspel, Ingwer, Knoblauch und Nudeln untermischen. Salzen, pfeffern.

3 Den Wok erhitzen und je 2 EL Öl hineingeben. In zwei Portionen 8 kleine Puffer ausbacken: Pro Puffer 1 gehäuften EL Nudel-Zucchini-Masse in den Wok geben und zu einem kleinen Küchlein flach drücken. 5 Min. bei mittlerer Hitze braten, wenden und auf der anderen Seite in 2–3 Min. fertig backen. Herausnehmen und warm halten, bis alle gebacken sind.

4 Für den Dip das Koriandergrün und die Minze waschen und trocken schütteln, die Blätter fein schneiden. Den Joghurt mit dem Zitronensaft und dem Fünf-Gewürze-Pulver verrühren und die Kräuter untermischen. Mit Salz, Pfeffer sowie 1 Prise Zucker abschmecken. Zu den Reisnudelpuffern servieren.

Desserts

Lust auf was Süßes? Wie wäre es zum Beispiel mit exotischen Früchten, pur oder von feinem Teig umhüllt und knusprig frittiert? Oder mit einem zarten, im Dampf gegarten chinesischen Früchtekuchen? Dieses Kapitel ist den Süßschnäbeln unter Ihnen gewidmet.

Warenkunde & Küchenpraxis: Fruchtige Desserts

Ananas vorbereiten

Schopf und Stielansatz abschneiden, die Ananas aufstellen und die Schale in breiten Streifen senkrecht abschneiden. Die »Augen« diagonal mit zwei V-förmig angesetzten Schnitten entfernen. Die Ananas dann quer in Scheiben schneiden und den Strunk mit einem Apfelausstecher herausstanzen. Oder die Ananas längs vierteln, den Strunk am Stück herausschneiden und das Fruchtfleisch in Stücke schneiden.

Mangos

Die Frucht mit einem Sparschäler schälen. Das Fruchtfleisch an beiden abgeflachten Seiten der Mango, möglichst nah entlang des großen flachen Kerns im Inneren, von diesem abschneiden. Die beiden Fruchtstücke längs in Scheiben schneiden und – z. B. für ein Dessert – fächerförmig auf einem Teller anrichten. Für Würfel auch die Reste von Fruchtfleisch, die noch am Kern sind, mit einem kleinen Messer abschneiden und würfeln.

Darauf kommt's an! *Reife garantiert bestes Aroma Ananas, Mangos, Papayas – alle Exoten kommen von weit her, aus Asien oder Südamerika – entweder mit dem Schiff oder mit dem Flugzeug. Der Seeweg ist billiger, dauert aber bis zu 4 Wochen. Das Obst muss dafür lange vor der Genussreife geerntet werden. Bei Bananen und Papayas ist das kein Problem, sie reifen auch gepflückt vollständig nach. Nur bei Ananas sollten Sie die teure Flugware vorziehen, denn diese Frucht muss an der Pflanze vollständig ausreifen – nur dann entwickelt sie ihr volles Aroma.*

Litschis im Kokosteig

2 Eier trennen. Die Eigelbe mit je 100 ml Ananassaft und Kokosmilch, 75 g Mehl, 1 EL Kokosraspel, 2 EL Zucker, 1/2 TL abgeriebener Bio-Zitronenschale und 1 Prise Salz zu einem glatten Teig verrühren. Zugedeckt 30 Min. quellen lassen. Inzwischen 300 g frische Litschis schälen, ein-, aber nicht durchschneiden und den Kern entfernen. Die Eiweiße steif schlagen und unter den Teig ziehen. 750 ml neutrales Pflanzenöl im Wok erhitzen. Sobald es heiß genug ist, die Litschis durch den Kokosteig ziehen und ins heiße Öl geben. Portionsweise darin in jeweils 2–3 Min. goldbraun ausbacken. Mit einem Schaumlöffel herausheben und auf Küchenpapier abtropfen lassen.

Papayas mit Chilizucker

Reife Papayas verströmen ein fruchtig-süßes Aroma. Sie sollten sich fest anfühlen. Zu weiche Früchte sind bereits überreif. Die Papayas mit dem Sparschäler schälen, längs halbieren und die schwarzen Kerne herauskratzen. Das Fruchtfleisch in Würfel oder Scheiben schneiden. Sie können es einfach pur genießen oder im Litschi-Backteig ausbacken. Raffiniert und einfach zugleich: 1 kleine rote Chilischote putzen und sehr fein würfeln. Mit 4 EL Zucker vermischen und die Papayastücke darin einstippen.

Obstsalat mit Zitronengrassirup

2 Stängel Zitronengras von äußeren harten Blättern befreien und in Scheiben schneiden. Mit 2 EL Zucker und 100 ml Wasser in einem Topf aufkochen und 5 Min. einkochen lassen. Den Sud abkühlen lassen und durch ein feines Sieb gießen. Ananas-, Papaya-, Mango- und Bananenstücke hineingeben und 1 Std. marinieren. Mit Kokoschips bestreut servieren.

259

Knusprige
Fruchtröllchen

★
★

Für 12 Stück
24 TK-Frühlingsrollen-
Teigblätter (12 x 12 cm)
50 g Sojabohnensprossen
1 kleine Papaya
ca. 150 g Ananas
1/4 Banane
1 Zweig Zitronenmelisse
1 Stück frischer Ingwer (ca. 2 cm)
2 TL Butter
1 Eiweiß
750 ml neutrales Pflanzenöl
zum Frittieren

Pro Stück: ca. 215 kcal/890 kJ
8 g EW · 8 g F · 27 g KH

1 Frühlingsrollen-Teigblätter in der Packung auftauen lassen. Sojabohnensprossen in einem Sieb kalt abbrausen und gut abtropfen lassen.

2 Papaya schälen, längs teilen, die Kerne herauskratzen und das Fruchtfleisch in ca. 1/2 cm große Würfel schneiden. Die Ananas schälen, den Strunk entfernen und das Fruchtfleisch ebenso klein würfeln. Das Bananenstück schälen, längs vierteln und klein würfeln. Die Zitronenmelisse waschen und trocken schütteln, die Blätter fein schneiden. Den Ingwer schälen und fein reiben.

3 Den Wok erhitzen und die Butter darin bei mittlerer Hitze aufschäumen, aber nicht braun werden lassen. Den Ingwer anbraten, die Sprossen hinzufügen und 1 Min. pfannenrühren. Die Früchte und die Melisse unterheben, herausnehmen und abkühlen lassen.

4 Das Eiweiß in einem Schälchen verschlagen. Jeweils 2 Frühlingsrollen-Teigblätter aufeinander- und mit der Spitze nach vorne zeigend auf die Arbeitsfläche legen. Mittig je 1–2 TL Füllung daraufgeben und die Ränder mit Eiweiß ein-

pinseln. Wie auf S. 33 gezeigt die vordere Teigspitze über die Füllung legen und einmal aufrollen. Die Seiten einschlagen und weiter zu festen Röllchen wickeln.

5 Den Wok säubern und das Frittieröl darin erhitzen. Die Fruchtröllchen darin portionsweise in jeweils 4–5 Min. goldbraun frittieren. Mit einem Schaumlöffel herausheben und auf Küchenpapier abtropfen lassen.

Wie wär's mal …

MIT EINER BANANENFÜLLUNG UND EINEM KOKOSMANTEL

3 reife Bananen schälen und in Scheiben schneiden. In 2 TL Butter mit 1 TL frisch geriebenem Ingwer 1 Min. anbraten, mit 2 EL Limettensaft (oder weißem Rum) ablöschen und einkochen lassen. Herausnehmen und vor dem Füllen abkühlen lassen. Die Frühlingsrollen-Teigblätter damit füllen. 4 EL Kokosraspel auf einen Teller geben. Den Rest vom Eiweiß mit 1 Eigelb verrühren, die Röllchen damit einpinseln (wer möchte, nur in dekorativen Streifen oder Mustern) und in den Kokosraspeln wälzen. Wie beschrieben goldbraun frittieren.

*BEILAGE Zu beiden Varianten der Röllchen passt ein frisches **Fruchtsorbet**. Sie können fertig gekauftes Ananas-, Zitronen- oder Limettensorbet nehmen. Oder dieses supereinfache Mango-Sorbet selber machen: 400 ml Mango-Pulp (aus der Dose) mit 4 EL Limettensaft und 200 ml Sekt verrühren und in eine flache Form gießen. Für 2–3 Std. ins Tiefkühlfach stellen, dabei alle 30 Min. herausnehmen und mit einer Gabel kräftig durchrühren, damit sich schöne Kristalle bilden.*

Ananas im Kokosmantel

Für 4 Personen
1 reife Ananas (ca. 1 kg)
50 g Kokoschips (aus dem Bioladen)
150 g Kokosraspel
2 Eiweiße · 1 EL Zucker
je 1/4 TL Zimtpulver
und gemahlener Kardamom
750 ml neutrales Pflanzenöl
zum Frittieren

Pro Portion: ca. 505 kcal/2120 kJ
5 g EW · 44 g F · 23 g KH

1   Von der Ananas den Schopf und den Stielansatz abschneiden, die Frucht wie auf S. 258
gezeigt schälen und von den »Augen« befreien.
In 8 oder 12 Scheiben schneiden und jeweils den
Strunk herausschneiden oder -stanzen.

2   Die Kokoschips etwas zerbröseln, mit den
Kokosraspeln auf einem Teller mischen. Die
Eiweiße mit dem Zucker und den Gewürzen
schaumig, aber nicht steif schlagen.

3   Das Frittieröl im Wok erhitzen. Sobald es heiß
genug ist, wenn also an einem hineingehaltenen
Holzstäbchen sofort viele Bläschen aufsteigen,
können Sie loslegen: Die Ananasscheiben erst
im Eiweiß, anschließend in der Kokosmischung
wenden und diese etwas andrücken.

4   Die Ananasscheiben im heißen Öl in ca.
3 Min. goldbraun frittieren. Vorsichtig herausheben und auf Küchenpapier abtropfen lassen.
Warm servieren.

BEILAGE Dazu schmeckt dieser **Joghurt-Dip:**
150 g griechischen Joghurt (oder 100 g Vollmilch-
joghurt mit 2 EL Crème fraîche) mit 1 EL Puder-
zucker, dem herausgekratzten Mark von 1 Vanille-
schote und 1/4 TL gemahlenem Kardamom ver-
rühren. Mit 1–2 TL Zitronensaft abschmecken.
Den Dip gut gekühlt zu den gebackenen Ananas-
scheiben servieren.

Gebackene Bananen

Für 4 Personen
50 g Tempuramehl (siehe S. 25)
1 EL Zucker · Salz
3 EL Kokosraspel
2 EL Sesamsamen
2 große Bananen
4 EL Honig
750 ml neutrales Pflanzenöl
zum Frittieren

Pro Portion: ca. 340 kcal/1420 kJ
4 g EW · 20 g F · 36 g KH

1   Das Tempuramehl mit dem Zucker, 1 Prise
Salz und knapp 125 ml kaltem Wasser schnell zu
einem feinen Teig verrühren. Die Kokosraspel
und die Sesamsamen unterrühren.

2   Die Bananen jeweils längs und quer halbieren,
sodass 8 Stücke entstehen.

3   Das Frittieröl im Wok erhitzen. Sobald es heiß
genug ist, die Bananenstücke im Teig wenden
und ins heiße Öl geben. In 2–3 Min. goldbraun
ausbacken. Mit einem Schaumlöffel herausheben
und auf Küchenpapier abtropfen lassen.

4   Die gebackenen Bananen auf einer vorgewärmten Platte anrichten und mit dem Honig
beträufelt servieren.

Praxis-Tipp *Was bei anderen Ausback-*
teigen sinnvoll ist, ist beim **Tempurateig**
nicht ratsam: Bereiten Sie den Tempurateig
unmittelbar vor dem Frittieren der Bananen
zu. Lässt man ihn länger stehen (wie das bei
Weizen- oder Buchweizenmehlteigen wichtig ist),
wird er zäh und verliert seine luftige Leichtigkeit.

45 Min. · Sommerdessert

Feigen-Beignets

Für 4 Personen
2 Eier · 200 ml Weißwein (oder Apfelsaft)
75 g Mehl
2 EL Zucker
1 Päckchen Vanillezucker
1 TL abgeriebene Bio-Zitronenschale
Salz · 6 reife Feigen
750 ml neutrales Pflanzenöl
zum Frittieren

Pro Portion: ca. 325 kcal/1350 kJ
6 g EW · 16 g F · 31 g KH

1 Die Eier trennen, die Eiweiße kalt stellen. Die Eigelbe mit dem Wein, Mehl, Zucker, Vanillezucker, der Zitronenschale und 1 Prise Salz zu einem dünnflüssigen Teig verrühren. Zugedeckt 30 Min. quellen lassen.

2 Inzwischen die Feigen behutsam waschen, trocken tupfen und mit der Schale längs vierteln.

3 Das Frittieröl im Wok erhitzen. Inzwischen die Eiweiße steif schlagen und unter den Teig heben. Sobald das Öl heiß genug ist, die Feigenviertel durch den Weinteig ziehen und portionsweise im heißen Öl 2–3 Min. ausbacken. Die Beignets mit einem Schaumlöffel herausheben und auf Küchenpapier abtropfen lassen. Dazu passen Zitronensorbet oder Vanillesauce.

OBST-VARIANTEN

*Statt der Feigen können Sie auch **Aprikosenhälften**, **Apfelspalten**, **Ananasscheiben** oder **Mangospalten** verwenden.*

50 Min. · chinesisch

Sesambällchen

Für 8 Personen
100 g Zucker
2 EL Kokosmilch (oder Wasser)
2 Eier · 1 EL Kokosfett
250 g Mehl
2 EL Kokosraspel
1/4 TL Backpulver
1 Msp. Natron · Salz
100 g Sesamsamen
750 ml neutrales Pflanzenöl zum Frittieren

Pro Portion: ca. 315 kcal/1330 kJ
7 g EW · 16 g F · 36 g KH

1 Den Zucker mit der Kokosmilch verrühren. Die Eier leicht verschlagen. Das Kokosfett in einem Pfännchen (oder der Mikrowelle) zerlassen. Alles in einer Schüssel gut verrühren.

2 Das Mehl, die Kokosraspel, Backpulver, Natron und 1 Prise Salz vermischen und mit der Eiercreme vermischen. Auf die Arbeitsfläche geben und zu einem geschmeidigen Teig verkneten. Die Sesamsamen auf einen Teller geben.

3 Aus dem Teig mit 2 Teelöffeln kleine Klößchen abstechen, diese in den Sesamsamen wälzen und mit den Händen zu kleinen Kugeln formen. Wieder im Sesam wälzen, sodass sie ganz davon umhüllt sind.

4 Das Frittieröl im Wok erhitzen. Die Bällchen darin portionsweise in 3–4 Min. goldbraun ausbacken. Mit einem Schaumlöffel herausheben und auf Küchenpapier abtropfen lassen. Warm servieren.

Praxis-Tipp *Die **Sesambällchen** werden noch knuspriger, wenn Sie sie kurz vor dem Frittieren mit etwas Bier einpinseln. Doch Vorsicht beim Einlegen ins heiße Frittieröl, das kann spritzen!*

40 Min. · knusprig

Nuss-Sesam-*Pfannkuchen*

im Bild links · *Für 8 Stück*

100 g ungeröstete Erdnüsse
3 EL Sesamsamen
5 EL Zucker
350 g Mehl
1 Päckchen Backpulver
1/2 TL Zimtpulver · Salz
2 EL Öl + 8 TL Öl zum Ausbacken
2 Eier · 250 ml Milch

Pro Stück: ca. 375 kcal/1570 kJ
11 g EW · 18 g F · 41 g KH

1   Die Erdnüsse im Mörser (oder Blitzhacker) grob zerstoßen. Mit den Sesamsamen im Wok bei starker Hitze ohne Fett unter ständigem Rühren rösten, bis sie duften. Herausnehmen und mit 4 EL Zucker vermischen.

2   Den restlichen Zucker mit dem Mehl und dem Backpulver in einer Schüssel mischen. Den Zimt, 1 Prise Salz, 2 EL Öl und die Eier dazugeben und unterrühren. Nach und nach die Milch und ca. 500 ml Wasser unterrühren, bis ein dünnflüssiger Teig entsteht. Den Backofen samt einer Servierplatte auf 70° vorheizen.

3   Den Wok erhitzen und zum Backen je Pfannkuchen 1 TL Öl hineingeben. 1 kleine Kelle Teig eingießen und den Wok so schwenken, dass ein runder Pfannkuchen von ca. 20 cm Ø entsteht. 1 Min. bei mittlerer Hitze backen. Dann 1 gehäuften EL Nuss-Zucker-Mischung aufstreuen und den Pfannkuchen zugedeckt in 1–2 Min. fertig backen. Auf die Hälfte zusammenklappen und auf der Platte im Backofen warm halten, bis alle 8 Pfannkuchen gebacken sind.

4   Jeweils 1–2 Pfannkuchen pro Person – eventuell mit geschlagener Sahne garniert – servieren.

40 Min. + mind. 30 Min. Ruhen
Thai-Klassiker

Bananen-*Pfannkuchen*

im Bild rechts · *Für 4 Personen*

★

150 g Mehl · Salz
Zimtpulver
250 ml Kokosmilch
2 EL Honig
2 Bananen · 2 Eier
eventuell 2–3 EL Mineralwasser
4 TL Öl · Saft von 1/2 Zitrone

Pro Portion: ca. 315 kcal/1310 kJ
8 g EW · 9 g F · 50 g KH

1   Für den Teig das Mehl mit 1 Prise Salz, 1 Prise Zimtpulver, der Kokosmilch und dem Honig mit dem Pürierstab zu einem Teig verrühren und 30 Min. – 1 Std. zugedeckt ruhen lassen.

2   Dann die Bananen schälen. 1 Banane in sehr kleine Würfelchen schneiden und mit den Eiern unter den Teig mischen. Sollte der Teig sehr dickflüssig sein, 2–3 EL Mineralwasser unterrühren. Die zweite Banane in Scheiben schneiden und unter den Teig heben. Den Backofen samt einer Platte auf 70° vorheizen.

3   Den Wok erhitzen und mit wenig Öl einpinseln. 1 kleine Kelle Teig hineingeben und den Wok so schwenken, dass ein runder Pfannkuchen von ca. 15 cm Ø entsteht. 1–2 Min. bei mittlerer Hitze backen, dann wenden und auf der anderen Seite ebenfalls in 1–2 Min. goldbraun backen. Herausnehmen und im Ofen warm halten. Auf die gleiche Weise die restlichen 7 Pfannkuchen backen. Diese vor dem Servieren mit Zitronensaft beträufeln.

Klebreis mit Mango

Für 4 Personen
100 g Klebreis (siehe S. 211))
1 Dose Kokosmilch (400 ml, ungeschüttelt)
3 EL Zucker
1/4 TL Salz
2 reife Mangos
4 Orchideenblüten (nach Belieben)

Pro Portion: ca. 225 kcal/950 kJ
3 g EW · 1 g F · 51 g KH

1 Den Klebreis mind. 8 Std. in kaltem Wasser einweichen. Den Reis in ein feines Sieb abgießen und kaltes Wasser darüberlaufen lassen, bis es ganz klar abläuft. Reis in ein sauberes Küchentuch geben und in den Dämpfeinsatz legen.

2 Im Wok 5 cm hoch Wasser aufkochen, den Dämpfeinsatz einsetzen und den Reis in ca. 20 Min. bei mittlerer Hitze weich dämpfen.

3 Inzwischen ca. 100 g Kokossahne (den dicken Teil, der sich in der Dose oben absetzt, den Rest anderweitig verbrauchen) in einen kleinen Topf geben. Den Zucker und das Salz hinzufügen, aufkochen lassen. Unter Rühren bei mittlerer Hitze 1 Min. köcheln lassen, bis sich Zucker und Salz aufgelöst haben. Von der Kochstelle nehmen.

4 Wenn der Klebreis fertig ist, in eine Schüssel geben und mit der Kokossahne mischen. 20 Min. zugedeckt durchziehen lassen.

5 Inzwischen die Mangos schälen, das Fruchtfleisch wie auf S. 258 gezeigt vom Stein und in Spalten schneiden. Fächerförmig auf vier Tellern anrichten.

6 Den Klebreis mit 2 Esslöffeln, die zwischendurch immer wieder in kaltes Wasser getaucht werden, zu Nocken ausstechen und je zwei zu den Mangos anrichten. In Thailand dekoriert man die Teller traditionell mit Orchideenblüten, hübsch sind aber auch ein paar Minze- oder Zitronenmelisseblättchen.

Gedämpfter Kokospudding

Für 4 Personen
3 Eier · 100 g Palmzucker
Salz · 400 ml Kokosmilch
1/2 TL gemahlene Vanille
(oder das Mark von 1 Vanilleschote)
2 EL Kokosraspel
etwas Öl für die Förmchen

Außerdem:
4 hitzebeständige Dessertförmchen
(je ca. 150 ml Inhalt)

Pro Portion: ca. 235 kcal/990 kJ
5 g EW · 10 g F · 30 g KH

1 Die Förmchen mit Öl auspinseln. Die Eier mit dem Palmzucker und 1 Prise Salz in eine Rührschüssel geben und mit dem Handrührgerät in ca. 5 Min. schaumig aufschlagen. Die Kokosmilch und das Vanillepulver unterrühren und die Masse in die Förmchen verteilen.

2 Im Wok 5 cm hoch Wasser zum Kochen bringen. Den Dämpfeinsatz in den Wok stellen und die Förmchen hineinstellen. Den Kokospudding darin zugedeckt ca. 30 Min. lang bei schwacher Hitze dämpfen.

3 Die Förmchen herausnehmen und abkühlen lassen. Die Kokosraspel in einem Pfännchen bei schwacher Hitze goldbraun rösten, bis sie duften. Abkühlen lassen und vor dem Servieren über den Kokospudding streuen.

Deko-Tipp *Macht was her: Sie können den Kokospudding auch in halbierten **Kokosnussschalen** garen: Dazu 2 Kokosnüsse quer in zwei Hälften sägen und das Fruchtfleisch herauslösen. Mit der Puddingmasse füllen und die Schalenhälften zum Dämpfen in Metallringe oder kleine Porzellanschälchen stellen, damit sie nicht kippen.*

50 Min. · chinesisch

Gedämpfter *Früchtekuchen*

Für 6 Personen
5 getrocknete Datteln
5 getrocknete Aprikosen
2 EL Rosinen
2 EL Haselnüsse
4 Eier · 4 EL Zucker
4 EL Mehl
3–4 Tropfen Bittermandelöl
75 g kandierte Früchte
etwas Öl für die Förmchen

Außerdem:
6 hitzebeständige Dessertförmchen
(je ca. 120 ml Inhalt)

Pro Portion: ca. 235 kcal/980 kJ
6 g EW · 9 g F · 31 g KH

1 Die Datteln entkernen und klein würfeln. Die Aprikosen und Rosinen ebenfalls klein schneiden. Die Haselnüsse mittelfein hacken und mit den Früchten mischen.

2 Die Eier und den Zucker mit dem Handrührgerät weißschaumig aufschlagen. Das Mehl, das Bittermandelöl und die Frucht-Nuss-Mischung unterziehen. Nicht zu lange rühren, damit der Teig seine Luftigkeit nicht verliert.

3 Die Dessertförmchen mit Öl auspinseln. Die kandierten Früchte klein hacken und auf dem Boden der Förmchen verteilen. Den Teig darübergeben und die Förmchen nebeneinander in den Dämpfeinsatz stellen.

4 Im Wok 5 cm hoch Wasser zum Kochen bringen. Den Dämpfeinsatz in den Wok stellen und die Früchtekuchen darin zugedeckt ca. 20 Min. bei mittlerer Hitze dämpfen.

5 Zum Servieren lauwarm abkühlen lassen. Die Früchtekuchen mit einem spitzen Messer vom Förmchenrand lösen, auf Dessertteller stürzen.

1 Std. 15 Min. + 30 Min. Ruhen · Klassiker

Chinesische *Geburtstags-Pau*

Für 4–8 Personen
300 g Mehl · 1 Päckchen Backpulver
5 EL Puderzucker · 3 EL Schweinschmalz
1/2 EL Reisessig (oder Weißweinessig)
2 Dosen süße Bohnenpaste (je 225 g Inhalt)
1 Stück Pergamentpapier (ca. 20 x 20 cm)
2 EL Sesamöl · Mehl für die Arbeitsfläche

Bei 8 Personen pro Portion: ca. 320 kcal/1350 kJ
11 g EW · 10 g F · 48 g KH

1 Mehl mit Backpulver und Puderzucker in einer Schüssel vermischen. Das Schmalz, den Essig und 125 ml lauwarmes Wasser dazugeben und zu einem glatten, geschmeidigen Teig verkneten. Mit einem Tuch abdecken und bei Zimmertemperatur 30 Min. ruhen lassen.

2 Teig auf der bemehlten Arbeitsfläche durchkneten, zu einer Rolle formen und in 16 Stücke schneiden. Die Teigstücke zu Bällchen formen und auf der bemehlten Arbeitsfläche zu Kreisen von ca. 10 cm Ø ausrollen. Jeweils 1 EL Bohnenpaste daraufgeben. Den Teig über der Füllung zusammendrücken und zu einem Säckchen zusammendrehen, damit er gut zusammenhält und die Füllung nirgends herausquellen kann.

3 Aus dem Pergamentpapier 16 Quadrate von 5 x 5 cm schneiden und mit Sesamöl bepinseln. Die Pau daraufsetzen und nebeneinander mit etwas Abstand in den Dämpfeinsatz geben (falls er nicht groß genug ist, in zwei Portionen).

4 Im Wok 5 cm hoch Wasser aufkochen. Den Dämpfeinsatz hineinstellen, die Pau darin zugedeckt ca. 15 Min. bei mittlerer Hitze dämpfen.

 **Gut zu wissen** *Für festliche Anlässe wie Geburtstage bemalen die Chinesen die Teigsäckchen mit Speisefarbe rosa und grün. So sehen die Teigtäschchen wie chinesische Himmelspfirsiche aus, deren Genuss der Legende nach ein langes Leben beschert.*

1 Std. · macht was her

Süße **Wantans**

Für 4 Personen
Für den Teig:
250 g Mehl · 1 EL Zucker
Salz · 1 EL Butter
Mehl für die Arbeitsfläche

Für die Füllung:
1 kleine reife Mango
1/4 Ananas
5 Physalis · 1 EL Zucker
2 EL Limettensaft
2 EL Kokosraspel

Für den Dip:
200 ml cremige Kokosmilch
1 TL Zucker
1 Prise Salz
1/2 TL Speisestärke
1–2 TL Limettensaft

Außerdem:
1 Stück Bananenblatt

Pro Portion: ca. 360 kcal/1510 kJ
7 g EW · 6 g F · 68 g KH

1 Das Mehl in eine Schüssel geben, den Zucker und 1 Prise Salz untermischen. Die Butter in einem Pfännchen (oder in der Mikrowelle) schmelzen und mit ca. 100 ml lauwarmem Wasser nach und nach unter das Mehl rühren, bis ein gut formbarer Teig entsteht. Auf die Arbeitsfläche geben und gut durchkneten. In Klarsichtfolie wickeln und 30 Min. bei Zimmertemperatur ruhen lassen.

2 Inzwischen für die Füllung die Mango schälen und das Fruchtfleisch wie auf S. 258 gezeigt erst vom Stein und dann in kleine Würfelchen schneiden. Ananas schälen, den Strunk herausschneiden und das Fruchtfleisch ebenfalls in kleine Würfel schneiden. Die Physalis aus den Hüllen schälen, waschen und vierteln, die Viertel noch einmal teilen.

3 Alle Früchte in einer Schüssel mit dem Zucker und dem Limettensaft vermischen. Die Kokosraspel in einem Pfännchen ohne Fett bei mittlerer Hitze goldbraun rösten, bis sie duften. Herausnehmen und abkühlen lassen.

4 Für den Dip Kokosmilch mit Zucker, 1 Prise Salz und der Stärke verrühren. Unter Rühren aufkochen, 1 Min. bei schwacher Hitze köcheln lassen. Von der Kochstelle nehmen und mit Limettensaft abschmecken. In vier Dipschälchen verteilen. Die Fruchtmischung durch ein Sieb abtropfen lassen und die Kokosraspel unterrühren.

5 Den Teig auf der bemehlten Arbeitsfläche auf ca. 40 x 50 cm dünn ausrollen. Das Rechteck in 12 Quadrate von ca. 12 x 12 cm schneiden. Auf jedes 1–1 1/2 EL Füllung geben. Teigränder dünn mit Wasser bepinseln. Alle vier Teigecken über der Füllung zusammendrehen, sodass Säckchen entstehen.

6 Das Bananenblattstück feucht abwischen und so zuschneiden, dass es in den Dämpfeinsatz passt. Hineinlegen und die Frucht-Wantans mit etwas Abstand daraufsetzen.

7 Im Wok 5 cm hoch Wasser zum Kochen bringen. Den Dämpfeinsatz in den Wok stellen und die Wantans darin zugedeckt 10–12 Min. bei mittlerer Hitze dämpfen.

8 Vier Teller mit je einem Stück Bananenblatt belegen und ein Dipschälchen mit der Kokoscreme daraufstellen. Jeweils 3 süße Wantans dazu anrichten und warm servieren.

 Was sind denn … *Physalis?* *Physalis, auch Kapstachelbeeren genannt, gedeihen in tropischem Klima. Das Aroma der saftigen Beerenfrüchte erinnert an Stachelbeeren. Vor der Verwendung die papierdünnen Hüllen abmachen und die Früchte waschen.*

Welche Getränke biete ich zum Asia-Menü aus dem Wok an? Alles Wissenswerte dazu lesen Sie auf den Seiten 274 und 275. Und wie Sie asiatisches Flair auf Ihren Tisch zaubern, sehen Sie auf Seite 276 und 277.

Ihre Gäste können kommen: Auf Seite 278 und 279 finden Sie 17 Menüvorschläge für tolle Asia-Menüs.

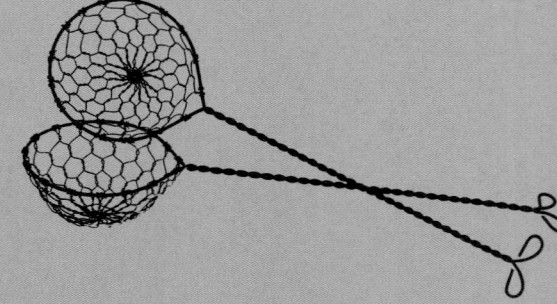

Einladung

zum

asiatischen Essen

Ein clever kombiniertes Menü und ein schöner
Tisch – mit etwas Planung und Vorbereitung
werden Sie Ihre Gäste kulinarisch verwöhnen
und den Abend genauso genießen wie diese!

Stilvoll asiatisch genießen – nicht immer braucht's dafür Essbesteck: Gerade Klebreis eignet sich perfekt, um in Handarbeit zu Bällchen geformt, eingetunkt und in den Mund befördert zu werden.

Das perfekte Asia-Menü

So isst man in Asien

Etwas Scharfes und etwas Mildes, etwas Leichtes und etwas Frittiertes, ein wenig Fleisch, Fisch und Gemüse – in Asien liebt man bei Gesellschaften die Geschmacksvielfalt. So isst im Restaurant nie jeder für sich alleine. Es werden verschiedene, möglichst unterschiedliche Speisen bestellt, in der Mitte platziert, und jeder bedient sich davon.

Das Grundnahrungsmittel Nummer 1 dabei ist der Reis. Alles Übrige ist im Grunde nur würzende Beilage. Die bevorzugten Reissorten sind in Indien Basmatireis, in Thailand Duft- oder Jasminreis, in China Patna-Langkornreis. Wie Sie ihn zubereiten, lesen Sie auf den S. 210–213. Im bäuerlichen Nordosten Thailands und in manchen Gegenden Indonesiens bevorzugt man Klebreis, der mit der Hand zu Bällchen geformt und in die Saucen getunkt wird. Ansonsten isst man – Sie meinen, mit Stäbchen? In China und Japan: Ja! Indische, indonesische und thailändische Gerichte werden dagegen überwiegend mit Löffel und Gabel gegessen. Die Gabel in der Linken dient dabei dazu, den Reis mit den anderen Gerichten zu mischen und auf den Löffel in der rechten Hand zu schieben, der dann zum Mund geführt wird.

Heißer Start in den Tag: In Thailand wird morgens auch schon mal eine dampfende Suppe serviert.

Übrigens, Currys und andere Wokgerichte mit Ausnahme von gebratenem Reis und gebratenen Nudeln enthalten im Original meist weniger Fleisch oder Fisch. Hier haben wir die Rezepte ein wenig unseren Gewohnheiten angepasst.

Zum Frühstück eine Suppe

Die thailändische Küche macht keine Unterschiede zwischen Frühstücksgerichten, Mittag- und Abendessen. Schon morgens gibt es Suppe oder Reis mit Gemüse oder einem Curry, gerne ebenso scharf wie zu den anderen Mahlzeiten des Tages. In Indien beginnt der Tag mit Gewürztee und Brot. Wer berufstätig ist, versorgt sich über den Tag verteilt bei den Straßenhändlern, die es in Thailand, Indien und Indonesien an jeder Ecke gibt: Sie bieten frittierte Snacks und gebratenen Reis oder Nudeln an, die vor den Augen des Kunden minutenschnell gewokkt werden. Abends schließlich wird zusammen in der Familie gegessen: Im Mittelpunkt steht eine große Schüssel Reis. Dazu gibt es – je nach Einkommen – ein Curry und andere Fisch-, Fleisch- oder Gemüsegerichte. Je vielseitiger, desto besser!

Frisch vom Markt in den Wok

Das Kennzeichen der asiatischen Küche ist neben der Fülle an verführerischen Geschmacksnuancen die Frische: Die Hausfrauen – und ebenso die unzähligen Straßenverkäufer – kaufen, oft schon mangels Kühlmöglichkeit, die Zutaten täglich frisch auf dem Markt und verarbeiten sie am selbem Tag. Alles wird auf dem Gaskocher zubereitet. Der Wok ist dabei das unentbehrliche Utensil für alle Fälle. Wird er für verschiedene Gerichte gebraucht, wird eins nach dem anderen im Wok zubereitet und in Töpfe und Schüsseln umgefüllt.

So stellen Sie ein perfektes Asia-Menü zusammen

Knackfrisches Gemüse ist eine der allerbesten Voraussetzungen für ein grenzenloses Wokvergnügen!

Die Essgewohnheiten sind in asiatischen Ländern anders als bei uns. Suppen beispielsweise werden meist mit allen übrigen Speisen serviert und im Wechsel mit diesen gegessen, in China stehen sie oft am Ende eines Menüs. Frittiertes ist eine Komponente eines ausgewogenen Menüs und wird mit allem Übrigen serviert. Aber es schadet nichts, die Menüfolge ein wenig unserem Geschmack anpassen: Die Suppen und Snacks dieses Buches eignen sich z. B. gut als Vorspeise. Alles Übrige mit Ausnahme des Desserts sollten Sie als einen Menüpunkt, in separaten Schüsseln aufgetragen, servieren. Bieten Sie, sobald Sie 6 und mehr Personen am Tisch sind, möglichst einige verschiedene Gerichte mit jeweils anderer Zubereitungsart und anderen Zutaten an. Auf eine Suppe mit Garnelen folgt also beispielsweise ein Curry mit Fleisch, auf eine frittierte Vorspeise ein pfannengerührtes Gericht und vielleicht etwas Gedämpftes. Ist das Curry sehr scharf, sollte das Gemüse dazu mild sein etc. Auf den nächsten Seiten finden Sie verschiedene Vorschläge für passende Menüs.

Alles in allem ist die Asia-Küche perfekt geeignet, um Gäste zu bewirten und dabei selber entspannt mitzufeiern. Die Küchenarbeit können Sie größtenteils im Vorfeld erledigen. Sind die Gäste erstmal da, und die Suppe ist verspeist, arrangieren Sie alles auf dem Tisch, und jeder bedient sich selbst.

Getränke – das passt dazu

Wasser oder Tee?

In Asien trinkt man zum Essen schlicht Wasser oder Jasmin- bzw. grünen Tee. Für die meisten von uns allerdings gehören zu einem leckeren Essen, zumal mit Gästen, auch auf das Menü abgestimmte alkoholische Getränke. Das kann ein kühles Bier oder auch Wein sein. Welche Weine es mit der würzig-scharfen Küche Asiens aufnehmen können, lesen Sie rechts.

Passende Weine

Nicht zu trockene, fruchtige Weißweine wie z. B. ein Riesling aus der Pfalz oder ein Grüner Veltliner aus Österreich harmonieren meist gut mit asiatischem Essen. Auch kräftige Rotweine mit Vanille-, Beeren- oder Karamellaromen wie reifer spanischer (Barrique-)Wein aus der Rioja oder australischer Shiraz passen gut zur Asia-Küche.

Darauf kommt's an *Nach dem Essen*
Für ein angenehmes Wohlgefühl im Magen sorgt dieser indische Gewürztee: Für 4 Personen 500 ml Wasser mit 3 grünen Kardamomkapseln, 1/2 TL Anissamen und 2–3 Scheiben frischem Ingwer aufkochen. 4 TL Assam-Teeblätter hinzufügen, 1 Min. kochen lassen. 125 ml Milch und 4 TL Zucker unterrühren, den Tee von der Kochstelle nehmen und 2 Min. zugedeckt ziehen lassen. Durch ein feines Sieb in Tassen füllen und heiß servieren.

Zitronengras-Eistee

Für diesen aromatisch-frischen alkoholfreien Drink für 6 Personen 6 Stängel Zitronengras von äußeren harten Blättern befreien und das weiche untere Drittel in Scheiben schneiden. Die übrigen Zitronengrasteile mit dem Mörserstößel weich klopfen. Alles mit 4 EL Zucker und 1 l Wasser in einem Topf aufkochen und 5 Min. bei schwacher Hitze kochen lassen. 3 Zweige frische Minze waschen und in einen Krug geben. Den Zitronengrastee durch ein feines Sieb dazugießen, abkühlen und im Kühlschrank mind. 2 Std. durchkühlen lassen. In 6 Longdrink-Gläser je 1 frischen Zweig Minze und 2–3 Eiswürfel geben und mit dem Zitronengras-Eistee aufgießen.

Lassi

Für diesen klassischen indischen Joghurt-Drink 500 g Vollmilchjoghurt, 1 TL Salz und 500 ml Wasser in den Mixer geben. Ein paar Eiswürfel dazugeben und das Ganze schaumig aufmixen. Den Drink in Longdrinkgläser gießen und nach Belieben mit 1 Prise gemahlenem Kreuzkümmel bestreuen.

Mango-Lassi

Für diese fruchtig-frische Lassi-Variante 1 große reife Mango schälen und das Fruchtfleisch vom Stein schneiden. Mit 2 EL Zitronensaft, 1 EL Zucker, 300 g Vollmilchjoghurt und 250 ml Wasser in den Mixer geben. Ein paar Eiswürfel dazugeben und das Ganze kräftig aufmixen. Den Drink in Gläser füllen und mit Minzeblättchen garnieren.

So schaffen Sie asiatisches Flair

Der schöne Tisch

Schwarze Satintischdecke und weißes Porzellan, weiße oder rote Decke und schwarzes Porzellan, eckige Teller und Schalen – all das lässt an Asien denken. Wenn Sie einen schönen Holztisch besitzen, lassen Sie die Tischdecke weg, und decken Sie den Tisch mit dunklen Bambussets ein. Und denken Sie daran, Stäbchen sind nur in China (und Japan) üblich, in Indien, Thailand und Indonesien isst man mit Löffel und Gabel!

Servietten

Für ein schönes Essen mit Gästen sind Stoffservietten angesagt. Einfache weiße gibt es schon für wenig Geld im Kaufhaus. Wer kein Profi im Serviettenfalten ist, rollt sie einfach zusammen und steckt sie in schlichte Serviettenringe. Wenn Sie Ihr Fest unter ein Motto gestellt haben, können Sie die Farben der Deko bei den Servietten wieder aufnehmen, für ein indisches Essen diese z. B. mit goldenem Damastband umwickeln. Für einen Thai-Abend stecken Sie jeweils eine Orchideenblüte dazu.

Darauf kommt's an *Musik schafft Atmosphäre* *Mit der Dekoration stimmen Sie Ihre Gäste auf das Motto des Abends ein. Eine perfekte Ergänzung dazu ist die passende Musik: Indische Sitar- oder Bollywood-Musik, thailändische Schlager etc. geben einen reiz-* *vollen akustischen Rahmen und bieten gleich jede Menge Gesprächsstoff – zumindest während des Aperitifs. Über den ganzen Abend hinweg sollten Sie auf nur leise Musikuntermalung setzen, die in keinem Fall die Unterhaltung stören darf.*

Indisch

Besorgen Sie transparente Stoffe in Orange, Pink, Rot und Violett, und decken Sie den Tisch damit. Dekorative Schälchen und Teegläser mit Goldrand vermitteln exotisches Flair. In den Großstädten werden neuerdings überall Bollywood-Läden eröffnet, da finden Sie ganz sicher weitere Deko und auch Geschirr! Zum Aperitif reichen Sie ein paar Dips oder Chutneys mit Papadam (dünne Linsenfladen aus dem Asienladen, die Sie nur kurz knusprig aufbacken müssen).

Chinesisch

Alles, was Sie brauchen, um ein wenig Atmosphäre zu schaffen, z. B. chinesische Suppenschalen mit Porzellanlöffeln für die Vorspeise, Stäbchen und Lackschälchen, bekommen Sie für wenig Geld im Asienladen. Dort gibt es übrigens auch Glückskekse – eine nette Aufmerksamkeit für Ihre Gäste.

Thailändisch

Bananenblätter aus dem Asienladen und Orchideenblüten sind die Hingucker auf Ihrer thailändischen Tafel. Belegen Sie die Platten, auf denen Sie frittierte Snacks oder gebratene Nudeln servieren, mit einem Stück Bananenblatt. Wer möchte, kann die Ränder auch mit Zickzackmuster oder Fransen versehen. Die Bananenblattkörbchen für die Fisch-Soufflées von S. 191 eignen sich auch gut als Behältnisse für Salate.

Planungshilfe: Asia-Menüs

Aus Thailand, dem Land des Lächelns, stammen natürlich auch Gerichte, deren Genuss lächeln macht.

Thailändisch

1 • Frühlingsröllchen *33*
• Hähnchen-Curry mit Bambussprossen *106*
• Klebreis mit Mango *266*

2 • Pomelo-Hähnchen-Salat *59*
• Grünes Curry mit Thai-Auberginen *158*
• Gedämpfter Kokospudding *266*

3 • Kokossuppe mit Austernpilzen *47*
• Gedämpfter Zitronengras-Wolfsbarsch (doppelte Menge) *186*
• Gebackene Bananen *262*

Indisch

1 • Samosas *36*
• Hähnchen in Mandelsauce *105*
• Mangosorbet (Variante) *261*

2 • Gemüse-Pakoras mit Minzdip *30*
• Lamm »Vindaloo« *171*
• Obstsalat (statt mit Zitronengrassirup mit 1 EL Orangenblüten-wasser aromatisieren) *259*

3 • Dal *93*
• Eier-Biriyani *225*
• Süße Wantans *269*

Indonesisch

1 • Maiskroketten *30*
• Hähnchen javanische Art *115*
• Nuss-Sesam-Pfannkuchen *265*

2 • Spinatsuppe mit Mais *51*
• Nasi Goreng mit Gurkensalat *217*
• Litschis im Kokosteig *259*

Chinesisch

1 • Puten-Chinakohl-Salat mit Ananas *58*
• Tintenfisch-Garnelen-Kung-Po *203*
• Chinesische Geburtstags-Pau *267*

2 • Gedämpfte Wantans in der Brühe *48*
• Rindfleisch mit Austernsauce *152*
• Sesambällchen *263*

3 • Sauer-scharf-Suppe *50*
• Gebratene Nudeln chinesische Art *250*
• Gedämpfter Früchtekuchen *267*

Mit so viel edlem Meeresgetier wie im Tintenfisch-Garnelen-Kung-Po (S. 203) punkten nicht nur Chinesen bei ihren Gästen.

Und dazu?

Alle Menüs sind für 4 Personen berechnet. Lediglich gebratene Nudeln und gebratener
Reis werden pur genossen, zu
allen übrigen Asia-Menüs
servieren Sie Reis. Bei thailändischen Menüs ist das
beispielsweise thailändischer
Duftreis, bei chinesischen
Gerichten Patna-Langkornreis,
und zu indischem Essen passt
Basmatireis (siehe S. 210–213).
Wer seinen Gästen etwas
Besonderes bieten möchte,
wählt statt des Grundrezepts
eventuell eine der feineren
Reisvarianten, wie sie auf Seite
214–215 vorgestellt werden.

*Der Luxus-Klassiker Ente mit Orangensauce im asiatischen Gewand: Scharfe Chili,
feinwürzige Sojasauce und cremige Kokosmilch machen's möglich (s. Rezept S. 127).*

Vegetarisch

1 • Miso-Suppe mit Tofu *47*
• Grüner Spargel
  mit Tofu *83*
• Ananas im
  Kokosmantel *262*

2 • Lauwarmer
  Gemüsesalat *54*
• Curry-Tofu mit
  Bambussprossen *83*
• Knusprige
  Fruchtröllchen *261*

Schnell

1 • Glasnudelsuppe mit
  Seidentofu *46*
• Sesam-Thunfisch
  mit Thai-Spargel
  (doppelte Menge) *179*
• Papaya mit
  Chilizucker *259*

2 • Garnelenbällchen *35*
• Sesamhähnchen mit
  Frühlingsgemüse *104*
• Obstsalat mit
  Zitronengrassirup *259*

Edel

1 • Knuspergarnelen *41*
• Ente in Orangen-
  Kokos-Sauce *127*
• Süße Wantans *269*

2 • Gefüllte Zucchini-
  blüten *31*
• Rindfleisch im Papier *155*
• Feigen-Beignets *263*

Register

Bildnachweis

Barbara Bonisolli: S. 63 re., S. 99 Mitte; Klaus-Maria Einwanger: S. 67 re.; Peter von Felbert: S. 25 li., S. 64 li., S. 101 o., S. 210 o., S. 211 li., S. 211 Mitte, S. 234 re., S. 235 li. o., S. 258 li.; Food-Photography Eising/Martina Görlach: S. 100 li., S. 177 re. u.; Fotos mit Geschmack/Ulrike Schmid und Sabine Mader: S. 25 Mitte, S. 25 re.; Ulrike Holsten: S. 66 o.; Margarete Janssen: S. 174 o., S. 175 li.; Jörn Rynio: S. 62 u., S. 67 li., S. 67 Mitte, S. 98 u., S. 99 li., S. 101 u. li., S. 214; Teubner Foodfoto: S. 99 re., S. 132 u., S. 176 re. o., S. 176 re. u., S. 210 u., S. 234 li.; alle anderen: Studio L'EVEQUE Tanja & Harry Bischof (Styling & Fotografie)

Impressum

Die Herausgeberin

Margit Proebst studierte Kunstgeschichte und Philosophie, daneben betrieb sie über viele Jahre einen kleinen Catering-Service. Als Autodidaktin sind ihr die vielen kleinen Stolperfallen, die Kochanfängern oft zu schaffen machen, durchaus vertraut – genau die richtige Voraussetzung, um eine kluge Rezeptauswahl zu treffen und absolut gelingsichere Schritt-für-Schritt-Anleitungen zu verfassen, mit deren Hilfe auch Nachwuchs-Kochkünstler stressfrei ans Ziel gelangen. Seit 1999 arbeitet sie als Kochbuchautorin und Foodstylistin in München.

Die Fotografen

Das **Studio L'EVEQUE Tanja & Harry Bischof** (Styling & Fotografie) arbeitet seit Jahren intensiv für Werbung, Bücher und Zeitschriften im Foodbereich. In der Innenstadt Münchens kreieren sie im Team Foodaufnahmen in erfrischendem Licht und appetitanregendem, trendigem Styling. Die Foodstyling-Assistenz für dieses Buch übernahm **Beatrice Klein**. Das Fotostudio dankt der Firma Radspieler, München, für das Ausleihen von Requisiten.

Vielen Dank!

Ein besonderes Dankeschön geht an das Unternehmen **SILIT** (www.silit.de) für die Bereitstellung seiner Produkte für dieses Buch.

Programmleitung: Doris Birk

Leitende Redakteurin:
Stephanie Wenzel

Projektleitung und Redaktion:
Alessandra Redies

Redaktionelle Mitarbeit:
Lars Grunewald

Lektorat: Claudia Lenz, Essen

Korrektorat:
Katharina Lisson, München

Innenlayout, Typographie und Umschlaggestaltung:
independent Medien-Design, München

Satz und Illustrationen: Knipping Werbung GmbH, Berg/Starnberg

Herstellung: Petra Roth

Reproduktion: Longo AG, Bozen

Druck: Firmengruppe APPL, aprinta druck, Wemding

Bindung: Conzella, Pfarrkirchen

ISBN 978-3-8338-1063-3
1. Auflage 2008

Ein Unternehmen der
GANSKE VERLAGSGRUPPE

Unsere Garantie

Alle Informationen in diesem Ratgeber sind sorgfältig und gewissenhaft geprüft. Sollte dennoch einmal ein Fehler enthalten sein, schicken Sie uns das Buch mit einem entsprechenden Hinweis an unseren Leserservice zurück. Wir tauschen Ihnen den GU-Ratgeber gegen einen anderen zum gleichen oder einem ähnlichen Thema um.

Liebe Leserin, lieber Leser,

wir freuen uns, dass Sie sich für ein GU-Buch entschieden haben. Mit Ihrem Kauf setzen Sie auf die Qualität, Kompetenz und Aktualität unserer Ratgeber. Dafür sagen wir Danke! Wir wollen als führender Ratgeberverlag noch besser werden. Daher ist uns Ihre Meinung wichtig. Bitte senden Sie uns Ihre Anregungen, Ihre Kritik oder Ihr Lob zu unseren Büchern. Haben Sie Fragen oder benötigen Sie weiteren Rat zum Thema? Wir freuen uns auf Ihre Nachricht!

Wir sind für Sie da!
Montag–Donnerstag: 8.00–18.00 Uhr; Freitag: 8.00–16.00 Uhr
Tel.: 0180 - 5 00 50 54*
Fax: 0180 - 5 01 20 54*
E-Mail: leserservice@graefe-und-unzer.de

*(0,14 €/Min. aus dem dt. Festnetz/ Mobilfunkpreise können abweichen.)

P.S.: Wollen Sie noch mehr Aktuelles von GU wissen, dann abonnieren Sie doch unseren kostenlosen GU-Online-Newsletter und/oder unsere kostenlosen Kundenmagazine.

GRÄFE UND UNZER VERLAG
Leserservice
Postfach 86 03 13
81630 München